DICO-GUIDE 2016 DES VINS DE FRANCE

Illustrations : LOTS ©
Mise en pages : Facompo – Lisieux

17, rue du Regard
75006 Paris – France
E-mail : info@editionsleduc.com
ISBN : 979-10-285-0106-8
ISSN : 2427-7150

CATHERINE GERBOD – MICHEL DROULHIOLE

DICO-GUIDE 2016 DES VINS DE FRANCE

POCHE
LEDUC.S

À la mémoire de mon père, Antoine Droulhiole, qui faisait son vin tous les ans, et qui le faisait bon – sans sucre et sans compter ses heures.

Et à tous les vignerons de la Terre, qu'on oublie trop souvent dans ce monde de gestionnaires et d'experts.

« Il y a une différence entre boire pendant qu'on éprouve du plaisir et boire avec plaisir. »

ARISTOTE (384-322 av. J.-C.), *Invitation à la philosophie*

Sommaire

Avant-propos

Les noms des vins...

Depuis 2009, l'Appellation d'origine contrôlée (AOC) laisse place sur les étiquettes à AOP pour Appellation d'origine protégée. C'est la version européenne de ce signe d'origine mis en place en France à partir de 1935 pour les vins et alcools. Sur le territoire français, les signes d'origine sont gérés par l'Institut national des appellations d'origine et de la qualité (INAO). Il veille à ce que les AOC françaises soient enregistrées en AOP au niveau européen, ce qui protège les produits sur les marchés mondiaux. Plus de 300 vins et alcools français bénéficient d'une AOP.

À travers un cahier des charges précis, l'AOP (ou l'AOC) lie un produit à son terroir d'origine et à un savoir-faire, ce qui la rend unique et inimitable. Dans ce livre nous utiliserons le sigle AOP puisqu'il s'impose progressivement sur les étiquettes, même si par habitude, beaucoup de professionnels et de documents parlent encore d'AOC.

Au sommet de la pyramide, trônent les **grands crus AOP**, produits sur une seule commune, avec des cépages précis au rendement extrêmement limité... (La légende, fondée pour une fois, veut que le rendement de l'un des plus grands crus AOP de sauternes soit limité à... un verre de vin par pied de vigne !)

Juste au-dessous, les **crus AOP** sont soumis à des rendements un peu supérieurs mais encore très limités. Ce sont aussi de très grands vins, également soumis à des limitations géographiques (une seule commune), culturales, etc.

L'AOP village, ou villages, répond à des normes un peu moins exigeantes que la précédente. La vigne est cultivée sur une ou plusieurs communes bien précises, et avec un rendement maximum volontairement très limité.

L'appellation AOP dite générique s'applique aux vins produits dans l'ensemble d'une région viticole : alsace, bordeaux, beaujolais, bourgogne, côtes-du-rhône, etc. Seul le nom de la région figure sur l'étiquette : appellation bordeaux contrôlée, par exemple. Le rendement est limité (de l'ordre de 40 hl/ha), mais cette limite varie d'une région à l'autre.

L'harmonisation européenne a aussi changé la suite de la hiérarchie des vins. Les vins de pays sont devenus des Indications géographiques protégées (IGP). Sur les étiquettes on trouve l'une ou l'autre des deux mentions (vin de pays ou IGP).

Les 75 IGP sont une famille presque aussi importante que les AOP en volume. Elles concernent des zones géographiques plus vastes. Les limites de rendements sont plus élevées et la liste des cépages autorisés est plus grande. Mais on peut trouver dans cette catégorie d'excellentes bonnes affaires.

Les IGP peuvent correspondre à trois catégories :

1. régionale, par exemple IGP val-de-loire ;
2. départementale, par exemple IGP landes ;
3. de zone de production, par exemple IGP côtes-de-gascogne.

Certains vins IGP peuvent être des vins de cépage. C'est même une production très importante pour des IGP comme IGP pays d'oc. Sur l'étiquette on lira par exemple, IGP pays d'oc grenache ou IGP pays d'oc viognier. Attention, dans les vins de cépages, le meilleur peut côtoyer le pire. Certains cépages à la mode ont été plantés dans des endroits pas forcément appropriés et donnent des vins éloignés de l'expression typique du cépage. Le climat de la région influence l'expression du cépage : un merlot du Languedoc est plus marqué par le climat solaire qu'un merlot du Sud-Ouest.

Les IGP prennent de plus en plus d'importance, d'abord grâce à leur prix attractif, mais un peu aussi pour échapper aux réglementations des catégories « supérieures »... Nombre d'entre elles n'ont rien à envier à certaines AOP… C'est pourquoi nous avons choisi de les présenter comme les autres, vins de cépage compris, dans le classement le plus simple qui soit : l'ordre alphabétique !

La catégorie Vin de France a remplacé la catégorie Vin de table. Potentiellement, elle permet de réaliser des vins en assemblant des vins de plusieurs régions. Mais il arrive que certains vignerons un peu rebelles choisissent de faire un vin de France pour s'affranchir des règles des AOP ou IGP qu'ils jugent trop contraignantes. C'est le genre de vin à forte personnalité que l'on peut dénicher chez un bon caviste.

La législation évolue dans deux directions opposées ! D'un côté des appellations plus vastes sont créées, notamment pour simplifier l'approche des vins français aux yeux des étrangers. L'AOP Languedoc a été créée pour cela en 2009. Depuis le millésime 2009 aussi, une appellation côtes-de-bordeaux regroupe les anciennes côtes-de-castillon, côtes-de-francs, premières-côtes-de-blaye et premières-côtes-de-bordeaux rouge.

À l'inverse, à l'intérieur d'appellations qui couvrent une aire très vaste, on observe l'émergence de crus bien particuliers, et chacun possède sa personnalité propre. Par exemple, les la-clape, grès-de-montpellier, montpeyroux, picpoul-de-pinet, pic-saint-loup, quatourze, saint-drézéry, saint-georges-d'orques, saint-saturnin, terrasses-du-larzac, etc., investissent le devant de la scène à l'intérieur de l'AOP languedoc.

Cette très grande diversité peut dérouter l'acheteur mais elle est le gage d'une formidable richesse de goûts et de styles différents.

Les couleurs du vin

> « *Le vin même du cru avait une saveur amusante. Il nous rappelait les petits vins clairets qu'on boit à Meudon, à Verrières, à Montmorency et dans tous ces charmants villages où l'on va manger des fraises, cueillir des lilas, rire à gorge déployée et réveiller le Gaulois qui dort sous l'habit noir de tout Français.* »
>
> EDMOND ABOUT (1828-1885), *La Grèce contemporaine*

Elles ne sont pas trois (*rouge, blanc, rosé*) mais cinq, car il faut y ajouter les *gris* et les *clairets* – ces deux derniers n'étant pas les moins intéressants, loin s'en faut ! Chacune est le produit d'une méthode bien précise (vinification), dont voici les grandes lignes.

Les vins rouges

Après la vendange et l'égrappage (ou éraflage), le moût obtenu est mis en cuvaison ou macération pendant plusieurs jours. Après la cuvaison, la fermentation alcoolique transforme le sucre en alcool, avec dégagement de gaz carbonique. Ensuite, l'écoulage complet de la cuve donne le vin de goutte, le premier jus qui coule, sans pressurage. Le meilleur : tous les grands crus sont constitués en quasi-totalité de vin de goutte, obtenu par une opération minutieuse. Ce jus très fin est également très fragile. Le marc qui reste est mis dans le pressoir pour subir plusieurs pressées qui donnent le vin de presse plus âpre, tannique, rugueux, dense… Plus solide aussi. Vient ensuite une seconde fermentation obligatoire, dite malolactique. Les acides maliques des produits frais (fruits, par exemple) se transforment en acides lactiques (ceux des yaourts, des fromages) qui sont autant de conservateurs naturels.

Les vins blancs

Après la vendange et l'égrappage, la récolte subit un pressurage rapide pour éviter toute oxydation, source de coloration. Cela donne un jus clair, qu'on met à cuver un à deux jours, une semaine au maximum, avec homogénéisation. La fermentation alcoolique transforme ensuite le sucre en alcool, avec dégagement de gaz carbonique. La maîtrise de la température tout au long de la fermentation est un critère de qualité important. Un coup de froid peut la bloquer, un coup de chaleur déclencher une accélération incontrôlée. Tous les vins blancs ne font pas forcément de fermentation malolactique. Certains vignerons choisissent de la bloquer pour obtenir un vin plus vif.

Les vins rosés

Il existe deux procédés…

Le premier suit le processus de vinification en blanc avec des raisins rouges, mais pendant le pressurage et le cuvage, on laisse un peu macérer le jus avec les peaux, ce qui donne une légère coloration au vin. Ce rosé en pressurage direct est parfois très bon, mais certaines années, on n'obtient ainsi que des rosés banals.

Le second procédé se rapproche de la vinification en rouge, à partir de raisins blancs et de raisins rouges (il est interdit de faire du rosé en mélangeant des vins blancs et des vins rouges, sauf pour les champagnes), en pratiquant une saignée pendant le cuvage pour écouler le vin avant qu'il ait pris une couleur trop rouge. Ce procédé peut donner des rosés d'une certaine garde.

Les vins gris

C'est la méthode la plus simple à entreprendre… et l'une des plus difficiles à réussir ! Le vin gris est obtenu par pressurage immédiat de la vendange non foulée, ce qui donne un vin translucide, rosé pâle. Un vin gris est frais, fruité, spontané… Il assume sa légèreté alors que certains rosés deviennent fatigants à force de vouloir en faire trop (avec parfois des goûts de bonbons à la limite de l'écœurant). Le Vendômois (Loire) et la Camargue sont deux régions phares pour le vin gris.

Les vins clairets

La moins connue de toutes les méthodes n'est pas la moins intéressante, loin s'en faut, ne serait-ce que parce qu'elle donne des vins d'une couleur très pâle, due à un passage rapide en cuve. Ces vins, qui sont en réalité des rouges très, très clairs, légers, fruités, comptent pratiquement toujours parmi les moins chers ! La mode des rosés pâles et des rouges sombres a fait du clairet un peu un OVNI mais il est franc et sincère. Seule contrainte, il faut boire ce vin très jeune pour profiter pleinement de son fruité unique. Historiquement les premiers vins de Bordeaux étaient des clairets (ou clarets pour les anglais). Ces « french clarets », très appréciés par les Britanniques au XVIIIe siècle, ont fait la fortune des producteurs bordelais. En 1950, le bordeaux-clairet est devenu une appellation.

Les vins effervescents, mousseux, pétillants…

D'abord une précision importante : depuis 1993, l'utilisation du terme « méthode champenoise » est réservée au seul champagne, même si d'autres effervescents sont réalisés selon le même principe.

Il existe deux grandes familles d'effervescents.

Ceux correspondant à la méthode champenoise ou à la méthode dite «traditionnelle» (nom utilisé s'il ne s'agit pas de champagne) sont issus d'une double fermentation. La première a lieu dans des cuves : elle aboutit à un vin tranquille (sans bulle). La seconde a lieu en bouteille après ajout d'une liqueur de tirage (sucres et levures). Lorsque cette fermentation est lente et élaborée à basse température, la bulle est fine et persistante. Un vieillissement d'au moins 9 mois en bouteille assure aussi un produit de qualité. Le champagne et les crémants font partie de cette famille.

L'autre méthode est appelée par les professionnels «méthode rurale». Sur les étiquettes, on lit plutôt « méthode ancestrale » ou « pétillant naturel ». La fermentation a lieu en une fois et directement en bouteille. Ces vins sous-estimés, souvent très fruités et peu alcoolisés méritent d'être redécouverts. La clairette-de-die ou le gaillac méthode ancestrale sont ainsi élaborés.

Il y a bien une troisième méthode consistant à ajouter du gaz dans le vin… mais mieux vaut oublier les mousseux ainsi produits.

Culture bio, culture raisonnée…

La viticulture est l'une des productions agricoles les plus consommatrices de produits phytosanitaires. Si ces engrais et pesticides chimiques assurent un volume de production élevé, leur excès pose des problèmes de santé et est souvent synonyme de vins sans grand caractère.

Aujourd'hui, un nombre toujours plus grand de vignerons s'interroge sur les méthodes de culture. Autrefois isolée, la viticulture bio progresse. En 2014, 8 % des vignes étaient officiellement cultivées en bio. Du côté des consommateurs, on constate un retour des goûts simples avec des vins qui sentent… le raisin ! Les vins bio ne sont pas forcément plus chers.

Il y a bio et bio

Le plus connu est le vin bio proprement dit, avec son label AB, mais il existe deux autres modes de culture, la biodynamie et l'agriculture raisonnée, qui respectent aussi l'environnement. Les trois méthodes, y compris la première, ne sont pas forcément revendiquées officiellement par les vignerons qui les pratiquent, certains préférant préserver, outre l'environnement, leur indépendance…

Le « vin bio » est un vin issu de raisins obtenus grâce à des méthodes de viticulture respectueuses de l'environnement, sans engrais ni désherbants chimiques. Depuis 2012, la charte de l'agriculture biologique définit aussi des principes sur la vinification (c'est-à-dire la méthode de fabrication du vin). Sur l'étiquette, le vin s'affirme comme « vin biologique » et porte le logo européen de l'agriculture biologique (une feuille dessinée avec des petites étoiles symbolisant les pays membres). Ce logo obligatoire est très souvent accompagné du logo français AB, plus ancien donc plus connu. L'application du cahier des charges est vérifiée au moins une fois par an par un organisme certificateur.

La biodynamie est une théorie « cosmique » qualifiée, air connu, de géniale par ses partisans et de fumeuse par ses détracteurs. Cela dit, dans la mesure où elle préconise des méthodes naturelles comme l'épandage de compost (entre autres), ses effets sont grandement bénéfiques pour le sol, la vigne et les raisins, que l'on soit croyant ou non. Elle favorise notamment le développement de racines plus profondes et une augmentation du taux de sucre naturel dans le raisin.

L'agriculture raisonnée s'emploie à limiter au maximum l'utilisation de produits chimiques, mais sans les rejeter en totalité (tous ne sont pas nocifs, surtout à faibles doses). Elle prend aussi en compte l'ensemble de la culture, de l'environnement à la maîtrise des risques, en passant par la sécurité (y compris la santé) des vignerons au travail. Le gros avantage de l'agriculture raisonnée, c'est qu'il est possible de l'introduire, peu à peu, dans toutes les exploitations existantes, sans les bouleverser. Le désavantage c'est que ce qui est considéré comme raisonnable n'est pas vraiment quantifié. Deux vignerons n'ont pas forcément la même vision de ce qui est raisonné. Il existe une démarche de type label appelée Haute Valeur Environnementale (HVE) mais elle est encore peu développée.

Vin pratique et pratique du vin

Vous n'y connaissez rien, ou pas grand-chose, ou seulement certains vins ? Vous n'êtes pas les seuls ! Il faut dire qu'avec plus de 3 000 cépages (variétés de vigne) plantés un peu partout dans le monde, et encore plus de règlements entrecroisés, même les meilleurs spécialistes ne s'y retrouvent pas toujours…

Et au bout du compte, c'est nous qu'on oublie. Nous, les consommateurs. Bien sûr, ça fait toujours plaisir d'apprendre que tel vin offre un bouquet d'arômes complexes dû à des propriétés organoleptiques bien particulières, à son contexte géologique ou à un subtil décalage de sa fermentation malolactique. Tout cela passionne les spécialistes – on est contents pour eux, comme on dit… Mais le consommateur, lui (nous), il voudrait surtout savoir…

– Quel vin choisir chez le caviste ou en hypermarché ?

– Qu'allons-nous boire avec la jolie pintade qu'on vient juste d'acheter ?

– Que faire des deux bonnes bouteilles offertes par tonton Marcel, et quel bon petit plat leur ferait plaisir ?

Si vous êtes de ceux-là, ce livre est pour vous. Nous l'avons voulu le plus simple possible, sans vocabulaire alambiqué.

Et, surtout, avant tout et par-dessus tout : PRA-TI-QUE !

Le vin « moins cher »

Nous leur avons consacré un ouvrage, à ces « Meilleurs vins à moins de 6 euros » (même auteur, même éditeur), mais il n'est pas inutile de dire ici quelques mots sur les vins, par nature les moins chers de tous…

L'achat de vin « en vrac », comme disent les professionnels, ce sont les Bibs, Cavillons, Fontaines à vin et autres Cubitainers, qui se multiplient actuellement à grande vitesse dans les grandes, moyennes ou même petites surfaces. Ces packs réunissent aussi bien des AOP que des IGP (vins de pays) ou des vins de France… Le principal fabricant, la marque *Bag-in-Box* (dont le sigle, *bib*, est en passe d'intégrer le langage courant), garantit la conservation du vin dans de bonnes conditions pendant quatre à six semaines après ouverture. Ce délai est rendu possible par le fait que la poche contenant le vin est sous vide d'air.

Il faut cependant répéter que le vin ne se bonifie qu'en bouteilles. Le bib est à boire, ou à mettre en bouteilles ; pas à stocker.

Les prix sont particulièrement attractifs : un pack de 3 litres à 8 euros met par exemple le vin à 2,66 euros le litre et à 2 euros la

« bouteille » de 75 cl. On peut prélever à la demande : un demi-verre ou une bouteille.

La poche contenant le vin étant protégée par un carton, le vin s'y conserve très bien. Pas une seule bulle d'air ne peut entrer ; ça se vide quasiment jusqu'au bout… et ça ne se casse pas si ça tombe ! C'est beaucoup plus léger que l'équivalent en bouteilles.

Les volumes les plus courants sont de 3 et 5 litres : c'est bien suffisant pour la consommation courante, facile à ranger, à manipuler…

Finalement, le seul petit problème de ces nouveaux contenants, c'est l'absence de haut de gamme. (À moins de considérer comme tel, « le même plus cher », avec une étiquette plus prétentieuse et festonnée.) Bien sûr, il serait impensable de sortir les grands ou petits crus de leurs bouteilles, mais il existe de très bons vins dans la plupart des appellations génériques… que l'on retrouve encore trop rarement en bibs – sauf exception, notamment quelques gaillacs ou bergeracs rouges.

Dernier détail utile : il faut savoir que le « bib » est saisonnier… Le choix offert est plus riche à la belle saison qu'au cœur de l'hiver.

Un « degré » de qualité

> « *Tout en pérorant, il se versa un canon de Mouton-Rotschild, y goûta, déclara carrément qu'il ne valait pas un bon petit Algérie à 13 degrés, ce qui égaya les Flutiau, décidément ignares en matière de boissons.* »
>
> René Fallet (1927-1983), *Un Idiot à Paris*

La proportion d'alcool est indiquée sur l'étiquette en pourcentage du volume, par exemple 13 % vol.

Le taux d'alcool des vins a tendance à s'envoler. Il n'est plus rare de voir un bordeaux afficher 14 % d'alcool ou certains languedocs dépasser les 14,5 %. Le réchauffement climatique et la recherche d'une maturité plus poussée des raisins sont invoqués (des raisins bien sucrés vont donner plus d'alcool puisque c'est le sucre qui se transforme en alcool lors de la fermentation).

Pour autant, il est difficile de faire du taux d'alcool un critère de qualité avant d'avoir goûté le vin. L'alcool a tendance à amplifier le goût (un peu comme le sel pour les aliments). Donc à la dégustation, un vin doté d'un taux d'alcool élevé sera flatteur au palais. S'il est de piètre qualité, il sera vite lassant.

Inversement, un vin avec un taux d'alcool plus léger (12% par exemple) pourra s'avérer être joyeusement gouleyant... ou manquer d'arômes.

Le pourcentage d'alcool est parfois indiqué en degrés par le signe °. Pour ne pas confondre ces degrés avec ceux qui correspondent à des températures, il y a une convention typographique : l'indication du degré d'alcool (°) est accolée à l'indication de mesure (ex. : 12°). En revanche, le degré (°, toujours) de température s'écrit °C (C en hommage à Celsius – et pas à « centigrade », qui n'existe pas) et il est séparé de l'indication de mesure par un espace – une espace fine, pour les puristes (ex. : 20 °C).

Prix, choix et petites arnaques

Nos évaluations de prix (pour une bouteille de 75 cl) sont uniquement données pour fixer les idées, sachant que :

– on observe parfois de grands écarts dans la même appellation ;

– nos prix concernent des vins d'une année « moyenne » ;

– les bouteilles vieillies en chais peuvent être plus onéreuses, et plus encore celles des meilleurs millésimes ;

– certaines appellations sont vendues traditionnellement dans d'autres volumes : 37 cl, 50 cl, 62 cl, 1 l, etc. ;

– le prix d'un magnum (1,5 l soit deux bouteilles) est supérieur à celui de deux bouteilles, pour trois raisons : le vin vieillit mieux dans ce volume, la production en est faible, le coût de la bouteille est plus élevé.

L'indication à boire jusqu'à x ans que nous proposons doit être majorée pour les magnums… et réduite pour les demi-bouteilles. Tel vin, à boire jusqu'à cinq ans en bouteille (75 cl), peut l'être jusqu'à huit, voire dix ans en magnum (1,5 l) et devra être bu avant deux ans (trois peut-être) en demi-bouteille (37,5 cl). Ne gardez pas les petites bouteilles servies en avion – ou alors en souvenir, à poser sur la cheminée plutôt que sur la table.

Quant aux **médailles, récompenses et distinctions**, il y aurait beaucoup à dire. La grande majorité est attribuée – ou distribuée – à l'occasion de foires et salons. Nous ne les avons pas toutes « testées », mais à l'usage, les médailles de Paris et Mâcon comptent parmi les plus sérieuses.

Le vin au restaurant. Il faut enfin dire un mot des prix déraisonnables pratiqués par certains restaurateurs, qui n'hésitent pas à multiplier par quatre, par cinq et plus, le prix d'une bouteille de vin. Ce sont souvent les mêmes, d'ailleurs, qui ne connaissent que deux températures de service : les blancs au frigo et les rouges sur la machine à café.

Résultat : les clients boivent de la bière, de l'eau ou des sodas, et se détournent du vin... C'est d'autant plus dommage que les restaurants restent des lieux irremplaçables de découverte du vin.

Si nos fourchettes de prix peuvent au moins vous aider à faire le tri entre les bons professionnels de la table et les... autres, ce sera déjà un résultat appréciable. Il vous arrivera aussi, fort heureusement, de trouver moins cher dans le commerce.

L'auteur vous le souhaite de tout cœur...

Mais il ne rembourse pas la différence.

Les 800 noms et appellations des vins de France

(d'agenais à zotzenberg)

Agenais
(IGP)

Cette appellation du Lot-et-Garonne produit du rouge et du rosé, à partir (entre autres) de merlot, cabernet-sauvignon, cabernet-franc et de cépages locaux comme l'abouriou, le tannat ou le bouchalès. Ce sont de bons petits vins à boire jeunes, mais certains rouges vieillis en fûts de chêne peuvent attendre deux ou trois ans. Des blancs fruités et vifs sont issus de sauvignon, muscadelle et sémillon.

Prix : de moins de 5 euros à 10 euros et plus…

Aigues
(IGP vaucluse aigues)

Le Vaucluse produit un gros volume de vins classés en IGP vaucluse. Ceux d'Aigues ont le droit de préciser leur origine sur l'étiquette. C'est une petite production de rouges, rosés et blancs à base d'une variétés de cépages : grenache, syrah, merlot, cabernet-sauvignon, cinsault, chardonnay… Des vins à boire jeunes.

Prix : de moins de 3 euros à 6 euros

Ajaccio

Cette AOP corse a changé son nom de coteaux-d'ajaccio pour celui d'ajaccio tout court en 1984. Elle compte dans ses rangs certains des plus anciens vignobles corses. Elle produit du blanc, du rosé et du rouge, sur environ 200 hectares…

Un rouge de grande classe, à condition d'avoir la patience d'attendre au moins trois ans pour le boire.

Le **rouge** doit sa personnalité singulière au sciaccarello et au sol granitique. Ce vin, qui a su trouver un bel équilibre entre vigueur et finesse, vieillit en outre très bien. C'est l'une des appellations les plus réputées de Corse.

À boire entre trois et huit à dix ans, avec :

Viandes rouges grillées. Charcuterie corse. Petit gibier. Agneau. Volailles. Pâtés de volailles. Coq au vin. Couscous. Rôtis. Fromages bleus.
Servir entre 14 et 16 °C.

Millésimes : 2003, 2005, 2009, 2010, 2014…

Le **blanc** provient du cépage vermentino. Il a de jolis arômes floraux. Le rosé d'un style élégant est produit à partir de sciaccarello.

À boire jeune, avec :

Fruits de mer. Fruits de mer cuisinés. Poissons grillés. Artichauts et autres légumes. Charcuterie corse. Fromages de chèvre. Fromages frais.
Servir entre 8 et 10 °C (le rosé autour de 6 à 8 °C).

Prix : 5 à 15 euros

Aligoté (cépage)

Aussi appelé troyen-blanc, vert-blanc, griset-blanc, ce vigoureux cépage montagnard donne un vin blanc agréablement léger, un peu acide, désaltérant, à boire jeune. En Bourgogne, il est utilisé dans le bourgogne-aligoté, le bouzeron et le crémant.

Alpes maritimes (IGP)

Ce vin de pays nous donne un rosé intéressant car souvent marqué par les notes épicées du brachet, un cépage local. Comme ses homologues rouge et blanc, c'est un vin à la fois aromatique et frais, qui sait accompagner au plus près les grillades, barbecues et salades estivales, de même que les fromages frais. Certains rouges peuvent être plus corsés. Des vins mousseux blancs ou rosés sont aussi produits sous cette appellation.

Prix : autour de 5 ou 6 euros

Alpes-de-haute-provence (IGP)

La situation géographique de ce vignoble permet de produire des vins ensoleillés mais ayant de la fraîcheur. Rosés et rouges dominent la production. Dénichez les vins mettant en valeur les cépages locaux !

Prix : à partir de 4 euros

Aloxe-corton

Les « alosse-corton », comme on dit sur place, sont d'excellents bourgognes à un prix qui, sans être bradé, n'est pas prohibitif – vu leur qualité.

Cette célèbre AOP de la Côte de Beaune en Bourgogne voisine avec des crus encore plus prestigieux, comme corton ou corton-charlemagne… Les aloxe-corton sont presque toujours des rouges issus de pinot noir. Sur les 120 hectares de l'appellation, moins de 2 hectares sont plantés en chardonnay donc produisent des blancs.

Le **rouge** perd en 3 ou 4 ans la relative âpreté de sa prime jeunesse et se bonifie énormément en bouteilles.

Principaux crus : Les Valozières, Les Paulands, La Maréchaude, Clos des Maréchaudes, Les Chaillots, Les Fournières, Clos du Chapitre, Les Guérets, Les Vercots, Les Petites Folières, Les Moutottes, La Coutière, La Toppe au Vert…

À boire entre deux et cinq ans, avec :
Grillades. Barbecue. Volailles rôties. Foies poêlés. Viandes blanches rôties.

À boire entre cinq et dix ans, avec :
Petit gibier rôti. Viandes en sauce. Canard rôti ou en cocotte. Fromages à pâte molle.
Servir entre 16 et 17 °C.

Millésimes : 2002, 2003, 2005, 2008, 2009, 2010, 2011, 2012, 2013, 2014…

Le **blanc** de chardonnay est aussi rare que fin…

À boire entre deux et cinq ans (dix ans pour les grands millésimes), avec :
Foie gras poêlé. Poissons en terrine. Poissons au court-bouillon. Champignons. Gratins. Cuisine japonaise (sushi).
Servir entre 8 et 10 °C.

Millésimes : 2002, 2004, 2005, 2006, 2010, 2012, 2014…

Prix : à partir de 20 euros

Alpilles (IGP)

Issu de certains villages répertoriés dans le département des Bouches-du-Rhône, ce vin existe en rouge, rosé ou blanc. Il est agréable, ample et léger à la fois. Et surtout fruité ! Des prix doux et de belles découvertes à faire sous cette étiquette.

Alsace

Le classement des vins d'Alsace est réputé comme l'un des plus simples... Ce qui n'est ni entièrement faux, ni tout à fait exact. (Il est vrai que tous les autres sont tellement compliqués !)

Ce qui est simple, effectivement, c'est que les alsaces sont issus chacun d'un seul cépage, dont ils portent le nom... à quelques exceptions près.

Mais il faut savoir en plus que ce classement par cépages est subordonné à deux sortes d'AOP : l'AOP alsace avec ou sans nom de lieu, et l'AOP alsace-grand-cru assortie d'un nom de lieu bien précis – 51 au total.

L'AOP alsace-grand-cru, soumise à des règles plus strictes que la précédente, n'est produite qu'à partir de quatre cépages : riesling, gewurztraminer, pinot gris et muscat.

Les AOP alsace et alsace-grand-cru peuvent être complétées par deux mentions elles aussi réglementées : vendanges tardives et sélections de grains nobles.

Petit truc schématique (il y a des exceptions) pour ne pas se prendre la tête : en Alsace, plus il y a de mots dans le nom, meilleur est le vin. Le prix fournit aussi une indication, bien que les vins d'Alsace offrent l'un des meilleurs rapports qualité / prix du monde ; et sans doute le meilleur des premiers prix. L'Alsace viticole couvre environ 12 000 hectares dans son ensemble.

Millésimes : 2000, 2004, 2005, 2007, 2008, 2009, 2010, 2014...

Alsace-chasselas

> Un alsace primesautier à petit prix.

Le chasselas est l'un des rares cépages capables de donner aussi bien un excellent raisin de table qu'un bon petit vin blanc. Disons-le tout net : l'AOP alsace-chasselas (ou gutedel, son nom allemand) n'est pas la plus prestigieuse, mais ce bon petit vin, sec sans excès, léger et désaltérant, est un agréable compagnon de table, où il se tient très bien.

À boire jeune, voire très jeune, avec :
Apéritif. Poissons (petits, sauf sardines ou anchois). Fritures. Crustacés. Petits crabes. Crevettes. Asperges. Wok ou jardinière de légumes. Salades. Fromages de chèvre.
Servir entre 8 et 10 °C.

Prix : moins de 6 euros

Alsace-gentil

Le gentil est avec l'edelzwicker l'un des rares vins d'assemblage alsacien. À la différence de l'edelzwicker, il doit respecter un quota avec au moins 50 % d'un ou de plusieurs cépages dits « nobles » (riesling, pinot gris, muscat et gewurztraminer). Chaque cépage est vinifié séparément puis assemblé. Le tout donne un vin facile à boire à ouvrir pour les casse-croûtes, les pique-niques, les repas simples à base de volailles, légumes, gratins et tartes salées, charcuterie, viandes blanches.

Alsace-klevner

> Un alsace plus riche qu'il y paraît, à un prix… accueillant.

L'AOP alsace-klevner (ou pinot) donne un blanc sec, suffisamment souple et équilibré pour supporter la pointe d'acidité caractéristique qui le rend facilement reconnaissable. En un mot, un vin aimable, et très accommodant. Il est élaboré à partir de pinot blanc, d'auxerrois, de pinot gris et de pinot noir vinifié en blanc.

À boire assez jeune, avec :

Viandes blanches. Ballottines. Charcuteries fines. Cervelas. Choucroute alsacienne. Choucroute de poissons. Fromages frais.
Servir entre 8 et 10 °C.

Prix : moins de 5 à 10 euros

Alsace-edelzwicker

> Un prix d'autant plus intéressant que l'edelzwicker est traditionnellement vendu en bouteilles d'un litre.

L'AOP alsace-edelzwicker est l'un des rares vins d'Alsace élaboré à partir de plusieurs cépages et non pas en monocépage. Il contient presque toujours du sylvaner, du gewurztraminer et du riesling, parfois du chasselas, du pinot blanc, de l'auxerrois, etc. Bien que ce vin d'assemblage soit généralement celui qui hérite des « fonds de barriques », le résultat se révèle toujours intéressant. Et souvent assez constant d'une année sur l'autre. Un vin aussi rafraîchissant que fruité, capable de remplacer bien des crus régionaux plus cotés.

À boire assez jeune, avec :

Apéritif. Charcuterie. Charcuterie chaude. Jambon cuit. Jambonneau rôti. Poissons en friture. Poissons marinés. Quiches. Flamiche alsacienne. Fondue savoyarde. Choucroute. Crustacés. Crevettes. Salades.
Servir autour de 9 à 10 °C.

Prix : autour de 5 euros

Alsace-gewurztraminer

> Un vin aux saveurs amples qui sait s'adapter à la petite comme à la grande cuisine.

L'AOP alsace-gewurztraminer donne un blanc ample et puissant, qui devient moelleux (sans excès) les grandes années. C'est surtout un vin très flatteur, d'abord au nez, puis en bouche qu'il remplit instantanément d'une riche saveur. Il a des notes d'épices, de litchis, de rose, d'agrumes très caractéristiques.

À boire entre trois et huit ans, avec :

Cuisine en sauce. Cuisine épicée (gingembre). Poularde. Chapon. Coquillages crus. Coquillages cuits. Cuisine indienne. Curry au lait de coco. Choucroute. Kouglof. Foie gras (si moelleux). Fromages bleus. Fromages à pâte cuite. Munster. Fromages frais. Desserts aux fruits. Ananas. Brioches.

Servir entre 8 et 10 °C (entre 10 et 12 °C pour le moelleux).

Prix : 6 à plus de 20 euros

Alsace-grand-cru

> L'ensemble de l'appellation alsace couvre environ 12 000 hectares, et l'appellation alsace-grand-cru à peine le dixième.

L'AOP alsace-grand-cru est produite dans 51 lieux bien précis, et seulement à partir de l'un des quatre cépages nobles suivants : muscat, gewurztraminer, pinot-gris et riesling.

Les exigences requises permettent à chacune de ces appellations de porter à leur apogée les qualités propres à chaque cépage. Les rendements à l'hectare étant plus faibles, les prix sont plus élevés. Ce sont des vins de gastronomie, pour des plats sophistiqués ou simples mais réalisés avec d'excellentes matières premières.

Les 51 appellations sont (dans l'ordre alphabétique – le seul ordre non générateur d'incidents diplomatiques) :

- Altenberg-de-Bergbieten
- Altenberg-de-Bergheim
- Altenberg-de-Wolxheim
- Brand (Turckheim)
- Bruderthal (Molsheim)
- Eichberg (Eguisheim)
- Engelberg (Dahlenheim)
- Florimont (Ingersheim)
- Frankstein (Dambach-la-Ville)
- Froehn (Zellenberg)
- Furstentum (Kientzheim et Sigolsheim)
- Geisberg (Ribeauvillé)
- Gloeckelberg (Rodern et Saint-Hippolyte)
- Goldert (Gueberschwihr)
- Hatschbourg (Hattstatt et Voegtlinshoffen)
- Hengst (Wintzenheim)
- Kaefferkopf (Ammerschwihr)
- Kanzlerberg (Bergheim)
- Kastelberg (Andlau)
- Kessler (Guebwiller)
- Kirchberg-de-Barr
- Kirchberg-de-Ribeauvillé
- Kitterlé (Guebwiller)
- Mambourg (Sigolsheim)
- Mandelberg (Mittelwihr)
- Marckrain (Bennwihr)
- Moenchberg (Andlau et Eichhoffen)
- Muenchberg (Nothalten)
- Ollwiller (Wuenheim)
- Osterberg (Ribeauvillé)
- Pfersigberg (Eguisheim)
- Pfingstberg (Orschwihr)
- Praelatenberg (Kintzheim)
- Rangen (Thann)
- Rosacker (Hunawihr)
- Saering (Guebwiller)
- Schlossberg (Kientzheim)
- Schoenenbourg (Riquewihr et Zellenberg)
- Sommerberg (Niedermorschwihr et Katzenthal)
- Sonnenglanz (Beblenheim)
- Spiegel (Bergholtz et Guebwiller)
- Sporen (Riquewihr)
- Steinert (Pfaffenheim)
- Steingrubler (Wettolsheim)
- Steinklotz (Marlenheim)
- Vorbourg (Westhalten et Rouffach)
- Wiebelsberg (Andlau)
- Wineck-Schlossberg (Katzenthal et Ammerschwihr)
- Winzenberg (Blienschwiller)
- Zinnkoepflé (Soultzmatt et Westhalten)
- Zotzenberg (Mittelbergheim)

Alsace-klevener-de-heiligenstein

Ce blanc est issu d'un cépage, le savagnin rose. Supplanté par le gewurztraminer au XIXe siècle, ce cépage n'a subsisté qu'à Heiligenstein. Il partage son côté aromatique et volontiers tendre. Ce vin est rare, séducteur mais de rapports qualité-prix variables. À ne pas confondre avec l'alsace-klevener (voir ce mot).

> Ce vin rare peut être sec ou demi-sec selon le millésime et le souhait du vigneron.

Alsace-muscat

L'AOP alsace-muscat produit un vin blanc si fruité qu'il a gardé le goût du raisin frais… Cela le rend particulièrement agréable à l'apéritif, ainsi que pour accompagner des mets d'ordinaire pas très amis du vin, comme les asperges.

> Deux cépages de muscat sont utilisés en Alsace : le muscat ottonel et le muscat à petits grains.

À boire avec :

Apéritif (jeune). Canapés. Soupe de légumes. Asperges et autres légumes nouveaux du printemps. Crudités. Champignons. Charcuterie. Abats. Foies de volaille. Viandes blanches fumées. Tartes salées. Cuisine chinoise. Riz pimenté. Salades (peu vinaigrées). Salades de légumes. Fromages de chèvre. Fromages à pâte cuite. Munster. Desserts aux fraises. Cakes. Tartes aux fruits.
Servir entre 7 et 10 °C.

Prix : 6 à 10 euros

Alsace-pinot-blanc

Ce vin d'Alsace est élaboré à partir de pinot blanc mais comme son nom ne l'indique pas, il peut aussi contenir de l'auxerrois, un cépage proche. C'est un blanc simple, léger, très agréable à partager sur des plats simples comme un croque-monsieur, une salade composée, une tarte salée, un poisson pané ou des oeufs cocotte.

Alsace-pinot-gris

> Sous sa texture soyeuse et son côté tendre, ce vin cache une indéniable puissance.

L'AOP alsace-pinot-gris donne un grand vin blanc sec, capiteux et corsé, ce qui n'empêche pas les plus grandes années de le revêtir d'un velouté incroyable, sans rien enlever à sa force. Il se plaira en compagnie de mets eux aussi au goût puissant, du gibier à plumes au foie gras. En vieillissant, il prend goût aux desserts, qu'il met parfaitement en valeur. Autrefois il était aussi appelé tokay mais ce n'est plus autorisé à cause d'une confusion possible avec le vin hongrois du même nom.

À boire entre deux et huit ans, avec :

Soupe de légumes. Endives cuites. Petit gibier. Faisan. Viandes rouges. Rôtis. Viandes blanches. Veau. Jarret de porc. Charcuterie. Volailles. Foie gras. Cuisine à la crème. Cuisine chinoise. Cuisine vietnamienne. Poisson. Thon. Poissons à la crème. Soupe de poissons. Bouillabaisse. Caviar. Fruits de mer. Coquillages cuits. Soupe de moules. Desserts (vieil alsace-pinot-gris).

Servir entre 8 et 10 °C (jeune) ; 10 et 12 °C (plus vieux).

Prix : 7 à 15 euros et plus.

Alsace-pinot-noir

> Après plusieurs siècles où il a été boudé, le pinot noir fait l'objet d'un regain d'intérêt en Alsace.

L'AOP alsace-pinot-noir produit l'un des seuls rouges d'Alsace (avec le rarissime rouge d'Ottrott), ainsi qu'un rosé. En version rouge, il peut afficher deux aspects : soit il est brillant et limpide, tire plutôt sur le rose soutenu (le rosé est plus clair) ; soit il est plus foncé car vinifié pour être plus concentré et élevé en barriques. Dans ce cas, il peut se boire sur 4 ou 5 ans et accompagne les mets plus puissants. Son prix est en général beaucoup plus élevé.

Certaines communes comme Ottrott, Saint-Hippolyte, Rodern ou Marlenheim ont gardé au fil des siècles leur attachement au pinot noir mais des vignerons révèlent ailleurs des grands terroirs favorables à ce cépage.

À boire avec :

Viandes rouges grillées. Bavette aux échalotes. Daubes. Queue de bœuf. Steak tartare. Poissons d'eau douce. Brochet. Rôtis. Cuisine pimentée. Viandes blanches. Volailles. Terrines. Petit gibier. Ragoût de porc. Charcuterie. Asperges. Champignons. Pâtes italiennes. Pâtes au fromage. Fromages à pâte molle. Fromages à pâte cuite.
Servir entre 10 et 12 °C (non boisé) ; 15 et 16 °C (élevé en barriques).

Prix : moins de 5 à plus de 20 euros

Alsace-riesling

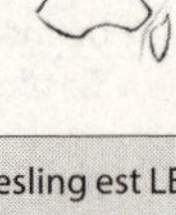

> Petit ou grand, le riesling est LE vin d'Alsace par excellence.

L'AOP alsace-riesling produit des vins blancs secs, subtils, racés et superbement équilibrés. Dans ses plus belles bouteilles, ce blanc offre une synthèse du meilleur de l'Alsace. Savoureux et délicatement parfumé, c'est un vin capable d'accompagner les mets les plus raffinés.

À boire, jeune ou vieux avec :

Asperges. Soupe de légumes. Salade de légumes. Poissons fumés. Huîtres. Poissons pochés. Fruits de mer. Coquillages crus. Calmars. Escargots. Volailles. Viandes blanches en sauce. Blanquettes. Champignons. Matelotes. Œufs. Omelette. Terrines. Pâtes carbonara. Raviolis aux trois fromages. Tagliatelles aux légumes. Tartes salées. Woks de légumes. Fromages frais.
Servir entre 8 et 10 °C (jeune); de 10 à 12 °C (plus vieux).

Prix : 6 à plus de 20 euros

Alsace-sélection-de-grains-nobles

> Un vin d'exception : très bon, très rare, et pas si cher que cela quand on pense à son faible rendement et au travail qu'il requiert.

AOP alsace-sélection-de-grains-nobles : blanc moelleux ou liquoreux.

Légitime orgueil de la région, ces vins sont élaborés à partir de vendanges manuelles, grain par grain, en choisissant ceux qui ont été touchés par la « pourriture noble », un champignon qui touche certains cépages et concentre les saveurs et les sucres des grains de raisin. Ces grains nobles sont récoltés par tris successifs sur les cépages alsace-grand-cru : muscat, gewurztraminer, pinot gris et riesling.

Ces vins sont exceptionnels à plusieurs titres, puisqu'ils ne sont produits que les meilleures années. Ils sont considérés comme les plus grands vins d'Alsace (mais il y a aussi de très grands vins secs).

À boire jusqu'à vingt ans et plus, avec :

Desserts. Seul (à déguster). Fin d'un repas exceptionnel.
Servir entre 8 et 10 à 12 °C.

Prix : 20 à 50 euros (souvent proposé en bouteilles de 50 cl !)

Alsace-sylvaner

> Un petit alsace sympathique qui atteint parfois le niveau d'un grand riesling.

L'AOP alsace-sylvaner donne un blanc sec moins prestigieux que ceux issus des cépages dits nobles, mais frais et jovial. Il est presque pétillant dans sa jeunesse, ce qui le rend très agréable à boire. Certains lieux comme le Zotzenberg le magnifient.

À boire jeune, avec :
Asperges. Charcuterie (peu salée). Porc cuisiné. Choucroute. Volailles. Poisson. Poissons fumés. Fruits de mer. Coquillages crus. Poêlées de légumes. Gratins.
Servir entre 7 et 9 °C.

Prix : 5 à 15 euros

Alsace-tokay-pinot-gris

(Voir alsace-pinot-gris)

Alsace-vendanges-tardives

Les blancs moelleux de l'AOP alsace-vendanges-tardives proviennent des quatre cépages des alsace-grand-cru et de raisins récoltés tardivement, touchés ou non par la pourriture noble (voir ci-dessus, alsace-sélection-de-grains-nobles). Ces vins moelleux ne subissent aucune chaptalisation (ajout de sucre) mais comptent uniquement sur les sucres naturels du raisin.

À boire de cinq à dix ou vingt ans, avec :
Chapon, poularde. Foie gras frais. Foie gras poêlé. Fromages bleus. Cuisine pimentée. Tartes aux fruits. Desserts aux fruits exotiques.
Servir entre 8 et 10 °C.

Prix : 10 à 20 euros (en bouteilles de 50 ou 75 cl)

(Voir aussi crémant-d'alsace)

Altesse (cépage)

Aussi appelée roussette, fusette… elle peut donner, quand elle est vinifiée seule, soit un blanc sec, corsé, parfumé et racé ; soit un vin blanc doux pétillant ou effervescent. On trouve surtout ce cépage en Savoie.

Ambonnay

(Voir coteaux champenois)

Anjou

Le vignoble d'Anjou et son indissociable voisin de Saumur rassemblent une trentaine d'AOP. Si l'Anjou est essentiellement dédié à la production de vins blancs et rosés, c'est parmi les rouges qu'on trouve parfois d'excellentes surprises. Le sol de schistes typique de la zone baptisée Anjou noir leur va bien.

Grande variété. L'Anjou, de même que le Saumurois, produit des blancs secs, des demi-secs, des moelleux, des liquoreux ; des vins tranquilles ou pétillants ; des rouges et des rosés… La particularité de tous ces vins, c'est leur étonnant caractère à la fois léger et puissant.

Les cépages de Loire s'épanouissent en Anjou : cabernets, gamay, grolleau… Mais on rencontre aussi, sur les vignobles bien abrités, le chenin blanc aussi nommé pineau de la Loire, le chenin noir appelé pineau d'Aunis ou le sauvignon baptisé localement blanc fumé.
L'AOP anjou, dite « générique », produit des vins d'anjou rouges, blancs secs et blancs pétillants, issus de cépages chenin, chardonnay, sauvignon, gamay, cabernet franc, cabernet-sauvignon, pineau d'Aunis, côt, grolleau… et de tous ces cépages pour les pétillants.

Ils sont francs, finement aromatiques et frais. Ils peuvent être bus jeunes mais gagnent souvent à vieillir en s'affinant pendant quelques années (sauf les vins primeurs).

Blanc à boire jeune avec :

Apéritif. Fruits de mer et crustacés (moules, crevettes...). Poisson grillé. Poisson fumé. Petites fritures. Charcuterie. Volailles. Tartes salées. Cuisine thaï. Fromages de chèvre.

Rouge à boire dans les deux ou trois ans avec :

Apéritif. Poisson. Poulet grillé ou froid. Viandes rouges. Viandes blanches. Volailles. Charcuterie légère. Fromages de chèvre ou à pâtes molles.

Servir les blancs entre 8 et 10 °C ; les rouges entre 15 et 16 °C.

Prix : moins de 5 euros à 12 euros

Anjou-coteaux-de-la-loire

La trentaine d'hectares de l'AOP anjou-coteaux-de-la-loire, plantée de chenin, produit un blanc moelleux bien construit, équilibré, solide, et qui se bonifie avec l'âge.

À boire entre cinq et dix ans (jusqu'à quinze ans pour les meilleures bouteilles), sur des desserts mais aussi sur des plats salés grâce à son équilibre entre sucre et acidité… Seule condition : avoir la main aussi légère sur la crème que sur le piquant :

🍽 Apéritif. Foie gras. Poulet. Poisson. Crevettes. Cuisine exotique (mais aux épices douces). Viandes blanches. Charcuterie fine. Desserts. Gâteaux aux amandes ou génoises.

Servir autour de 9 °C.

Prix : 7 à 20 euros

Millésimes : 2005, 2008, 2009, 2010, 2011…

Anjou-gamay

Cette AOP d'environ 120 hectares, située à l'intérieur de la zone anjou, produit un petit vin rouge spontané, frais, souple et très fruité. En un mot : sympathique.

> Le cépage gamay noir s'exprime ici dans toute sa spontanéité, et donne un vin idéal pour un petit casse-croûte sans façon.

À boire jeune avec :

🍽 Charcuterie légère. Pot-au-feu. Coq au vin. Viandes rouges et viandes blanches grillées ou mijotées. Tajines. Fromages.

Servir autour de 14 °C.

Prix : moins de 5 euros à 10 euros

Anjou-mousseux
Anjou-fines bulles

Des vins sous-estimés, qui supportent la comparaison avec certains de leurs homologues plus prestigieux, à des prix plus séduisants.

Le chenin blanc, toujours très à l'aise en Loire, est majoritaire dans cette AOP de 80 hectares. C'est un cépage qui prend bien la mousse… surtout sur ces sols crayeux et dans des caves fraîches assez profondément enfouies dans le « tuffeau » (calcaire) pour rester à température constante et produire une jolie kyrielle de vins à bulles blancs et rosés.

À boire jeunes, avec :

Apéritif. Desserts peu sucrés aux fruits. Seul.

Servir entre 6 et 8 °C.

Prix : 5 à 10 euros

(Voir aussi crémant-de-loire, rosé-d'anjou-pétillant, saumur-pétillant et saumur-mousseux)

Anjou-villages

Cette AOP plus restreinte donne des vins intenses et charpentés qui s'épanouissent après 3 à 5 ans de garde.
Traits d'union entre tous les anjous : une fraîcheur et un fruité caractéristiques et le parfum de fleurs des vins de la Loire.

L'AOP anjou-villages, à base de cabernet franc et de cabernet sauvignon, date de 1987 et donne, sur une cinquantaine de communes et environ 180 hectares, un vin rouge aux qualités plus affirmées que celles de l'anjou « tout court ». Il vieillit mieux aussi, et plus longtemps.

À boire à partir de trois ans, jusqu'à cinq ou sept ans, avec :

Canard. Poulet. Viandes blanches. Viandes rouges. Charcuterie légère. Plats mijotés.

Servir entre 15 et 17 °C.

Prix : 8 à 20 euros
Millésimes : 2005, 2006, 2009, 2010, 2014…

Anjou-villages-brissac

Entre Loire et Layon, l'AOP anjou-villages-brissac se situe sur dix communes non loin du château de Brissac. Bien qu'il présente beaucoup d'analogies avec les précédents (cépages, millésimes, affinités culinaires…), il possède sa propre personnalité. Il est charnu ou charpenté mais conserve des tanins fins.

L'anjou-villages-brissac peut vieillir harmonieusement pendant 10 ans.

(Voir aussi ci-dessus)

Arbois

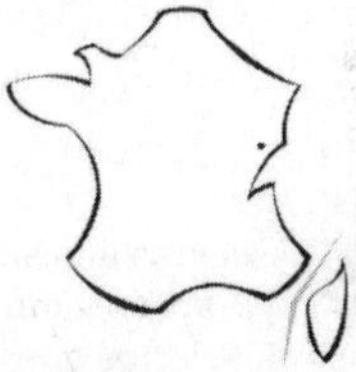

Avant de devenir AOP, l'AOC arbois a fait partie des deux ou trois plus anciennes appellations d'origine françaises. Elle est née en 1936.

Elle produit, sur près de 900 hectares, du rouge mais aussi du rosé et du blanc. Caractéristique de la région : le rouge est plutôt clair, alors que le rosé se rapproche de la couleur habituelle d'un rouge, avec des teintes plus soutenues que dans d'autres appellations. C'est l'AOP la plus étendue du Jura.

Millésimes : 2005, 2009, 2013…

Arbois-blanc

Les cépages chardonnay et savagnin lui donnent une couleur or pâle. Il existe deux styles. L'un dénommé « floral » dévoile un goût sec, tirant sur le minéral, et un parfum de fleurs. L'autre appelé « tradition » est obtenu avec les mêmes cépages mais le vin a été partiellement mis au contact de l'air au cours de son élevage ce qui lui donne un goût caractéristique rappelant la noix et un côté sec affirmé. Ils se servent un peu moins frais que les floraux.

À boire entre trois et cinq ans, avec :

Poisson. Cuisine à la crème. Viandes blanches. Volailles mijotées. Curry d'agneau ou poulet. Charcuterie. Coquillages cuits. Fruits de mer. Gratins. Fromages à pâte cuite. Fromages frais.

Servir entre 10 et 15 °C.

Prix : 7 à 20 euros

Arbois-rosé

Ces vins à base de cépages pinot noir, poulsard et trousseau mêlent des arômes minéraux à ceux de fleurs et de fruits. La production se développe dans l'ombre des arbois rouges, guère plus colorés parfois.

À boire dans les deux ans, avec :

Apéritif. Canapés. Cuisine indienne. Colombo. Champignons. Viandes grillées. Morilles. Cuisine japonaise. Sushi. Pizzas.

Servir entre 10 et 12 °C.

Prix : 7 à 15 euros

Arbois-rouge

L'AOP arbois fournit à elle seule 70 % des rouges jurassiens. Les cépages pinot, poulsard et trousseau noir, assez peu colorés, donnent un vin clair mais parfaitement adapté à une cuisine « consistante », à servir relativement frais.

> Un rouge vigoureux, mais agréable et rafraîchissant : des qualités typiques des vins du Jura.

À boire dans les trois à cinq ans, avec :

Rôtis. Petit gibier. Volailles. Viandes rouges. Charcuteries. Saucisse de Morteau ou de Montbéliard. Plats épicés. Cuisine exotique. Poisson (saumon grillé).

Servir entre 11 et 13 °C.

Prix : 10 à 20 euros

Arbois-vin-de-paille

Le chardonnay, le poulsard, le trousseau et le savagnin, donnent à cet excellent vin doux un savoureux arôme bien particulier, et la couleur qui justifie son nom. Les grappes de raisin sont séchées à l'air avant d'être pressées. D'où des arômes concentrés. À ne pas confondre avec le vin jaune (voir à arbois-vin jaune).

> Cet excellent vin supporte aussi très bien d'être dégusté seul ou en compagnie de quelques chocolats, à l'écart des repas.

À boire pas trop jeune (et jusqu'à vingt ou trente ans), avec :

Desserts. Pâtisseries. Chocolat. Agrumes confits.

Servir entre 8 et 10 °C.

Prix : 20 à 30 euros

(Voir aussi Macvin)

Arbois-vin-jaune

> Ce vin jaune est avant tout le compagnon préféré des grandes volailles, qu'il magnifie.

Ce vin rare, obligatoirement issu du seul cépage savagnin, est traditionnellement vendu en petites bouteilles de 62 cl, qu'on appelle des clavelins. Il doit avoir séjourné en fûts au moins six ans et trois mois. Les plus grands peuvent, dit-on, passer le siècle. Ce vin d'exception peut se suffire à lui-même ou accompagner des plats eux aussi exceptionnels.

À boire pas trop jeune et jusqu'à vingt ou trente ans, avec :
Poularde. Chapon. Risotto. Volailles. Cuisine indienne. Cuisine vietnamienne. Cuisine chinoise. Crustacés. Homard. Langouste. Foie gras frais. Fromages à pâte cuite. Seul.
Servir autour de 15 à 16 °C.

Prix : 30 à 50 euros (le clavelin de 62 cl)
Millésimes : 1998, 2000, 2002, 2005, 2009…

Arbois-pupillin

> Au cœur de l'Arbois, et avec les cépages de la région, l'arbois-pupillin possède néanmoins une personnalité bien à lui.

À 3 km au sud d'Arbois, le village de Pupillin jouit d'un ensoleillement particulier et de sols qui réussissent très bien au cépage poulsard ici appelé ploussard. Mais les autres cépages jurassiens sont aussi plantés : trousseau, pinot noir, chardonnay et savagnin.

On y produit du rouge, du rosé et du blanc.

Francs et fruités comme tous les vins d'Arbois, ils sont plus ronds en bouche.

À boire jeune et jusqu'à dix ou quinze ans, avec :

🍽 Volailles. Charcuterie chaude. Charcuterie. Boudins. Coquillages cuits. Crustacés.
Servir à 14 °C.

Prix : 10 à 30 euros

Ardèche (IGP)

Parce qu'elle est départementale, cette IGP est assez diverse. Elle propose des vins monocépages réalisés à partir de cépages à succès comme le viognier (blanc) ou la syrah (rouge).

Dans l'ensemble, les vins d'assemblages rappellent, eux, les côtes-du-rhône proches. Certains vins issus d'une zone plus restreinte peuvent revendiquer la mention coteaux-de-l'ardèche.

Argens

(Voir Var)

Ariège (IGP)

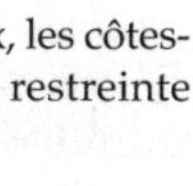

Ce vin de pays se décline en rouge, rosé et blanc. Les cépages utilisés pour les rouges et rosés sont : syrah, merlot, tannat, cabernet franc, cabernet sauvignon. Les rouges sont soit taillés pour la garde, soit souples et fruités. Les rosés sont généreux et friands. Les blancs sont rares.

Atlantique
(IGP)

Cette IGP existe en trois couleurs et peut faire figurer un ou deux noms de cépages sur son étiquette. Cette appellation est récente (2006). Elle correspond à une vaste surface puisqu'elle concerne les départements de Charente, Charente-Maritime, Dordogne, Gironde et une partie du Lot-et-Garonne. D'où une certaine diversité dans la production.

Prix : 3 à 5 euros

Aude
(IGP)

Rouges, blancs et rosés tranquilles voisinent dans ce département déjà richement pourvu… Ce qui ne leur monte pas à la tête ni ne fait enfler leurs prix. Des vins francs et simples, aussi à l'aise sur des cuisines impromptues que sur des recettes préméditées de longue date. L'appellation IGP aude peut être suivie d'un nom évoquant une unité géographique plus restreinte et donc une typicité plus affirmée, comme Coteaux de la Cabrerisse, Côtes de Lastours, Côtes de Prouilhe ou Pays de Cucugnan.

Prix : 3 à 5 euros

Auxerrois (cépage)

Aussi appelé pinot-auxerrois. Ce cépage lorrain a essaimé tout autour, et hors des frontières, notamment au Luxembourg où il réussit fort bien à des prix modérés. Également complémentaire du pinot-blanc, auquel il apporte du fruité.

(Voir aussi côt)

Auxey-duresses

> Des bourgognes moins corsés, un peu plus précoces… et moins chers que leurs voisins plus prestigieux.

L'AOP auxey-duresses (qui se prononce « aussey », en Bourgogne) est située dans la côte de Beaune. Sur l'étiquette, sa mention est parfois suivie d'un nom de lieu, ou de la mention Premier cru. Elle donne un vin rouge issu de pinot noir au parfum de fruits rouges, et un blanc de chardonnay qui a une saveur de fruits secs. L'AOP produit deux fois plus de rouge que de blanc.

Rouge à boire jusqu'à cinq ou dix ans et plus, avec :
Volailles. Poulet de Bresse. Veau. Porc. Agneau. Champignons.
Servir autour de 15 °C.
Blanc à boire entre trois et cinq ans avec :
Poisson. Crevettes. Fruits de mer. Escargots. Fromages à pâte cuite.
Servir autour de 12 °C.

Prix : à partir de 18 euros
Millésimes : 2000, 2001, 2003, 2005, 2009, 2010…

Aveyron (IGP)

Le rouge domine très largement la production. Le rosé et le blanc s'adjugent 10 % chacun. Ce terroir est soumis à trois influences climatiques : méditerranéenne, continentale, océanique. La liste des cépages le confirme : syrah, merlot, cabernet sauvignon, duras, fer-servadou pour les rouges ; chardonnay et chenin pour les blancs. Les vins rouge, rosé ou blanc s'expriment naturellement, avec simplicité et franchise, sur des grillades, salades et autres recettes estivales vite et bien faites.

Prix : autour de 5 euros

Ay

(Voir coteaux champenois)

Ayze

(Voir vin de Savoie)

Balmes-dauphinoises

(Voir Isère)

Bandol

Les vignes de l'AOP bandol sont accrochées en terrasses appelées « restanques » sur les collines du Var, en bord de mer et donnent des rouges, des rosés et des blancs. Le voisinage de la mer tempère les ardeurs du soleil, ce qui contribue à équilibrer les vins. Ils sont à la fois intenses, complexes et subtils. Des grands vins !

Millésimes : 1995, 1998, 2001, 2002, 2003, 2004, 2005, 2006, 2008, 2009…

Bandol-rouge

Le cépage mourvèdre est le roi de cette appellation. Il représente au moins 50 % de l'assemblage et peut même atteindre plus de 90 %. Il est associé au grenache et au cinsault. Ce vin a une belle robe d'un rouge intense. Il est à la fois puissant, velouté et frais en bouche. Il est élevé en barriques pendant au moins 18 mois. Il vieillit extrêmement bien. Certaines bouteilles peuvent affronter sans angoisse 10, 20 ou 25 ans d'attente en cave.

> Moins connus que les bandols rosés, les rouges restent les plus intéressants et les plus aptes à bien vieillir.

Rouge à boire jusqu'à dix ans et plus, avec :

Abats. Agneau. Daubes. Viandes rouges. Viandes mijotées. Pot-au-feu. Cassoulet. Couscous. Chili con carne. Tajines. Viandes blanches. Petit gibier. Légumes méditerranéens. Canard. Rougets.

Servir autour de 16 °C.

Prix : 10 à 25 euros

Bandol-rosé

On y retrouve les cépages du rouge. Agréablement fruité et d'une belle couleur, c'est un rosé souvent plus puissant que les autres rosés de Provence. Il peut même se permettre de vieillir quelques années.

> Au retour de vacances provençales lumineuses, rien ne vaut un rosé de Bandol pour ensoleiller un petit dîner hivernal.

À boire dans les 2 ou 3 ans, avec :

Fruits de mer. Terrines. Cuisine chinoise. Cuisine japonaise. Cuisine indienne. Cuisine pimentée. Paella. Gambas. Poissons grillés. Crudités. Salades composées. Légumes. Gratins de légumes. Soupe de poissons. Bouillabaisse. Pizzas. Viandes blanches rôties. Grillades. Fromages de chèvre.
Servir de 6 à 8 °C.

Prix : 10 à 20 euros

Bandol-blanc

La clairette, l'ugni blanc et le bourboulenc sont (ou ne sont pas) associés au sauvignon, à la marsanne, au vermentino et au sémillon, pour donner un vin aromatique, plein de sève, mais aussi très fin, qui semble dévolu aux produits de la mer toute proche…

À boire jeune, avec :

Poisson. Poissons de roche. Soupe de poissons. Bourride. Cuisine asiatique. Fritures. Moules. Gambas. Crabe. Quenelles. Œufs (brouillés). Pâtes italiennes. Salades.
Servir de 8 à 10 °C.

Prix : 10 à 20 euros

Banyuls
Banyuls-grand-cru

> Avec le chocolat, le banyuls forme l'un des plus beaux mariages mets et vins qui soient.

Sur plus de 1100 hectares autour de Banyuls-sur-Mer, l'AOP banyuls produit un vin appartenant à la famille des vins doux naturels. On lui ajoute de l'alcool en cours de fermentation pour bloquer la transformation de sucre en alcool. Il garde donc en grande partie les arômes de fruits et la douceur de ses raisins d'origine. Ses cépages de prédilection sont le grenache noir, le grenache blanc et le grenache gris.

Le vin tuilé traditionnel est le plus connu, mais il faut découvrir aussi le vintage et le rimage, d'autant plus fruités qu'ils sont mis tôt en bouteilles… Mais aussi les vintage et rimage qualifiés de « mise tardive », élevés en foudres pendant un à trois ans, pour dégager ensuite des arômes d'une grande richesse. Le blanc, couleur paille, devient ambré, s'il a fait l'objet, comme le tuilé traditionnel, d'un élevage spécifique en foudres, le mettant au contact de l'air. Une production de banyuls rosés s'est aussi développée. « Hors d'âge » signifie que le vin a été élevé 5 ans ou plus.

Le banyuls-grand-cru, AOP à part entière sur environ 70 hectares, commence sa vie en passant près de trois ans en fût, ce qui contribue à son bel équilibre et à sa vigueur peu commune… qui lui permettent de vieillir pendant vingt ans et plus.

À boire jeunes ou vieux, avec :

Foie gras. Jambon cru. Chocolat. Gâteaux. Brownies. Desserts aux fruits rouges. Desserts aux fruits secs. Fromages bleus.

Servir les rouges entre 12 à 16 °C; les blancs, un peu plus frais mais pas trop (10 à 13 °C).

Prix : 5 à 20 euros

Barsac

La grande AOP bordelaise barsac, très proche de l'appellation sauternes (qui l'éclipse un peu, il faut le reconnaître), couvre environ 600 hectares et produit elle aussi des blancs moelleux à liquoreux qui se révèlent plus nerveux et capiteux, avec un peu moins d'onctuosité mais plus de fruité. Les cépages sont la muscadelle, le sauvignon et le sémillon, ce dernier prenant particulièrement bien la pourriture noble. Ce champignon appelé botrytis, associé à une récolte manuelle et par passages successifs dans les vignes pour récolter des baies en surmaturation, en fait des vins incomparables.

> Offert ou conseillé, un barsac est le signe d'un vrai connaisseur. Mais, notoriété oblige, beaucoup de barsacs sont parfois commercialisés en sauternes.

À boire entre cinq et vingt ans, avec :

Apéritif. Canapés. Melon. Foie gras. Volailles. Poularde. Chapon. Cuisine indienne. Volailles. Oie. Canard. Champignons. Truffes. Ris de veau. Viandes blanches en sauce. Cuisine à la crème. Desserts. Tartes aux fruits. Fromages de brebis. Fromages bleus. Seul.

Servir entre 6 et 9 °C.

Prix : 20 à 100 euros
Millésimes : 1998, 1999, 2001, 2002, 2003, 2005, 2007, 2009, 2010…

Bâtard-montrachet

L'AOP grand cru bâtard-montrachet produit en très petite quantité un grand vin blanc sec sur une douzaine

> Une AOC aussi petite par sa superficie que grande par sa qualité : un vin d'exception pour circonstances exceptionnelles.

d'hectares seulement, à l'intérieur des communes de Chassagne-Montrachet et Puligny-Montrachet.

Ce vin gras et riche, à base de chardonnay, demande un certain délai pour s'ouvrir et s'affiner, sans rien perdre de sa puissance. Avec l'âge, sa couleur passe de l'or pâle tirant sur le vert au jaune d'or vif.

À boire entre cinq et quinze ans (trente pour les grands millésimes), avec :

Crustacés. Homard. Langouste. Fruits de mer. Quenelles de brochet. Vol-au-vent. Volailles. Poularde. Cuisine à la crème.
Servir entre 8 et 10 °C.

Prix : 100 à 150 euros et (beaucoup !) plus
Millésimes : 2000, 2002, 2004, 2005, 2008, 2010, 2011, 2012, 2013, 2014…

Baux-de-provence (les)

L'AOP les-baux-de-provence concerne 8 villages placés de part et d'autre du rocher des Baux-de-Provence. Chose rare, les vignes de cette AOP sont presque entièrement cultivées en agriculture biologique ou biodynamique. Elle produit des rosés et surtout de beaux rouges à base de grenache, mourvèdre et syrah aux arômes un peu sauvages. Ce sont des vins de garde.

Béarn
Béarn-bellocq

L'AOP béarn produit un rouge généreux, un rosé expressif et un blanc fruité sur environ 240 hectares. Le nom

Il y en a pour tout le monde : le rosé est à la mode, le blanc se révèle plus intéressant et le rouge évolue mieux.

Bellocq est joint à Béarn dans les communes de Bellocq, Lahontan, Orthez et Salles-de-Béarn.

Le rare béarn-**blanc** est à base de camaralet, petit-courbu, gros manseng, petit manseng, et sauvignon. Il peut être sec ou moelleux.

Sec, il est à boire jeune, avec :

Coquillages crus. Crustacés. Poissons. Crudités.

Servir entre 8 et 10 °C.

Le béarn-**rosé**, produit en plus grande quantité que le rouge, se boit jeune également, avec :

Charcuteries. Grillades. Barbecue. Crudités. Pizzas. Tartes salées.

Servir entre 8 et 10 °C.

Le béarn-**rouge** est à base de tannat, cabernet-franc, cabernet-sauvignon.

À boire jusqu'à deux à trois ans, avec :

Viandes rouges. Chili con carne. Volailles. Poulet basquaise. Tajines. Cassoulet. Couscous.

Servir entre 15 et 16 °C.

Prix : 5 à 10 euros

Beaujolais

Le vin le plus populaire du monde est produit sur une zone immense de plus de 10 000 hectares, ce qui explique, disons, une certaine disparité dans la qualité de ce véritable symbole du vin de comptoir à la française.

> L'appellation régionale beaujolais représente à elle seule la moitié de la production du vignoble du Beaujolais.

Gabriel Chevallier (1895-1969) en fut le chantre, même s'il fut aussi le premier à dénoncer les méfaits de la chaptalisation (ajout de sucre destiné à augmenter la proportion d'alcool), dans clochemerle Babylone : « S'il avait fallu plus de sucre dans le vin, la nature l'aurait mis. Nos beaujolais feront figure de mauvais bourgognes. » Cela dit, les beaujolais légers d'antan manquaient de résistance, voyageaient mal et vieillissaient encore moins bien. La montée en alcool leur a ouvert les portes du monde entier.

Ne boudons pas notre plaisir… d'autant plus qu'aujourd'hui, alors que beaucoup d'autres vins se sont mis à afficher des teneurs en alcool déraisonnables (13°, voire 14°), les beaujolais restent avec sagesse à des 12 ou 12,5°, bien suffisants pour assurer la stabilité du vin et qui mettent parfaitement en valeur le fruit et l'équilibre d'un vin bien sympathique : la vertu de tout bon beaujolais !

On trouvera les dix crus célèbres de beaujolais – brouilly, chenas, chiroubles, côte-de-brouilly, fleurie, juliénas, morgon, moulin-à-vent, régnié, saint-amour – chacun à sa place dans l'ordre alphabétique.

Beaujolais-nouveau (Beaujolais-rouge)

Événement médiatique autant que gastronomique, le beaujolais-nouveau sort traditionnellement le troisième jeudi de novembre. Il est toujours rouge et à base de gamay. Son succès commercial a été tel qu'il a donné lieu à des dérives quant à son prix et sa qualité. Il a fini par occulter les autres productions du Beaujolais, surtout le simple beaujolais rouge. Qu'on se le dise, le beaujolais peut se boire toute l'année et pas seulement en novembre !

À boire jeune ou jusqu'à deux ans, avec :

Viandes rouges. Volailles. Poulet à l'estragon. Cailles. Pot-au-feu. Osso-buco. Porc au curry. Cuisine indienne. Abats. Foie de veau. Légumes. Haricots, fèves, pommes de terre. Salades de légumes. Gratin. Fromages à pâte cuite.

Servir autour de 12 °C.

Prix : moins de 5 euros à 12 euros

Beaujolais-rosé

Production confidentielle pour ce rosé rare… Il existe aussi des beaujolais-nouveaux rosés, non moins rares !

À boire jeune, avec :
Charcuteries. Grillades. Barbecue. Pizzas.
Servir entre 7 et 9 °C.

Prix : 5 à 10 euros

Beaujolais-blanc

Cette étonnante AOP produite par moins de 1 % des vignes beaujolaises est élaborée à partir de chardonnay. Les vins ont l'équilibre entre fruité et fraîcheur typique des beaujolais rouges et peuvent même afficher une jolie finesse.

À boire entre deux et cinq ans (ou plus) avec :
Crustacés. Poisson. Coquillages crus. Huîtres. Cuisine à la crème. Champignons à la crème. Sucré salé. Légumes. Patates douces. Salades. Salades composées. Desserts. Pâtisseries aux agrumes. Agrumes.
Servir entre 8 et 10 °C.

Prix : 6 à 12 euros

Beaujolais-villages Beaujolais-villages-primeur

Ces AOP élaborent du rouge, du rosé et du blanc, à partir des mêmes cépages que le précédent, sur environ 6 000 hectares. Les meilleurs sont cultivés sur des terres plus circonscrites – surtout quand la mention *villages* est complétée par le nom de la commune. Ils sont en principe plus charnus que les simples beaujolais.

Hormis les primeurs, à boire très jeunes, le blanc et le rouge sont à boire entre deux et cinq ans ; le rosé plus jeune, avec les mêmes plats que les précédents, entre 8 et 10 °C.

Beaujolais-villages-rouge

Les mêmes, moins chers !

Après une longue période de succès qui n'incitait pas les beaujolais à une recherche de qualité soutenue (encore que c'eût été moins marqué sur les « villages »), les beaujolais ne sont plus autant à la mode qu'antan et ils se sont lancés dans une course à la qualité.

> Entre les beaujolais génériques et les dix grands crus, l'AOC beaujolais-villages offre à peu près toutes les qualités intermédiaires, donc la possibilité d'y trouver d'excellentes bouteilles à petit prix.

C'est parmi ces bouteilles de l'AOP beaujolais-villages, entre les beaujolais « génériques » et les dix grands crus, qu'on trouvera d'excellentes surprises, voire parfois des vins comparables ou supérieurs à certains grands crus de beaujolais, à un prix sans concurrence, lui, pour la qualité.

À boire entre deux et quatre ans, avec :

Abats. Ris de veau. Foie de veau. Ragoûts. Volailles. Poulet rôti. Poulet basquaise. Canard braisé. Viandes rouges en sauce. Pot-au-feu. Bœuf bourguignon. Daubes. Tajines. Pâtes italiennes. Quiches. Charcuterie. Porc cuisiné. Légumes farcis. Coquillages cuits. Hachis Parmentier.

Viandes blanches. Cuisine pimentée. Riz pimenté. Crêpes salées. Fromages de chèvre (frais). Fromages fermentés. Fromages à pâte cuite.
Servir entre 11 et 12 °C; entre 14 et 16 °C pour un vin de trois à quatre ans.

Prix : autour de 8 euros

Beaujolais + nom de lieu

Ils ont droit à l'appellation beaujolais suivie de : Beaujeu, Blacé, Cercié, Chânes, Charentay, Denicé, Emeringes, Jullié, La-Chapelle-de-Guinchay, Lancié, Lantignié, Le Perréon, Les Ardillats, Leynes, Marchampt, Montmelas-Saint Sorlin, Odenas, Pruzilly, Quincié-en-Beaujolais, Rivolet, Romanèche-Thorins, Saint-Lager, Saint-Didier-sur-Beaujeu, Saint-Étienne-des-Oullières, Saint-Étienne-La-Varenne, Saint-Julien, Salles-Arbuissonnas, Vaux-en-Beaujolais (qui fut le village modèle – seulement géographique – de clochemerle), Vauxrenard.

Beaumes-de-venise

Dans la région du célèbre muscat-de-beaumes-de-venise, protégée du mistral par les Dentelles-de-Montmirail, cette AOP ne produit que du rouge, essentiellement à base de grenache et de syrah. Issu d'un climat chaud, ce vin corsé est capable de vieillir de cinq à quinze ans selon les millésimes.

À boire à partir de trois ou quatre ans, avec :
Grand gibier. Viandes rouges. Côte de bœuf. Daubes. Chevreau. Civets. Agneau. Viandes blanches. Veau. Volailles farcies. Paella. Cassoulet. Tajines.
Servir entre 16 et 18 °C.

Prix : 10 à 20 euros
Millésimes : 2001, 2003, 2004, 2005, 2007, 2009, 2014…

Beaune

Cette grande AOP de Bourgogne occupe plus de 400 hectares plantés en chardonnay pour les blancs ; en pinot noir pour les rouges. L'appellation compte 42 terroirs (ou climats) classés en Premier Cru.

Beaune-rouge

Le rouge représente plus de 90 % de la production. Ceux classés en Grand cru portent un nom de lieu, comme Beaune-Bressandes, Beaune-Clos-du-Roi, Beaune-Fèves, Beaune-Teurons, etc.

> Le beaune-rouge est un bourgogne puissant, mais jamais lourd ni capiteux.

Le beaune-rouge est un grand vin, à la fois sec et généreux, au bouquet remarquable et d'une très grande finesse.

À boire de quatre à douze ans, avec :

Viandes blanches. Volailles (de qualité). Petit gibier. Viandes rouges. Escargots. Champignons. Cuisine à la crème.
Servir à 16 ou 17 °C.

Prix : 15 à 30 euros

Beaune-blanc

Il est élaboré à partir de chardonnay. Jeune, il est d'un style floral avec des notes d'amandes et de miel. Plus vieux, il est plus gras.

> La production limitée de beaune-blanc explique son prix relativement élevé, que justifie sa qualité.

À boire assez jeune, avec :

Coquillages crus. Poisson au four ou grillé. Poisson cru. Tajines de poisson. Cuisine japonaise. Viandes blanches. Cuisine à la crème. Chapon, poularde. Cassolettes. Fromage à pâte cuite. Fromages de chèvre.

Servir autour de 10 °C.

Prix : 20 à plus de 30 euros

Beaunois

(Voir chardonnay)

Bellet

Cette AOP niçoise produit, en paraphrasant (approximativement) Marcel Pagnol, un petit tiers de rosé, un petit tiers de blanc et deux gros tiers de rouge. Les 60 hectares de vignes sont ancrés à 200 ou 300 mètres au-dessus de la mer, entre le vent du large et le vent de la montagne.

Bellet-rouge

Le bellet-rouge semble garder en permanence la fraîcheur et le bouquet de sa jeunesse, tout en vieillissant en finesse et en se bonifiant pendant quinze ans, pour les meilleures années. C'est un vin surprenant qui doit beaucoup de sa personnalité à son cépage phare : le braquet. Il peut être assemblé avec le fuella nera, le cinsault et le grenache.

À boire jusqu'à dix ou quinze ans, avec :
Grand gibier. Petit gibier. Agneau. Viandes rouges. Chili con carne. Poisson. Anchoïade. Légumes. Oignons confits. Rigatoni. Tajines. Salades. Salade aux olives. Taboulé. Œufs brouillés. Champignons. Cuisine à l'ail. Estouffade. Gratins.
Servir entre 15 et 16 °C.

Prix : 10 à 25 euros
Millésimes : 2004, 2005, 2006, 2009, 2010…

Bellet-blanc

Le cépage vermentino associés aux bourboulenc, chardonnay, mayorquin, clairette, muscat à petits grains et ugni blanc (roussan) donnent un blanc corsé mais d'une grande élégance, capable de vieillir jusqu'à dix ans…

À boire entre deux et dix ans, avec :

Poisson. Poissons de mer. Brick. Ceviche. Poissons crus. Coquillages crus. Crustacés. Asperges. Volailles. Viandes blanches. Lapin. Tartes salées.
Servir entre 8 et 9 °C.

Prix : 10 à 25 euros

Bellet-rosé

Une fois n'est pas coutume, ce rosé, particulièrement fruité, est aussi un vin à forte personnalité qui peut se conserver pendant des années.

À boire entre deux et dix ans, avec :

Poisson. Poissons d'eau douce. Poissons grillés. Anguille. Lotte (baudroie). Bourride. Escargots. Viande rouge grillée. Viandes blanches. Abats. Tripes. Fruits de mer. Pizzas. Cuisine à l'ail. Aïoli. Cuisine aux oignons. Soupe de légumes. Fenouil, céleri, salades cuites. Crustacés. Gaspacho de crevettes.
Servir entre 8 et 9 °C.

Prix : 10 à 25 euros

Bénovie

(Voir Pays d'hérault)

Bérange

(Voir Pays d'hérault)

Bergerac

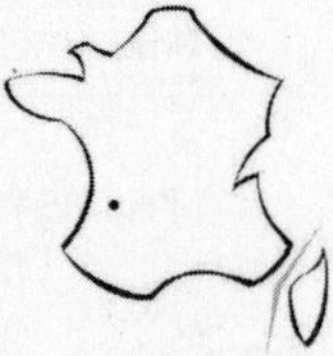

Les vignes de l'AOP bergerac produisent des rouges, des rosés, des blancs et des blancs doux sur environ 8 000 hectares.

Bergerac-rouge

Cabernet-franc, cabernet-sauvignon, merlot et parfois malbec donnent un goût fruité caractéristique au bergerac-rouge, qui représente environ les deux tiers de la production.

> L'appellation bergerac, bien connue pour ses « petits vins » sympathiques, sait réserver de belles et bonnes surprises à l'amateur qui a la main heureuse.

À boire à deux ou trois ans avec :

Volailles. Coq au vin. Rôtis. Fricandeau. Couscous. Charcuterie. Viandes blanches en sauce. Porc cuisiné. Tajines. Salades cuites. Légumes farcis. Viandes rouges en sauce. Queue de bœuf. Terrines. Champignons. Truffes. Tommes de vache ou brebis.

Servir entre 16 et 17 °C.

Prix : moins de 5 euros à 20 euros
Millésimes : 2000, 2001, 2002, 2004, 2005, 2006, 2009, 2010, 2011…

Bergerac-rosé

Le rosé est en plein essor. Il est fruité et rond.

À boire jeune, avec :
Poisson grillé type saumon ou thon. Terrines. Terrines de poisson. Viandes blanches. Charcuterie. Grillades. Barbecue. Crudités. Pizzas. Tapas.
Servir entre 8 et 10 °C.

Prix : moins de 5 euros à 10 euros

Bergerac-sec

Le blanc sec, à base de sauvignon muscadelle et sémillon, développe souvent un bouquet délicat et une vivacité agréable.

À boire jeune, avec :
Viandes blanches. Lapin. Volailles. Poulet. Petit gibier. Petites volailles. Poisson grillé ou cru. Moules. Gambas. Quenelles. Choucroute. Champignons. Légumes. Salades. Cuisine asiatique. Œufs. Omelette aux fines herbes. Fromages de chèvre.
Servir entre 8 et 10 °C.

Prix : 5 à 20 euros

Berlou

(Voir saint-chinian)

Bessan

(Voir Pays d'hérault)

Bienvenues-bâtard-montrachet

Cette AOP grand cru produit exclusivement un grand vin blanc à base de chardonnay, sur un domaine de moins de quatre hectares, dans la commune de Puligny-Montrachet, dans le vignoble de la Côte de Beaune.

La rareté de ce très grand vin de Bourgogne, ainsi que sa qualité toujours remarquable, contribue à maintenir les prix à un niveau très élevé.

À boire à partir de cinq ans, jusqu'à quinze ans et plus, avec :

Coquillages crus. Poissons d'eau douce. Poisson. Filets de poissons de mer en sauce. Crustacés. Homard, langouste. Écrevisses. Volailles. Chapon, poularde. Viandes blanches. Lapin. Légumes. Cuisine à la crème.

Servir entre 8 et 10 °C.

Prix : 60 à 100 euros et plus

Millésimes : 2001, 2002, 2003, 2004, 2005, 2009, 2010, 2011, 2012, 2013…

Bigorre (IGP comté tolosan bigorre)

Les rouges et les rosés font appel aux tannat, cabernet-franc, cabernet-sauvignon, courbu-noir, fer, jurançon-noir, manseng-noir, merlot, petit-verdot… et les blancs aux arrufiac, gros manseng, petit manseng, ugni blanc, colombard, baroque, clairette, courbu, crouchen, lauzet, listan, raffiat de moncade, sauvignon, sémillon. Un riche éventail pour ces petits vins sympas qui reflètent parfaitement leur origine du sud du Sud-Ouest.

Prix : autour de 5 euros

Blagny

L'AOP blagny couvre moins de 4 hectares, au sud-ouest de Beaune, sur la commune de Puligny-Montrachet. Elle ne produit que des rouges toujours excellents, dont sept premiers crus particulièrement élégants mais confidentiels. Les blancs ne rentrent pas dans cette AOP mais sont classés en AOP meursault ou AOP puligny-montrachet.

> Des vins rares, à conserver jusqu'à leur apogée et à réserver aux repas d'exception.

À boire entre cinq à huit ans, avec :

Agneau rôti. Volailles rôties. Abats. Rognons. Ris de veau à la crème. Viandes rouges grillées. Rôti de porc ou de veau en cocotte. Chateaubriand. Chili con carne. Epoisses. Munster.

Servir entre 15 et 16 °C.

Prix : 30 à 50 euros et plus
Millésimes : 2005, 2009, 2010, 2012, 2013…

Blanc-fumé

(Voir pouilly-fumé)

Blanquette-de-limoux

Les vins de l'AOP blanquette-de-limoux sont célèbres. Ils sont blancs et mousseux. Leur nom vient du cépage mauzac, largement majoritaire (90 %). Il était jadis appelé blanquette à cause du fin duvet blanc qui couvre la partie inférieure de ses feuilles. Le vignoble pousse d'ailleurs sur les coteaux calcaires de la vallée de l'Aude, au sud de Carcassonne, qu'on appelle là-bas des *blanquetières*. Les cépages chenin-blanc et chardonnay complètent le mauzac roux et baignent dans un climat à la fois aquitain et méditerranéen, entre 100 et 200 mètres d'altitude. Ces blancs mousseux sont élaborés selon la « méthode-qu'on-n'a-plus-le-droit-d'appeler-champenoise » (donc en méthode traditionnelle) en bruts ou demi-secs fruités, légèrement moelleux et dont le palais confirme l'excellente impression du nez à l'ouverture.

Une minorité de vins, produits par la *méthode ancestrale*, est uniquement élaborée à partir de mauzac (à 100 %). Elle finit sa fermentation spontanée en bouteille et elle n'est pas la moins intéressante, loin de là ! Elle affiche un faible degré d'alcool (6 ou 7 %). Sur les étiquettes elle s'appelle AOP blanquette méthode ancestrale. Toujours douce, elle se boit en dessert... ou au goûter !

À boire jeune, avec :

Apéritif. Canapés. Tapas. Pâtes aux fruits de mer. Poisson. Matelote de poissons. Mousse de poisson. Coquillages cuits. Huîtres chaudes. Cuisine thaï. Jambon cru. Sucré salé. Desserts.
Servir entre 6 et 8 °C.

Prix : 7 à 15 euros

Blanquette méthode ancestrale

(Voir blanquette-de-Limoux)

Blaye

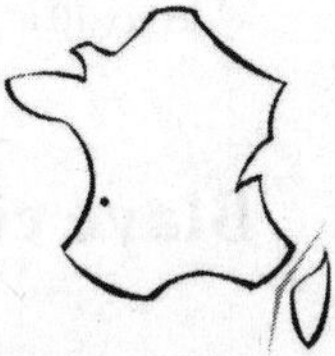

La région de Blaye, sur la rive droite de la Gironde, est surtout réputée pour ses rouges, mais elle produit aussi des blancs intéressants. La proximité de l'estuaire tempère le climat. Quatre AOP sont produites : blaye, blaye-côtes-de-bordeaux blanc, blaye-côtes-de-bordeaux rouge, côtes-de-blaye. L'AOP blaye produit uniquement des rouges sur une quarantaine d'hectares. Ils sont à base de merlot et peuvent aussi intégrer du cabernet sauvignon, du cabernet franc, du malbec et du petit verdot. Ce sont des vins plus concentrés que l'autre AOP blayaise produisant des rouges : l'AOP blaye-côtes-de-bordeaux.

À boire dans les 3 à 8 ans (parfois plus), avec :

Viandes rouges grillées ou rôties. Viandes en sauce. Viandes blanches. Canard. Volailles. Saint-nectaire. Mimolette.

Servir entre 16 et 17 °C.

Blaye côtes-de-bordeaux rouge

L'AOP blaye-côtes de bordeaux est produite sur seulement 6 hectares pour les rouges. Les cépages utilisés sont les mêmes que pour l'AOP blaye : le merlot est donc le cépage vedette. C'est un vin rond, finement tannique, un peu moins concentré et charpenté que ceux de l'AOP blaye.

> Ces vins rouges distingués sont à réserver aux cuisines riches mais pas trop compliquées.

À boire dans les 3 à 5 ans (parfois plus), avec :
Volailles. Viandes blanches. Sauté de veau. Rôtis. Viandes rouges grillées. Hamburger. Bavette à l'échalote.
Servir entre 15 et 16 °C.

Prix : 10 à 25 euros

Blaye côtes-de-bordeaux blanc

> À la fois ronds et vifs, ces vins sont dans la tendance des vins consensuels, faciles à ouvrir et partager.

Ce blanc sec est élaboré essentiellement à partir du cépage sauvignon avec une petite touche de sémillon et parfois de muscadelle.

À boire entre deux et trois ans, avec :
Apéritif. Poisson. Poisson cru. Coquillages crus. Choucroute (de poissons). Tajines de poisson. Curry de légumes. Cuisine thaï.
Servir entre 8 et 10 °C.

Prix : 10 à 20 euros

Bois-dur

(Voir carignan)

Bonnes-mares

(Voir chambolle-musigny)

Bonnezeaux

L'AOP bonnezeaux produit, sur une centaine d'hectares, le vin d'anjou le plus riche en parfums. Le chenin-blanc, vendangé à surmaturation, donne un vin blanc moelleux ou liquoreux joliment doré, onctueux, velouté… Il remplit la bouche et devient très vite inoubliable.

À boire jusqu'à quinze ou vingt ans, avec :

Foie gras. Desserts aux poires, amandes, abricots, pêche, ananas, mangue. Fruits à la crème. Vol-au-vent. Volailles. Pâtés et rillettes de canard. Petit gibier. Champignons. Truffes. Fromages de chèvre. Fromages bleus.

Servir entre 8 et 10 °C.

Prix : 20 à 50 euros
Millésimes (liquoreux) : 2005, 2009, 2010, 2011…

Bordeaux

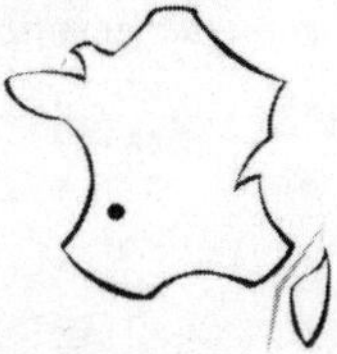

« Bordeaux, de ses longs quais parés de maisons neuves,
Porte jusqu'à la mer ses vins sur deux grands fleuves. »
ALFRED DE VIGNY (1797-1863), *La Frégate La Sérieuse*

L'AOP bordeaux « tout court », appellation régionale ou générique pour les spécialistes, est sans doute celle qui est la plus connue dans le monde. Et même si le prestige en revient aux grands crus de la région de production – margaux, saint-estèphe, pomerol, sauternes et autres, que l'on trouvera chacun à sa place dans l'ordre alphabétique.

Ces bordeaux, produits sur plus de 60 000 hectares du département de la Gironde, peuvent receler d'excellents rapports qualité-prix alors que les grands crus sont devenus totalement inabordables.

Ils regroupent bordeaux (rouge, blanc sec ou blanc doux), bordeaux supérieur (rouge ou blanc doux), bordeaux-clairet, bordeaux-rosé et crémant-de-bordeaux.

Bordeaux-rouge

Le bordeaux-rouge représente la grande majorité de l'appellation, et peut présenter deux visages bien différents. Soit il est léger, rond, peu acide et à boire assez vite, soit, plus riche en tanins, il se fait moins immédiatement séducteur, mais se révèle alors capable d'évoluer au fil du temps.

Il intègre du cabernet-sauvignon et du merlot dans des proportions variables selon les producteurs. S'y ajoutent du cabernet franc, du malbec, du petit verdot voire du carménère.

À boire de trois à cinq ans, avec :

Volailles. Petites volailles (cailles, pigeons…). Viandes rouges grillées. Bavette à l'échalote. Steak au poivre. Carré d'agneau. Omelette aux champignons. Spaghettis bolognaise. Saint-nectaire. Mimolette.
Servir entre 15 et 16 °C.

Prix : moins de 5 euros à 20 euros
Millésimes : 2005, 2009, 2010…

Bordeaux-blanc-sec

Le bordeaux-blanc-sec est un vin toujours riche en arôme. Sauvignon blanc, sauvignon gris, sémillon et muscadelle sont ses cépages de référence. Une petite partie de la production est élevée en barrique.

> Les blancs secs bordelais sont beaucoup moins connus et beaucoup moins abondants que les rouges mais ont un style très typique fait de rondeur et de vivacité.

À boire relativement jeune, avec :

Apéritif. Poisson. Poisson cru. Crustacés. Fruits de mer grillés. Moules. Asperges. Bouchée à la reine. Canapés. Crudités. Volailles. Salades. Cuisine asiatique. Fromages de chèvre.
Servir entre 6 et 7 °C.

Prix : 5 à 20 euros

Bordeaux-clairet

Des vins agréablement rafraîchissants, fruités, mais assez costauds et corsés en même temps.

Le bordeaux-clairet est intermédiaire entre un rouge et un rosé. Il est plus corsé qu'un rosé mais n'a pas les tanins d'un rouge. C'est un vin à boire frais, assez vite et sans façons. Le clairet bordelais a fait la fortune du vignoble avant d'être éclipsé par les blancs et les rouges. Aujourd'hui, il souffre de la mode des rosés pâles bien que ce soit un petit vin éminemment sympathique. Il affiche des prix doux.

Bordeaux-clairet à boire dans les un ou deux ans avec :

Petit gibier. Agneau. Barbecue. Cuisses de grenouilles. Paella. Volailles. Salades. Croque-monsieur. Tartes salées. Pâtes.

À boire jeune, voire très jeune, comme un rosé sympa et pas ruineux.

Servir entre 8 et 10 °C.

Prix : à partir de 3 ou 4 euros

Bordeaux-moelleux

Cette AOP est produite à partir de sauvignon, sémillon et muscadelle. Elle donne des vins à la robe dorée, ronds, à la fois sucrés et rafraîchissants.

À boire sur deux ou trois ans avec :

Desserts aux fruits. Desserts aux amandes. Fromages à pâte persillée.

Prix : moins de 6 euros à 15 euros.

Bordeaux-rosé

Il est fait à partir des mêmes cépages que le bordeaux, le bordeaux supérieur rouge et le clairet. Il est plus pâle que le clairet.

Bordeaux-rosé à boire jeune, avec :
Charcuteries. Crudités. Grillades. Barbecue. Pizzas. Pâtes. Tartes salées. Salades. Cuisine marocaine. Cuisine asiatique. Cuisine indienne.

Prix : moins de 5 euros à 10 euros

Bordeaux-haut-benauge

Bouches-du-rhône (IGP)

Ce vin de pays se décline en rouge, rosé, blanc et mousseux. Il peut être suivi du nom « terre de camargue » lorsqu'il est issu d'une zone délimitée bien précise. Les cépages sont variés. Ils peuvent être utilisés en assemblage ou en vin de cépage.

Prix : autour de 5 euros et (parfois) plus

Bouchet

(Voir cabernet-franc)

Bourboulenc (cépage)

Aussi appelé grosse-clairette, malvoisie, c'est surtout un cépage de complément, qui peut rendre le vin amer s'il mûrit mal. La « malvoisie » (monemvasia) ne serait pas en fait d'origine provençale ou espagnole, mais grecque (du Péloponnèse), ce qui expliquerait sa prédilection pour nos terroirs les plus torrides – de même que son amertume à maturation incomplète.

Bourg

(Voir côtes-de-bourg)

Bourgogne

« L'Entrepôt se trouve partagé dans toute sa longueur par la rue de la Côte-d'Or, donnant ainsi la préférence aux vins de bourgogne, une des spécialités les plus authentiquement, les plus parfaitement françaises, et qui méritent partout le coup de chapeau. »

LÉON-PAUL FARGUE (1876-1947), *Le Piéton de Paris*

Les AOP bourgognes génériques sont produites sur environ 3 000 hectares de cette vaste et prestigieuse région, dans les départements de la Côte-d'or, de la Saône-et-Loire et de l'Yonne. Elles ont pour noms : bourgogne-blanc, bourgogne-clairet, bourgogne-rosé, bourgogne-rouge, bourgogne-aligoté, etc.

Ces AOP, considérées comme modestes au sein de l'une des plus grandes régions viticoles du monde, peuvent réserver d'excellentes surprises… au fil des appellations, des producteurs et des millésimes. L'amateur qui aura la patience de chercher finira toujours par y trouver « son » vin.

Millésimes : 2005, 2008, 2009, 2010, 2011, 2012, 2013…

Bourgogne-aligoté

L'AOP bourgogne-aligoté produit uniquement du blanc sur 1600 hectares sur trois départements bourguignons. Ce vin est uniquement élaboré à partir du cépage aligoté qui offre une caractéristique (presque) toujours vérifiée : plus il pousse perché, meilleur il est. Et, effectivement, les aligotés de fonds de vallons sont moins remarquables que ceux des coteaux plus élevés, qui valent la peine d'être dégustés pour eux-mêmes plutôt qu'en kir. Le côté joyeusement vif et fruité de l'aligoté a bien des charmes à redécouvrir.

À boire jeune et jusqu'à trois ans, avec :

Apéritif. Poisson. Poissons marinés. Coquillages cuits. Crustacés. Charcuteries froides. Quiches. Escargots. Salades. Légumes vapeur. Gougères. Charcuterie chaude. Fromages de chèvre. Fromages frais.
Servir entre 8 et 10 °C.

Prix : 5 à 20 euros

Bourgogne-aligoté-bouzeron

(Voir Bouzeron)

Bourgogne-blanc

Les vins de l'AOP bourgogne-blanc sont issus de chardonnay. Selon leur département d'origine (Côte d'Or, Yonne ou Saône-et-Loire), ils délivrent des nuances de goût un peu différentes mais ils sont toujours généreusement aromatiques, fins, bien secs et assez persistants.

> Pour générique que soit ce bourgogne-blanc, il est dommage de le boire trop jeune, car il ne s'exprime vraiment qu'à partir de deux ans, parfois trois.

À boire entre deux et cinq ans (et plus les bonnes années), avec :
Apéritif. Canapés. Viandes blanches. Poisson. Crustacés. Soufflés au fromage. Quiches. Tartes salées. Gratins. Cassolettes de fruits de mer. Champignons à la crème. Brie. Mont d'Or. Fromages à pâte cuite. Reblochon.
Servir entre 8 et 10 °C.

Prix : 5 à 20 euros

Bourgogne-clairet Bourgogne-rosé

Réalisés à partir de pinot noir et éventuellement pinot gris, pinot blanc, chardonnay et césar (dont l'Yonne), ces vins sont rares.

À boire jeunes, avec :

Charcuterie. Crudités. Barbecue. Grillades. Pizzas. Salades. Tartes salées.

Servir entre 10 et 12 °C.

Prix : 5 à 10 euros

Bourgogne-rouge

Il représente l'essentiel de la production de l'appellation régionale bourgogne. Le pinot noir est son cépage de référence mais dans l'Yonne, il peut être associé à du césar, un cépage local. Ce vin sait à la fois être léger et intense. Il est d'un style élégant, finement fruité et peu tannique.

> Un vin rouge plutôt polyvalent, à un prix raisonnable, idéal pour un repas tout entier.

À boire entre deux et cinq ans, selon les années, avec :

Rôtis. Viandes rouges grillées. Viandes rouges en sauce. Pot-au-feu. Tourtes à la viande et aux champignons. Viandes blanches en sauce. Sautés de viandes blanches. Porc en sauce. Volailles. Canard. Tajines. Fromages à pâte cuite.

Servir entre 13 et 14 °C.

Prix : 7 à 15 euros

Bourgogne-chitry

Cette AOP voisine du célèbre chablis produit, sur moins de 60 hectares, un blanc, un rouge et un rosé (rare). Comme les blancs précédents, le bourgogne-chitry-blanc fait appel au cépage chardonnay mais il se déguste comme les aligotés : avec les mêmes plats, au même âge et à la même température.
Le rouge est dans le même style léger et croquant. Idéal pour les viandes et charcuteries froides, le pot-au-feu, les repas sur le pouce ou les viandes rouges grillées. Il se sert à 15-16 °C.

Bourgogne-côte-chalonnaise

L'AOP bourgogne-côte-chalonnaise produit des blancs, des rouges et quelques très rares clairets ou rosés sur environ 500 hectares. Le rouge est vigoureux mais intense, parfois un peu austère dans sa jeunesse. Le blanc se distingue par sa complexité et son équilibre. Il a de l'étoffe également. Blanc comme rouge peuvent offrir d'excellents rapports qualité-prix par rapport aux appellations plus renommées.

Blancs à boire entre deux et cinq ans avec :
Viandes blanches. Poisson. Crustacés. Champignons à la crème. Volailles. Gratins de fruits de mer. Fromages à pâte molle (pas forts). Fromages de chèvre.
Servir entre 8 et 10 °C.

Clairet et **rosé** à boire jeunes, jusqu'à deux ou trois ans avec :
Charcuterie. Crudités. Grillades. Barbecue.
Servir entre 10 et 12 °C.

Rouge à boire sur trois à cinq ans, parfois plus, avec :
Rôtis. Viandes rouges. Bœuf en sauce. Viandes blanches en sauce. Sautés de viandes blanches. Porc en sauce. Jambon cuit. Canard. Ragoûts. Fromages à pâte molle. Fondue bourguignonne.
Servir entre 15 et 17 °C.

Prix : 8 à 25 euros

Bourgogne-côtes-d'auxerre

L'AOP bourgogne-côtes-d'auxerre produit du rouge et du blanc sur environ 200 hectares. Ces vins ont un style bien à eux. Le rouge est subtil, complexe mais en même temps fluide. Il est à base de pinot noir et peut aussi inclure du césar. Le blanc issu de chardonnay est d'une grande élégance aromatique.

Rouge à boire dans les deux à cinq ans, parfois plus avec :
Viandes rouges. Petit gibier. Charcuteries. Porc en cocotte. Canard. Lapin à la moutarde. Foie de veau. Plats mijotés. Fromages à pâte molle.
Servir à 14 ou 15 °C

Blanc à boire sur deux ou trois ans, avec :
Fruits de mer. Crustacés. Coquilles Saint-Jacques. Quenelles. Volailles. Viandes blanches. Fromages à pâte molle.
Servir entre 8 et 10 °C.

Bourgogne-côtes-du-couchois

Cette AOP régionale de la Côte Chalonnaise ne produit que du vin rouge sur 8 hectares. C'est donc une appellation assez confidentielle mais qui mérite de sortir de l'anonymat. Son statut d'appellation ne date que de 2000. Le vin est relativement tannique, ample et franc.

> Une appellation récente à prix abordable (pour un bourgogne). À découvrir sans prendre beaucoup de risques…

À boire sur trois à huit ans, avec :
Rôtis. Viandes rouges. Viandes blanches. Sautés de viandes blanches. Porc en sauce. Travers de porc marinés. Canard. Fromages à pâte molle.

Servir entre 14 et 16 °C.

Prix : 6 à 20 euros

Bourgogne-coulanges-la-vineuse

L'AOP bourgogne-coulanges-la-vineuse vinifie dans l'Auxerrois, sur une centaine d'hectares, un rouge, un rosé, ainsi qu'un trop rare vin blanc… aux caractéristiques et aux usages comparables à ceux des bourgognes-chitry.

Bourgogne-épineuil

L'AOP bourgogne-épineuil produit, sur moins de 80 hectares, uniquement du rouge et du rosé à partir de pinot noir et de pinot gris.

Le bourgogne-épineuil rouge est très intéressant : fruité, pas maniéré, avec une touche « brute » au meilleur sens du terme et très abordable.

Rouge à boire sur deux à cinq ans, avec :

Rôtis. Viandes rouges. Volailles. Plats mijotés. Charcuteries. Gratins ou woks de légumes. Fromages à pâte cuite.
Servir entre 15 et 16 °C.

Rosé à boire jeune avec :

Salade. Cuisine végétarienne. Cuisine asiatique. Brochettes. Tartes salées.
Servir entre 11 et 12 °C.

Prix : moins de 6 euros à 12 euros

Bourgogne-hautes-côtes-de-beaune
Bourgogne-hautes-côtes-de-nuits

Ces deux AOP couvrent chacune une superficie d'environ 700 hectares sur des coteaux bien exposés. Elles font honneur aux noms prestigieux de leurs voisins. Les rouges sont agréablement fruités, avec juste ce qu'il faut de corps sans tanins encombrants. Les blancs sont bien équilibrés avec de fins arômes et du gras qui leur vient après quelques années. Il existe une petite production de bourgognes clairets ou rosés en hautes-côtes-de-nuits.

> De vrais grands bourgognes, qui supportent la comparaison avec leurs prestigieux voisins, sauf sur un point : leur prix plus accessible. À réserver aux cuisines raffinées et aux repas d'exception sans snobisme.

Blanc issu de chardonnay associé parfois à un peu de pinot blanc ou pinot gris.

À boire entre deux et cinq ans, avec :

Escargots. Coquillages crus. Poisson. Poissons crus. Crustacés. Tarama. Saumon fumé. Jambon persillé. Chaource.
Servir entre 8 et 10 °C.

Clairet et **rosé** se boivent plus jeunes.
À boire avec :

Charcuterie. Grillades. Barbecue.
Servir entre 8 et 10 °C.

Le **rouge**, issu de pinot noir, vieillit très bien.

À boire de trois à huit ou dix ans, avec :

Petit gibier. Viandes blanches. Rôtis. Volailles. Petit salé. Filet mignon de porc. Lapin. Gigot d'agneau. Fromages à pâte molle.
Servir entre 15 et 17 °C.

Prix : 10 à 30 euros

Bourgogne-irancy

(Voir irancy)

Bourgogne-mousseux

L'AOP bourgogne-mousseux existe toujours, mais devient marginale, parce que le terme *mousseux* a été fortement dévalué au milieu du XXe siècle. Et parce que le crémant de Bourgogne est nettement plus intéressant.

Bourgogne-ordinaire Bourgogne-grand-ordinaire

Cette appelation est devenue en 2011 coteaux-bourguignons… ce qui est quand même plus chic ! (Voir à ce nom)

Bourgogne-passe-tout-grains

L'AOP bourgogne-passe-tout-grains est produite sur 430 hectares. Ses vins sont rouges et rosés, à base de gamay, et de pinot noir.

Le **rouge** se boit jeune pour profiter de son fruité éclatant.

> Un « petit bourgogne » classique, que l'on croit bien connaître mais qui reste toujours capable de surprendre – agréablement, cela va de soi !

À boire avec :

Rôtis. Volailles. Pâtés en croûte. Terrines. Tourtes. Jambon cru. Tomates mozzarella. Barbecue. Pique-nique. Casse-croûte. Camembert. Brie.

Servir entre 13 et 15 °C.

Le **rosé** est plus marginal, à tout point de vue.

À boire avec :

Grillades. Barbecue. Charcuterie. Crudités.

Servir entre 8 et 10 °C.

Prix : moins de 6 euros à 15 euros

Bourgogne-tonnerre

Cet excellent vin blanc voisin du bourgogne-épineuil a eu son AOP en 2006. Cette AOP récente est un gage de qualité. On ne gaspille pas ce qui a été durement gagné ! C'est un vin finement aromatique, vif et non dénué de rondeur. Il est produit seulement sur une trentaine d'hectares.

À boire après trois ou quatre ans avec :

Apéritif. Poisson. Poissons fumés. Poisson cru. Escargots. Volailles à la crème. Andouillette. Tartes salées au fromage. Fromages régionaux.

Servir entre 8 et 10 °C.

Bourgogne-vézelay

Cette « petite » AOP d'une soixantaine d'hectares produit un excellent vin blanc à base de chardonnay. Il dégage un bouquet de parfums typiquement bourguignon, qui se termine sur une note minérale (de terroir), au nez comme en bouche. Il y a de belles découvertes à faire dans cette appellation.

Le bourgogne-vézelay, vin de connaisseur s'il en est, fait des merveilles en accompagnement d'une cuisine aussi riche que méconnue : le petit casse-croûte entre copains ou collègues. Un truc que les Américains ne peuvent pas comprendre… mais qui commence à séduire les Japonais.

À boire de deux à cinq ans, avec :
Crustacés. Fruits de mer. Poisson. Viandes blanches. Risottos. Champignons. Cuisine à la crème. Charcuterie.
Servir entre 8 et 10 °C.

Prix : 7 à 20 euros

Bourgueil
Saint-nicolas-de-bourgueil

En Touraine, les AOP bourgueil et saint-nicolas-de-bourgueil produisent surtout des rouges – et quelques rosés –, avec le cabernet-franc appelé ici *breton* comme cépage vedette. Ces vins de bonne garde sont bien ronds en bouche, solides, agréables, avec une note moelleuse et distinguée.

Vin fétiche du regretté Jean Carmet, le bourgueil dégage une sympathie immédiate, mais il peut aussi réserver de grandes surprises, quand on lui laisse passer quelques années en cave humide.

Les plus jeunes se dégustent autour de 15 °C, mais ceux qui se sont bonifiés, en passant trois à quatre ans en bouteilles, développeront des arômes beaucoup plus riches légèrement chambrés.

Des vins ronds, accueillants, conviviaux : d'emblée, dès la première gorgée, on a l'impression d'être « chez soi ».

Rouge à boire jeune, à trois-quatre ans… et jusqu'à vingt ans et plus, avec :
Rôtis. Viandes rouges. Grillades, barbecue. Viandes blanches. Noix de porc. Lapin. Cuisine asiatique. Canard laqué. Traves de porc marinés. Volailles. Croustade. Petit gibier. Pâté en croûte. Plats mijotés. Fromages.
Servir les jeunes autour de 15 °C; les autres jusqu'à 17 °C.

Rosé à boire jeune (deux ans maximum), avec :
Charcuteries. Grillades. Barbecue. Pizzas.
Servir entre 8 et 10 °C.
Prix : de moins de 5 à 12 euros
Millésimes (rouge) : 2005, 2009, 2010…

Bouzeron

À Bouzeron, village de la côte Châlonnaise, le cépage aligoté a trouvé une terre d'élection. Cette appellation (anciennement appelée bourgogne-aligoté-bouzeron) le prouve. L'AOP bouzeron est une sorte d'élite du bourgogne-aligoté. Le cépage est une variété particulière d'aligoté appelé aligoté doré. Les vins sont bien équilibrés, entre intensité aromatique, rondeur, finesse et vivacité.

À boire dans les deux à cinq ans (parfois plus), avec :
Apéritif. Huîtres. Poissons. Fruits de mer. Crustacés. Jambon persillé. Charcuteries chaudes. Gougères. Volailles. Canapés (tarama, saumon fumé). Gratins. Salades. Viandes blanches. Risottos aux champignons. Fromages de chèvre. Fromages à pâte cuite.

Servir autour de 9 °C.
Prix : de 7 à 20 euros.
Millésimes : 2005, 2009, 2010, 2012.

Bouzy

(Voir coteaux champenois)

Brem

(Voir fiefs vendéens)

Breton

(Voir cabernet-franc)

Brouilly

> Le brouilly est non seulement facile à boire, facile à partager (tout le monde l'aime) mais aussi facile à accorder. C'est le vin anti prise de tête.

L'AOP brouilly, l'un des dix grands crus du beaujolais, produit un rouge très parfumé. C'est aussi celui des dix qui couvre, avec largement plus de mille hectares, la superficie la plus étendue. Très coloré (bien connu pour sa teinte rubis), son parfum de raisin frais se confirme en bouche. Pour cette raison, et bien qu'il puisse vieillir quelques années, il gagne à être bu relativement jeune.

À boire jeune et jusqu'à cinq ans pour les meilleurs millésimes, avec :

Charcuterie. Petit-salé. Pot-au-feu. Viandes blanches. Petit gibier. Volailles. Chapon ou poularde. Fromages à pâte cuite. Poisson (type saumon). Desserts aux fruits rouges.
Servir à 12 ou 13 °C.

Prix : 5 à 20 euros

Brulhois

Cette AOP autrefois appelée côtes-du-brulhois couvre près de 150 hectares, non loin d'Agen et de Moissac (célèbre pour son raisin de table). Elle produit un rosé et un rouge à partir de cabernet franc, cabernet sauvignon, côt, merlot, fer servadou, tannat, abouriou…

Rosé costaud à boire jeune avec :
Charcuterie. Barbecue, grillades. Cuisine épicée.
Servir autour de 8 à 10 °C.

Rouge puissant à boire jusqu'à cinq ou six ans, parfois plus, avec :
Volailles. Lapin. Porc. Charcuterie chaude. Viandes rouges grillées. Gibier. Champignons.
Servir entre 15 et 17 °C.

Bugey
Bugey-cerdon
Bugey-manicle
Bugey-montagnieu

> Des vins pétillants dans tous les sens du terme, qui s'invitent sans façon aux bonnes tables… Ou pour un apéritif original.

Entre Genève, Lyon et Chambéry, la région de Bugey fait naître des vins originaux. L'AOP bugey, suivie d'un nom de cru (cerdon, manicle ou montagnieu), se révèle une source de bonnes surprises surtout parmi les mousseux.

Le bugey-cerdon, à base de gamay et de poulsard, est un vin mousseux appelé « pétillant cerdon ». Il est toujours rosé et élaboré selon la méthode ancestrale (fermentation principale en bouteille). Il est unique par son faible degré d'alcool, son goût de fruits rouges et son côté tendre (il est toujours demi-sec) mais bien équilibré.

À boire jeune, avec :
Desserts. Pâtisseries. Gâteaux.
Servir entre 7 et 9 °C.

Le bugey-manicle-blanc est à base de chardonnay, et le bugey-manicle-rouge, à base de pinot noir. Le bugey-montagnieu-rouge est issu de mondeuse lorsqu'il est sans bulle. C'est un vin puissant, qui peut se garder… Le bugey-montagnieu est aussi vinifié en mousseux blanc avec les cépages altesse, chardonnay, mondeuse complétés par les cépages jacquère, pinot noir, gamay et molette. Il est très aromatique et vif, parfait pour l'apéritif.

L'AOP bugey existe aussi en version mousseux rosé ou blanc. Tous ces vins font l'objet d'un regain d'intérêt pour leur authenticité et leur degré alcoolique qui en fait des vins d'un abord facile. Le vignoble de bugey produit aussi une série d'AOP mettant en vedette le cépage altesse (Voir à Roussette-du-bugey).

Rouge à boire jusqu'à deux à cinq ans, avec :
Viandes rouges. Petit gibier. Charcuteries. Fromages à pâte cuite.
Servir entre 15 et 16 °C.

Blanc et **rosé** à boire avant deux ans, avec :
Apéritif. Poisson. Tartes salées. Crêpes (galettes) salées. Crustacés. Pizzas. Fromages à pâte cuite. Légumes. Jambon cru. Tapas.
Servir entre 8 et 10 °C.

Prix : moins de 5 euros à 12 euros

Buzet

L'AOP buzet s'épanouit au sud du département du Lot-et-Garonne, à l'ouest d'Agen, sur la rive gauche de la Garonne. Elle produit du rouge, du rosé et un trop rare vin blanc.

Un vin chaleureux, qui n'est pas né par hasard au pays du rugby et de la bonne chère…

Le **rouge** est élaboré à partir des cépages bordelais que sont le merlot, le cabernet sauvignon, le cabernet franc et le malbec. Il est agréablement parfumé au nez comme en bouche, relativement tannique et rafraîchissant.

À boire jeune mais aussi de cinq à huit ans, avec :
Viandes rouges. Grillades. Barbecue. Volailles. Petites volailles. Chili con carne. Charcuterie chaude. Abats. Foies de volaille. Tajines. Couscous. Gratins.
Servir entre 16 et 17 °C.

Le **blanc** sec, à base de muscadelle, sauvignon et sémillon, se boit jeune, tout comme le rosé fruité avec :
Tartes salées. Poissons.
Servir entre 8 et 10 °C.

Prix : moins de 5 euros à 12 euros

Cabardès

À l'est du Sud-Ouest, non loin de Carcassonne, l'AOP cabardès est, sur plus de 500 hectares et selon les points de vue, soit la plus occidentale du Languedoc, soit la plus orientale du Sud-Ouest. Elle assemble cépages atlantiques et méditerranéens : merlot, cabernet sauvignon, cabernet franc, syrah et grenache ainsi qu'une petite minorité de malbec (côt) et de fer-servadou, qui donnent un rouge majoritaire, et un peu de rosé. Ce riche mariage donne un vin d'une originalité certaine : riche, plein de sève et de vie, très coloré et bien équilibré… à un prix vraiment raisonnable.

> À noter que les coteaux-de-la-malepère, au sud de Carcassonne forment aussi une transition entre Languedoc et Sud-Ouest : en tout point comparables au cabardès.

Rouge et rosé à boire jeunes, avec :

Porc cuisiné. Charcuterie. Crudités. Sucré salé. Cuisine chinoise. Cuisine vietnamienne. Tapenade. Chili con carne. Grillades. Barbecue. Couscous. Pizzas.
Servir à 14-15 °C pour le rouge ; 8-10 °C pour le rosé.

Prix : moins de 6 euros à 15 euros

Cabernet-d'anjou

L'AOP cabernet-d'anjou, caractérisée par sa belle couleur rose pourpre, est issue de cépages cabernet franc et cabernet-sauvignon vinifiés en rosé demi-sec ou moelleux, souvent très fins. Cette tendresse le rend unique dans l'univers des rosés.

Des vins suaves qui ont su garder une grande élégance, sur un vaste vignoble de plus de 5 000 hectares.

À boire jeune (mais il se conserve plutôt bien), avec :
Apéritif. Melon et jambon cru. Curry. Desserts aux fruits rouges.
Servir entre 8 et 10 °C.

Prix : moins de 5 euros à 10 euros

Cabernet-de-saumur

Le cabernet-de-saumur couvre une surface de 80 hectares. Ce rosé AOP est connu entre autres pour sa couleur très claire caractéristique, qu'on appelle *œil de perdrix*. Surtout intéressant en demi-sec, il est élaboré à partir de cabernet franc et de cabernet-sauvignon, et offre un mélange brillant, à la fois tendre, nerveux et d'une finesse certaine.

À boire jeune, avec :
Apéritif. Volailles. Viandes blanches. Crudités. Grillades. Barbecue. Charcuterie. Cuisine exotique.

Servir entre 10 et 12 °C.

Prix : 5 à 10 euros

Cabernet-franc (cépage)

Aussi appelé bouchet, gros-bouchet, breton… Le solide et productif cabernet-franc est omniprésent dans le Val-de-Loire, où il réussit très bien en cépage unique, ainsi que dans le Bordelais d'où il est peut-être originaire, et dans le Sud-Ouest. Il donne un vin fin, très fruité, qui se bonifie vite en vieillissant.

Cabernet-sauvignon (cépage)

Aussi appelé lafite, petit-bouchet, vidure… Ce cépage, améliorateur dans tout le Sud-Ouest et le Midi, est omniprésent dans les grands crus du Bordelais – et un peu partout en France. Il donne un vin rouge corsé, tannique, très coloré, qui a besoin de vieillir. C'est actuellement l'un des cépages phares du renouveau de la vigne dans le monde entier et l'une des stars des vins de cépage.

Cabrières (Languedoc-cabrières)

L'AOP languedoc-cabrières est implantée dans le département de l'Hérault, non loin du lac de Salagou. Elle produit du rosé, ainsi que du rouge. Un blanc y est produit mais il s'appelle AOP clairette-du-languedoc-cabrières.

Le **rouge** est dédié aux volailles goûteuses, civets et plats en sauce…
Servir entre 15 (jeune) et 17 °C.

Le **rosé** se boit frais, sur des charcuteries ou des repas improvisés.
Servir autour de 8 °C.

Cadillac

L'AOP cadillac produit un blanc moelleux ou liquoreux sur la rive droite de la Garonne, à une trentaine de kilomètres au sud-est de Bordeaux. Les cépages muscadelle, sauvignon et surtout sémillon donnent des raisins que l'on cueille à la main à maturité dépassée, quand ils sont « attaqués » par la « pourriture noble », pour produire des vins racés, pleins de sève et qui semblent appeler desserts et entremets, mais s'harmonisent à merveille avec d'autres mets parfois plus inattendus.

> En marge de cet excellent cru, on trouve aussi un cadillac-côtes-de-bordeaux-rouge, sans prétention mais rond en bouche et polyvalent : bien sympathique au casse-croûte ou sur une table familiale.

À boire de trois à dix ans et plus, avec :
Foie gras frais. Volailles grillées. Curry. Desserts. Tartes aux fruits. Quiches. Fromages à pâte cuite. Fromages bleus.
Servir entre 6 et 8 °C.

Prix : 12 à 30 euros
Millésimes : 2001, 2003, 2005, 2007, 2009, 2010, 2011, 2013…

Cadillac-côtes-de-bordeaux

Cette AOP ne produit que des rouges. Elle se distingue de l'AOP cadillac (voir Cadillac) qui ne produit que des moelleux. Sur à peine plus d'un hectare, elle produit un rouge rond, souple et relativement léger.

À boire sur trois ou quatre ans, avec :
Viandes rouges grillées. Viandes confites. Volailles. Poule au pot. Petit gibier. Charcuterie chaude. Viandes blanches en sauce. Veau. Porc cuisiné. Agneau. Rôtis. Pot-au-feu. Abats. Foie de veau. Légumes farcis. Salades. Champignons.
Servir à 15-16 °C.

Cahors

L'AOP cahors, de part et d'autre du Lot et de la ville éponyme, est élaborée principalement à partir de malbec (aussi appelé côt ou auxerrois). S'y ajoute du merlot et tannat. Les vignes sont implantées entre 100 et 300 mètres d'altitude. Ce sont des vins assez fermes, parfois durs dans leur jeunesse, très colorés, à reflets violets qui deviennent grenat en vieillissant. Les Anglais qui en furent de grands amateurs au Moyen-Âge les appelaient « black wine ». Ces vins puissants vieillissent en s'affinant et en s'assouplissant. À noter aussi, une certaine diversité, inévitable avec une aire de production d'environ 4 000 hectares. Les grands cahors sont de très grands vins.

On pourrait reprendre la célèbre réplique de Michel Audiard : « Faut tout de même admettre que c'est plutôt une boisson d'homme », si le cahors, bien que solide et charpenté, ne devenait pas aussi suave en vieillissant.

À boire jeunes ou de cinq à dix ans et plus, avec :
Cassoulet. Charcuterie. Andouillette. Chili con carne (jeune). Petit gibier. Rôtis. Cuisine au lard. Volailles. Canard à l'orange. Volailles aux épices. Viandes confites. Viandes blanches en sauce. Desserts au chocolat.
Servir à 14-15 °C (jeunes) ou à 17-18 °C (vieux).

Prix : moins de 5 euros à 25 euros
Millésimes : 2005, 2009, 2010, 2011…

Cairanne (AOP côtes-du-rhône-villages-cairanne)

Au nord d'Orange, cette AOP devrait prochainement devenir un cru (donc une AOP cairanne). Une ascension pleinement justifiée. Les rouges et les rosés de l'appellation sont tous à base de grenache majoritaire (au moins 50 %), enrichi de syrah ou mourvèdre (les rosés peuvent aussi intégrer des cépages blancs). Clairette, marsanne, roussane, bourboulenc, viognier entrent dans la composition des blancs.

Le cairanne **rouge** se boit jusqu'à trois à cinq ans, parfois plus. Il accompagne très bien les viandes rouges et les plats pimentés.
Servir autour de 15 °C, 16 ou 17 °C maximum les grandes années.

Le cairanne **blanc** est rare et méconnu. Il se boit jusqu'à deux ou trois ans. Il fait un excellent apéritif, qui peut se prolonger agréablement sur des poissons, de même que sur des volailles ou des viandes blanches – bien que les volailles grillées apprécient aussi le rouge. Sa puissance lui permet de toiser des plats épicés (sans excès quand même).
Servir frais, sans excès, autour de 10 à 11 °C.

Le cairanne **rosé** se boit jeune avec des grillades, des charcuteries… C'est un bon petit vin pour des repas improvisés, ou des pique-niques.

Prix : de 7 euros à 20 euros et plus
Millésimes : 2005, 2007, 2009, 2010…

Calvados (IGP)

Le nom calvados évoque surtout l'eau-de-vie du même nom, célèbre AOP normande. Mais le calvados donne aussi son nom à un vin bénéficiant d'une indication géographique protégée. Il peut être rouge, rosé, gris ou blanc et ajouter à son nom celui de la mention géographique « grisy ». C'est d'ailleurs là qu'ont été replantées les vignes à partir de 1995 : des ceps de pinot noir, pinot gris, auxerrois, sauvignon, chardonnay, melon et müller-thurgau. Les vins généralement monocépages sont d'un style léger et friand. La production étant faible, ils sont difficiles à trouver.

Canon-fronsac

Un bordeaux d'un excellent rapport qualité/prix.

Dans la région de Libourne, l'AOP canon-fronsac produit un rouge puissant mais d'une grande élégance, presque velouté, à partir de merlot, cabernet-sauvignon, cabernet-franc. Cet assemblage lui donne une étonnante couleur topaze. Il gagne à vieillir pendant quelques années pour s'épanouir pleinement.

À boire jusqu'à dix ans et plus, avec :

Viandes rouges. Ragoûts. Petit gibier. Poisson. Lamproie à la bordelaise. Poissons d'eau douce. Matelote d'anguille. Cassoulet. Champignons. Cèpes.
Servir entre 15 et 17 °C.

Prix : 8 à 25 euros
Millésimes : 2001, 2005, 2006, 2008, 2009, 2010, 2012…

Cantal (IGP comté-tolosan cantal)

Unité géographique plus petite pouvant être revendiquée au sein de l'IGP comté-tolosan.

(Voir Comté-tolosan)

Caramany

Cette appellation produit uniquement du rouge, sur trois communes de l'appellation côtes-du-roussillon-villages, à partir des cépages classiques du Roussillon : carignan, grenache, lledoner-pelut, enrichis de cinsault, mourvèdre, syrah, macabeu…

Ce **rouge**, très coloré, assez corsé, généreux en alcool, fait partie de ces vins qui tapissent agréablement le palais. Il vieillit encore mieux que le côtes-du-roussillon et peut se garder une bonne dizaine d'années – sans compter que le fait de perdre un peu d'alcool ne lui fait pas de mal, bien au contraire !

À boire avec :

🍽 Viandes rouges. Côte de bœuf. Agneau. Charcuterie. Chorizo. Escargots. Cuisine catalane. Grands et petits gibiers. Civets. Viandes blanches en sauce. Cassoulet. Chili con carne. Cuisine indienne. Fromages à pâte cuite.
Servir autour de 17 °C.

Prix : de 7 euros à 20 euros
Millésimes : 2005, 2006, 2007, 2008, 2010, 2013…

Carcassonne (IGP cité-de-carcassonne)

(Voir cité-de-carcassonne)

Carignan (cépage)

Aussi appelé bois-dur, carignane, catalan, plant-d'espagne… Il donne un vin puissant et généreux ainsi qu'un excellent vin de garde, à condition de limiter impitoyablement sa productivité naturelle.

Cassan

(Voir Pays d'Hérault)

Cassis

Au soleil de Marseille, l'AOP cassis produit, sur moins de 200 hectares, un blanc, un rouge et un rosé, sur un site extraordinaire de vignes étagées en cirque donnant sur la mer.

Largement majoritaire, le cassis-**blanc**, à base de clairette et marsanne accompagnés de bourboulenc (doucillon), pascal, sauvignon, terret et ugni blanc, est sec et parfumé.

À boire jusqu'à trois à cinq ans, avec :

Soupe de poissons. Poissons grillés. Poissons crus. Bouillabaisse traditionnelle. Poisson. Bourrides de poissons. Fritures. Escargots. Écrevisses. Crustacés. Gambas. Coquillages cuits. Cuisine japonaise. Viandes blanches. Fromages frais.

Servir entre 8 et 10 °C.

Le cassis-**rosé**, à base de cinsault, grenache et mourvèdre, est à boire jeune (dans les 2 ans), avec :

Charcuterie. Crudités. Quenelles. Poisson. Fritures. Bourrides de poissons. Fruits de mer. Calmars. Coquillages cuits. Soupe de légumes. Pizzas.

Servir entre 8 et 10 °C.

Le cassis-**rouge** est produit avec les mêmes cépages que le rosé, avec parfois aussi du carignan. Il est d'un style généreux et aromatique et bien taillé pour la cuisine provençale la plus aromatique.

À boire jusqu'à sept à huit ans les meilleures années, avec :

Porc cuisiné. Couscous. Volailles. Petites volailles. Viandes blanches. Cassoulet. Chili con carne. Petits farcis. Tajines.

Servir entre 15 et 16 °C.

Prix : 8 à 25 euros

Castillon-côtes-de-bordeaux

Cette AOP, anciennement **côtes-de-castillon**, produit un vin rouge qui sait se faire rond en bouche et chaleureux, surtout si on le laisse vieillir trois à cinq ans.

Le vignoble de cette AOP jouxte la Dordogne. Il est un peu éloigné du cœur du Bordelais mais les vins possèdent l'essentiel des qualités des vins de Bordeaux, à commencer par leur générosité.

À boire jusqu'à dix ans, avec :

Agneau. Viandes rouges en sauce. Volailles en sauce. Viandes blanches. Petit gibier. Terrines. Canard. Viandes rouges grillées ou rôties.

Servir autour de 16 °C.

Cathare (IGP le pays cathare)

À cheval sur l'Aude et l'Ariège, cette IGP produit principalement des rouges de merlot et de cabernets, quelques blancs de chardonnay ou sauvignon, et quelques rosés. Ils sont fortement marqués par le climat chaud. Étant donné leur vaste aire de culture, ils présentent des visages plus divers, mais ce sont tous des vins qui mettent les grillades estivales et la cuisine sans prétention en valeur.

Prix : moins de 6 euros

Caux

(Voir IGP pays d'Hérault)

Cerdon

(Voir bugey)

Cérons

Dans la région des graves mais limitrophe de Barsac, le cérons apparaît comme une transition entre les graves demi-secs et les barsacs ou sauternes liquoreux. L'AOP cérons (plus d'une centaine d'hectares) est issue de cépages muscadelle, sauvignon et sémillon, récoltés à la main et à surmaturité. Cela donne des blancs moelleux de bonne garde, riches et fins, racés et puissants, qui n'entrent pas en concurrence avec les grands sauternes, mais possèdent leur propre (forte) personnalité.

À boire entre cinq à quinze ans et plus, avec :
Foie gras. Cuisine épicée. Volailles. Desserts. Fromages bleus.
Servir entre 8 et 10 °C.

Prix : 8 à 20 euros
Millésimes : 2001, 2002, 2003, 2005, 2007, 2009, 2010, 2011, 2013…

Cessenon

(Voir IGP pays d'Hérault)

Cévennes (IGP)

Cette IGP est très diversifiée parce qu'elle existe en rouge, rosé, blanc et mousseux. Mais aussi parce que les terroirs y sont variés, de même que les cépages et les styles de vinification. Il y a des vins d'assemblage mais aussi des vins de cépage. Les jolis vins de rapport qualité-prix imbattable côtoient des vins plus insignifiants.

Chablis
Chablis-premier-cru
Petit-chablis

> Une appellation hélas ! parfois galvaudée hors de nos frontières, notamment chez les Anglo-Saxons : en anglais, chablis est quasiment synonyme de vin blanc.

Ces AOP de la vallée du Serein, dans l'Yonne, produisent uniquement un vin blanc sec à belle robe d'or pâle teintée de reflets verts, issu de cépage chardonnay, toujours porté par un courant de mode apparemment inépuisable. Revers du succès : l'appellation chablis est la plus usurpée au monde… Deux mots peuvent résumer le chablis : fraîcheur et élégance.

Le petit-chablis, plus court en bouche que ses « grands frères » mais délicieusement rafraîchissant, se boit lui aussi jeune et sans cérémonie. Attention ! la mention d'un lieu-dit (ou climat) sur l'étiquette d'un chablis n'indique pas forcément un premier cru. Ces appellations couvrent près de 5 000 hectares au total.

À boire jusqu'à trois ans (cinq à huit pour les chablis-premiers-crus), avec :

Gougères. Abats. Ris de veau. Asperges. Escargots. Cuisses de grenouille. Poissons d'eau douce. Poisson cru. Crustacés. Coquillages crus. Huîtres. Coquillages cuits. Fruits de mer. Sushis. Cuisine indienne. Champignons. Girolles. Choucroute. Charcuterie chaude. Andouillette grillée. Viandes blanches. Cuisine à la crème.

Volailles. Poule au pot. Poularde, chapon. Fromages de chèvre. Fromages frais. Fromages à pâte pressée cuite.
Servir entre 8 et 10 °C.

Prix : 10 à 30 euros
Millésimes : 2005, 2008, 2009, 2010, 2014…

Chablis-grand-cru

L'AOP chablis-grand-cru, suivie ou pas d'un nom de lieu (Blanchot, Bougros, Grenouilles, Les clos, Preuses, Valmur ou Vaudésir), constitue, à l'intérieur de la première, une élite remarquable d'une centaine d'hectares. Ce sont des bourgognes de grande qualité, séveux, racés, distingués, à la fois amples et sans défaut.

À boire de deux à dix ans et plus, avec :
Escargots. Homard. Poissons d'eau douce. Brochet. Poissons en sauce. Écrevisses. Coquillages cuits. Volailles. Viandes blanches. Fromages de chèvre.
Servir entre 10 et 11 °C.

Prix : 20 à 50 euros

Chambertin

Cette AOP grand cru de la Côte de Nuits est située entre Dijon et Nuits-Saint-Georges, sur la commune de Gevrey-Chambertin. Elle produit un rouge célèbre, à base de pinot noir, de très longue et bonne

> Cette AOP prestigieuse, comme ses voisines, l'est d'autant plus que si un millésime est jugé indigne de son grand nom, le producteur peut volontairement choisir de déclasser un grand cru en premier cru, voire en appellation communale ou générique. Et il le fait – parfois.

garde, capable de mettre en valeur aussi bien une complexe préparation en sauce qu'un gibier savoureux ou un grand fromage…

À boire jusqu'à quinze ou vingt ans et plus les grandes années, avec :

Grand gibier. Petit gibier. Coq au vin. Daubes. Viandes rouges. Viandes blanches en sauce. Gratins. Desserts à la cannelle.

Servir entre 12 et 14 °C (jeune), ou entre 15 et 16 °C (vieux) et jusqu'à 18 °C pour les plus vénérables bouteilles.

Prix : à partir de 110 euros
Millésimes : 2005, 2008, 2009, 2010, 2012, 2014…

Chambertin-clos-de-bèze

L'histoire de ce grand cru remonte à 640 mais c'est surtout au XIIIe siècle qu'il assoit sa réputation de vin rouge d'exception. C'est donc une sorte de mythe en bouteille ! Il est proche géographiquement mais aussi sur le plan du goût de son voisin chambertin (Voir Chambertin).

Chambolle-musigny

L'AOP chambolle-musigny, suivie ou non d'un nom de lieu, produit, sur 150 hectares, des vins rouges brillamment colorés, au parfum délicat confirmé par le goût, à la fois vif, nerveux et fin…

> Quand on a fait l'effort financier d'acquérir un bonnes-mares, un musigny ou un autre de ces crus, encore faut-il avoir la patience méritoire de l'oublier pendant quelques années, jusqu'à ce qu'il atteigne son apogée.

Ces crus sont peut-être les plus tendres de toute la Côte de Nuits. Ces vins, à base de pinot noir, ont souvent été qualifiés « de soie et de dentelle », tant ils rivalisent d'élégance et de subtilité sans se départir des qualités propres aux grands bourgognes.

Sur les 24 terroirs classés en premiers crus, les Amoureuses est le plus célèbre. Il est aussi recherché qu'un grand cru.

À boire jusqu'à dix ou même vingt ans les grandes années, avec :
Grand gibier. Viandes rouges en sauce. Viandes rouges grillées. Charcuterie chaude. Saucisson chaud. Fruits de mer. Calmar farci. Homard à l'armoricaine. Volailles. Poisson au vin rouge. Agneau. Sauté d'agneau. Rôtis.
Servir entre 17 et 18 °C.

Prix : à partir de 30 euros
Millésimes : 2005, 2008, 2009, 2010, 2012, 2014…

Champagne

« C'est dans notre campagne
Que le pâle champagne
Sur les coteaux d'Aï
Mousse ébloui ! »
Théodore de Banville (1823-1891), *Mascarades*

Le champagne est souvent servi trop froid. Ce qui gomme aussi radicalement ses défauts (s'il en a) que ses qualités (qu'il possède toujours) !

Il est tellement devenu vin de fête qu'on va jusqu'à le maltraiter pour que la fête soit complète : en fracassant sa bouteille sur la coque d'un bateau ou, plus récemment, en la secouant pour en asperger des pilotes ! Sans les bulles dorées du champagne, aucune fête n'est complète. Le plus curieux, c'est que le vaste vignoble champenois (plus de 30 000 hectares), qui nous offre cette joie en bouteilles, est planté à la limite nord de culture de la vigne. Il est vrai, dans une région baignée par un climat doux et ensoleillé. Le champagne fait appel à principalement trois cépages : le pinot-noir, le pinot-meunier et le chardonnay. Les deux premiers cépages rouges sont vinifiés en blanc, parfois en rosé. La quasi-totalité des vins de Champagne résulte d'assemblages entre ces trois cépages. Exceptions remarquables : les *blancs de blancs* issus de chardonnay pur et les *blancs de noirs*. Des cépages historiques comme le pinot blanc, l'arbane ou le petit meslier peuvent aussi entrer dans les assemblages mais ils sont devenus rarissimes. L'expression « méthode champenoise » est légalement réservée au seul champagne, même si la méthode elle-même sert à élaborer bien d'autres vins mousseux, notamment les crémants.

À boire à deux ou trois ans pour les non millésimés, jusqu'à deux fois plus tard pour les millésimés et les premiers crus, avec :

Apéritif (brut). Canapés. Poisson en sauce. Crustacés. Coquillages crus. Huîtres. Fruits de mer. Coquillages cuits. Viande blanche. Poularde, chapon. Cuisine vietnamienne (rosé). Charcuterie chaude. Porc cuisiné. Boudin blanc. Foie gras. Fruits. Figues fraîches (demi-sec). Desserts (demi-sec). Tartes ou pâtisseries aux fruits. Tout un repas.
Servir à 7 ou 8 °C (jeune) et à 10 ou 12 °C (plus vieux).

Prix : 14 à 70 euros et (beaucoup) plus
Millésimes : 2002, 2008, 2012…

Champagne-grand-cru

Les communes de Champagne sont évaluées selon une échelle allant de 75 % à 100 %. On appelle « grands crus » ceux qui obtiennent 100 % : Ambonnay, Avize, Ay, Beaumont-sur-Vesle, Bouzy, Chouilly, Cramant, Le Mesnil-sur-Oger, Louvois, Mailly-Champagne, Oger, Puisieulx, Sillery, Tours-sur-Marne, Verzenay, Verzy. Les grands crus occupent une surface environ cinq fois plus réduite que les précédents.

> Traditionnellement, le champagne rosé est formé en ajoutant une petite quantité de vin rouge ou rosé de pinot, ou beaucoup plus rarement, en laissant le moût prendre une légère coloration lors de la cuvaison. La fabrication de champagnes rosés est ancienne mais l'engouement dont ils font l'objet est récent. Comme toute mode, il se traduit par une envolée des prix souvent exagérée.

À boire jusqu'à dix ans, et plus pour les grands millésimes, avec :
Apéritif (blanc de blancs). Canapés. Foie gras aux raisins. Caviar. Volailles. Crustacés. Coquillages cuits. Poissons (plats). Lapin. Champignons. Canard à l'orange.
Servir entre 9 et 10 °C.

Prix : 35 à 100 euros et plus
Millésimes : 2002, 2008, 2012…

Chapelle-chambertin

C'est l'un des neufs grands crus du chambertin, coteaux mythique de la Côte de Nuits en Bourgogne. Son style et la façon de le boire sont comparables à l'AOP chambertin. (Voir ce nom).

Chardonnay (cépage)

Aussi appelé aubaine, auvernat, beaunois… Il produit quasiment tous les grands vins blancs de Bourgogne et de Champagne. Il est aussi un excellent cépage améliorateur dans de nombreux autres vignobles français et étrangers. Le vin de chardonnay, lorsqu'il est réussi et que le rendement est limité, se révèle puissant, riche, fin, le plus souvent sec. En vin de cépage, il donne des résultats plaisants, honnêtes, moyens ou médiocres, selon le climat et le rendement.

Charentais (IGP)

L'appellation peut être revendiquée par des vins produits en Charente et Charente-Maritime. Certains vins peuvent préciser une zone géographique plus restreinte : île-d'oléron, île-de-ré ou saint-sornin, charente, charente-maritime. Vins blanc, rouge ou rosé. Les rouges sont des vins parfaits pour les petites grillades, les rosés pour les salades et les blancs pour les poissons, les crustacés, les moules.

Ces vins sont souvent une diversification pour des vignerons qui se consacrent avant tout à la production de cognac et de pineau-des-charentes.

Charente (IGP charentais charente)

(Voir charentais)

Charente-maritime (IGP charentais charente-maritime)

(Voir charentais)

Charlemagne

(Voir corton-charlemagne, cette appellation grand cru de la Côte de Beaune n'est plus guère usitée car elle est englobée dans l'AOP corton-charlemagne)

Charmes-chambertin

Ce grand cru est l'un des grands crus du Chambertin, coteaux mythique de la Côte de Nuits en Bourgogne. Sa différence avec l'AOP chambertin est de l'ordre de la nuance. Il se boit donc de la même façon. Sa zone est commune avec l'AOP mazoyères-chambertin qui est plus rarement revendiquée.

Chassagne-montrachet

Au sud-ouest de Beaune, l'AOP chassagne-montrachet, suivie ou non d'un nom de lieu, produit du blanc et du rouge de classe, cousins des puligny-montrachets dont ils partagent les grands crus, sur environ 300 hectares. Le chassagne-montrachet-rouge est issu du cépage pinot noir qui lui donne une belle robe soutenue et surtout un bouquet fruité aussi agréable au nez qu'en bouche. Il est toujours puissant, de longue et bonne garde. Les meilleurs premiers crus comme Morgeot, Abbaye-de-Morgeot, Clos-Saint-Jean, la Boudriotte etc., sont particulièrement recherchés.

Les premiers crus de chassagne-montrachet-blanc, à base de chardonnay et de pinot noir , annoncent déjà les grands bourgognes fins et racés.

Attention ! pour se faire apprécier pleinement, le rouge demande à être servi assez frais, et le blanc pas trop frais en revanche, pour bien s'épanouir dans le verre.

Rouge à boire jusqu'à cinq à douze ans, selon les millésimes, avec :
Volailles. Viandes rouges grillées. Bœuf en sauce. Coq au vin. Petit gibier. Agneau grillé. Chili con carne.
Servir entre 14 et 16 °C.

Millésimes : 2002, 2005, 2008, 2009, 2012, 2014…

Blanc à boire jusqu'à trois à huit ans, avec :
Volailles. Œufs en sauce. Poissons de mer. Coquillages cuits. Cuisine à la crème. Viandes blanches grillées. Saumon. Foie gras.
Servir entre 12 et 14 °C (un peu moins s'il est très jeune).

Prix : 20 à 40 euros et plus
Millésimes : 2002, 2005, 2008, 2010, 2012, 2013, 2014…

Chasselas

(Voir alsace-chasselas)

Ce cépage donne aussi un raisin de table. Il est cultivé en Alsace, en Savoie mais aussi en Loire où il est le cépage unique du pouilly-sur-loire. En Suisse, il reste un cépage majeur, utilisé pour élaborer le fendant, un grand blanc sec. Le vin peut être tranquille ou légèrement pétillant.

À boire jeune, avec :
Apéritif. Poisson. Sauces aux fines herbes. Poissons fumés. Asperges. Salades. Cuisine thaï. Charcuterie. Poisson cru. Poisson fumé.
Servir entre 8 et 10 °C.

Prix : de 5 euros à 10 euros

Château-chalon

> Cette production toujours minime donne des vins d'autant plus rares qu'ils ne sont pas commercialisés si l'année n'est pas jugée assez bonne.

L'AOP château-chalon produit un précieux vin jaune sur 50 hectares et quatre communes du Jura. D'une robe couleur or foncé, avec une saveur de noix et de prune, ils sont ambrés, capiteux, d'un arôme tenace, subtil et solide à la fois avec des notes minérales, de fruits secs et d'épices très caractéristiques. Ce blanc à base de savagnin est sec ou très sec, et apte à un vieillissement record. Il doit passer au minimum six ans et trois mois en fût, ce qui en fait aussi un vin d'exception, dédié à la cuisine des grands jours.

À boire jusqu'à vingt ou trente ans, voire plus pour les bouteilles exceptionnelles (certains deviennent centenaires avec élégance, une performance inégalée) avec :

Canard à l'orange. Homard. Petits crustacés. Coquillages cuits. Abats. Rognons à la crème. Poissons d'eau douce. Champignons. Coq au vin… jaune. Viande blanche. Fromages de brebis. Fromages à pâte cuite

Servir de 12 à 14 °C – ou de 16 à 18 °C pour les bouteilles les plus vénérables…

Ou encore, selon qu'on le boit en entrée (frais) ou avec le plat principal (chambré).

Prix : 30 à 50 euros – en clavelins de 62 cl

Château-grillet

> La finesse de ce vin n'a d'égale que sa rareté. Son prix atteint lui aussi des sommets. À réserver aux connaisseurs, et aux circonstances exceptionnelles.

Issue d'un minuscule vignoble de 3,5 hectares du nord des Côtes-du-Rhône, l'AOP château-grillet n'appartient qu'à un seul propriétaire. Elle produit un vin blanc à robe dorée d'une finesse exceptionnelle à base de viognier. Un grand vin très équilibré, doté d'un élégant bouquet d'arômes.

À boire jusqu'à cinq à dix ans selon les années, avec :
Apéritif. Canapés. Ris de veau. Écrevisses. Quenelles. Poisson. Poisson à la vapeur. Poisson cru. Pâté de poisson. Champignons. Truffes. Fromages bleus. Fromages de chèvre. Asperges. Coquilles Saint-Jacques.
Servir entre 10 et 12 °C.

Prix : 120 euros et plus
Millésimes : 2005, 2008, 2009, 2010, 2012…

Chateaumeillant

Au sud de l'Indre et du Cher, l'AOP chateaumeillant est plantée de gamay et pinot noir. Elle produit de jolis vins rouges, agréablement croquants. Mais la plus belle réussite est le chateaumeillant-gris, issu de pinot gris, vif et particulièrement fruité avec des notes de miel et de fruits confits.

> Assez curieusement (mais le monde des vins est riche de curiosités, ce qui n'est pas le moindre de ses charmes), les gris et les rouges accompagnent à peu près les mêmes cuisines… mais ne doivent pas être servis à la même température.

À boire jeunes, avec :
Apéritif. Légumes. Pommes de terre. Grillades. Barbecue. Charcuteries. Rôtis (rouge). Pizzas. Viandes blanches.
Servir le gris et le rosé entre 8 et 10 °C.
Servir le rouge entre 15 et 16 °C.

Prix : moins de 5 euros à 10 euros

Châteauneuf-du-pape

Au sud des Côtes-du-Rhône, l'AOP châteauneuf-du-pape produit du rouge et du blanc sur plus de 3000 hectares, mais c'est surtout le premier qui a fait sa réputation.

> Le châteauneuf-du-pape-blanc, plus rare mais toujours excellent, ne démérite nullement et sait aussi être un fameux vin de fête.

Le châteauneuf-du-pape-rouge peut être issu de cépages multiples (jusqu'à treize, parfois) : piquepoul, counoise, muscardin, terret, vaccarèse, cinsaut, grenache, mourvèdre, syrah… En réalité, le grenache est presque toujours le cépage dominant voire ultra dominant. Sur ce terroir, il fait preuve d'un mélange de finesse et de puissance qui est le signe des grands vins.

> Le châteauneuf-du-pape-rouge est le plus connu, mais le blanc, qui représente moins de 10 % de la production, est à découvrir…

Sa couleur est pourpre soutenue. C'est un vin puissant, ardent et chaleureux, avec une nuance caractéristique de bois brûlé et une amplitude qui s'exprime pleinement au bout de quelques années, surtout sur une cuisine goûteuse.

Rouge à boire à partir de quatre ou cinq ans et jusqu'à dix ans et plus, avec :

Grand gibier. Viandes rouges. Côte de bœuf. Daubes. Chevreau. Civets. Agneau. Viandes blanches. Veau. Volailles farcies. Paella. Cassoulet. Tajines. Truffes. Plats aux champignons. Steak au poivre.
Servir entre 16 et 18 °C.

Blanc à boire jusqu'à trois ou quatre ans, avec :

Poisson (saumon). Charcuterie fine. Foie gras. Viandes blanches. Champignons. Volailles. Petites volailles.
Servir entre 8 et 10 °C (jeune) ou 10 à 12 °C (un peu plus âgé).

Prix : 25 à 100 euros
Millésimes : 2003, 2004, 2005, 2006, 2007, 2009, 2010…

Châtillon-en-diois

> Un vin encore assez peu connu, mais qui gagne à l'être – à prix d'ami.

L'AOP châtillon-en-diois, près de Die sur les deux rives de la Drôme, produit surtout du rouge, mais aussi du rosé et du blanc. Une petite production caractérisée par sa qualité constante qui a la particularité d'être l'une des zones viticoles les plus hautes de France.

Le rouge, à base de gamay très majoritaire accompagné de pinot noir et syrah, se révèle léger et fruité, avec une touche particulière d'élégance et de finesse.

Blanc et rosé sont plus confidentiels et c'est dommage, surtout pour le blanc à base d'aligoté et de chardonnay, très équilibré.

Rouge à boire dans les deux ans, avec :
Volailles. Tajines. Pot-au-feu. Poissons d'eau douce. Cassoulet. Charcuterie. Viandes blanches.
Servir entre 14 et 15 °C.

Blanc à boire jusqu'à trois ans (rosé à boire jeune), avec :
Poisson. Poissons en sauce. Charcuterie. Crudités.
Servir entre 8 et 10 °C.

Prix : moins de 5 euros à 10 euros

Chaudenet-gras

(Voir aligoté)

Chaume

Cette AOP est une enclave dans l'AOP coteaux-du-layon. Le lieu favorise la concentration des sucres et des arômes des raisins par passerillage (ils sèchent sous l'action du soleil et du vent). Les arômes de fruits confits, d'agrumes et de fruits secs du vin sont encore plus intenses. Ce liquoreux s'apprécie de la même façon qu'un coteaux-du-layon.

(Voir coteaux-du-layon)

Chénas

L'AOP chénas est l'un des dix grands crus de beaujolais. Le cépage traditionnel gamay produit un vin rouge rubis qui fait preuve de délicatesse et de distinction.

À boire jusqu'à cinq ou six ans, avec :

Viandes rouges grillées. Onglet à l'échalote. Charcuterie. Salaisons. Volailles. Pigeon, caille. Agneau. Gigot d'agneau. Viandes blanches en sauce. Daubes. Fromages forts.
Servir entre 14 et 15 °C.

Le chenas est non seulement l'un des beaujolais les plus délicats, mais aussi l'un de ceux qui couvrent la plus petite superficie, dans le Rhône et en Saône-et-Loire.

Prix : 9 à 15 euros
Millésimes : 2003, 2005, 2009, 2010, 2011, 2014…

Chenin-blanc (cépage)

Aussi appelé pineau-de-la-loire. C'est le grand cépage blanc de la Loire, qui prend bien la pourriture noble, et donne aussi bien des mousseux particulièrement bruts que des vins liquoreux de grande classe et des vins secs de très longue garde qui évoluent lentement mais sûrement.

Chenin-noir

(Voir pineau-d'aunis)

Cher (IGP val-de-loire-cher)

(Voir val-de-loire)

Chevalier-montrachet

L'AOP grand cru chevalier-montrachet, au sud-ouest de Beaune, dans la Côte-d'Or, produit un très grand vin blanc issu de chardonnay, qui se bonifie au fil des ans mais peut se boire aussi relativement jeune.

À boire de cinq à quinze ans, avec :
Langouste. Homard. Écrevisses. Poisson. Charcuterie fine. Viandes blanches.
Servir entre 12 et 13 °C.

Prix : plus de 150 euros
Millésimes : 2002, 2003, 2005, 2008, 2009, 2011, 2012, 2013…

Cheverny

L'AOP cheverny produit en Sologne un vin blanc sec, un rouge léger et un peu de rosé. Le cheverny est élaboré à partir de sauvignon et chardonnay s'il est blanc, de gamay, pinot noir, cabernet franc, côt (malbec), pineau-d'aunis s'il est rouge ou rosé.

> Le cheverny est avant tout un vin blanc, mais les années de canicule, il arrive que le rouge se révèle étonnamment ample, savoureux… et pas plus cher pour autant.

Blanc et **rosé** à boire jeunes (sauf exception remarquable en blanc), avec :

Asperges. Poisson. Poissons pochés. Poissons frits. Saumon fumé. Coquillages cuits. Charcuteries. Tartes salées. Fromages de chèvre.
Servir entre 8 et 10 °C.

Le **rouge** rappelle les vins de Touraine, en encore plus léger. À boire jeune ou sur quatre ou cinq ans, avec :

Rôtis. Viandes blanches. Volailles. Charcuterie. Fromages à pâte cuite.
Servir entre 14 et 16 °C.

Prix : de 5 euros à 20 euros

Chinon

> *« Le bruit courait que le bœuf salé faisait trouver le vin sans chandelle. »*
>
> FRANÇOIS RABELAIS (1483 ou 1494-1553), *Pantagruel*

L'AOP chinon produit surtout du vin rouge, ainsi qu'un peu de rosé et de blanc. Le chinon est le fameux *vin de taffetas* de Rabelais. Et pour une fois, la réalité contemporaine reste fidèle à la légende, tant ce vin rouge à robe pourprée, agréable dans sa jeunesse et capable de se bonifier en

> C'est sans doute en pensant au chinon que François Rabelais (1483 ou 1494-1553) a écrit, dans Pantagruel : « Le bruit courait que le bœuf salé faisait trouver le vin sans chandelle ! »

quelques années, reste délicieusement parfumé, fin, plaisant, avec juste ce qu'il faut de souplesse pour le rendre encore plus séduisant.

Le rouge est issu de cabernet-franc (historiquement appelé breton), parfois d'un peu de cabernet-sauvignon ; le blanc, de chenin. Le rosé est issu des mêmes cépages que le rouge.

Chinon-**rouge** à boire jusqu'à dix ans et plus, avec :

Petit gibier. Viandes rouges. Pot-au-feu. Viandes blanches. Civets. Volailles. Magret de canard. Plats mijotés. Agneau. Tajine. Lapin à la moutarde. Saint-nectaire, tomme de Savoie, fromages à pâte molle.
Servir entre 16 et 17 °C.

Millésimes : (1995, 1997), 2000, 2001, 2003, 2004, 2005, 2009…

Chinon-**rosé** à boire jeune, avec :

Grillades. Barbecue. Terrines. Charcuterie. Pizzas.
Servir entre 8 et 10 °C.

Chinon-**blanc** à boire jusqu'à trois à cinq ans, avec :

Poissons. Saumon fumé. Viandes blanches. Woks de légumes (asperges, courgettes…). Champignons. Fromages de chèvre chauds.
Servir entre 8 et 10 °C.

Prix : 5 à plus de 20 euros
Millésimes : 2001, 2003, 2004, 2005, 2009…

Chiroubles

Autre beaujolais grand cru, donc rouge issu de gamay, l'AOP chiroubles est un vin d'une grande finesse, offrant des saveurs fruitées persistantes. Son mélange de rondeur et de fraîcheur met en valeur la cuisine discrètement pimentée.

C'est l'un des crus les plus attachants du beaujolais. Il est tout en souplesse et tout en fruit.

À boire jeune et jusqu'à deux à cinq ans, avec :

Cuisine chinoise. Cuisine vietnamienne. Cuisine pimentée (sans excès). Charcuterie chaude. Charcuterie fine. Andouillettes et saucisses grillées. Porc cuisiné. Boudin blanc. Cuisses de grenouilles. Viandes blanches. Volailles. Agneau. Foie de veau.
Servir entre 12 et 13 °C.

Prix : 7 à 20 euros
Millésimes : 2003, 2005, 2009, 2010, 2011, 2014…

Chorey-lès-beaune

L'AOP chorey-lès-beaune produit essentiellement un rouge (suivi ou non d'un nom de lieu), à base de pinot-noir. Il est d'un style structuré, avec des tanins fins et de la tendresse. Chorey-lès-beaune sans autre précision, désigne le **rouge**. Certains vins produits sur le même terroir se revendiquent plutôt comme des côte-de-beaune-villages.

> Le chorey, cousin du savigny, sait associer la jeunesse et l'élégance, ce qui n'est pas si courant (dans le vin). Son prix reste accessible.

À boire jeune ou jusqu'à huit ans et plus dans les grands millésimes, avec :
Viandes blanches. Charcuterie. Jambon cuit. Volailles. Rôtis. Fromages à pâte cuite. Abats. Plats mijotés. Cuisine tex-mex. Salades (au riz, boulgour, quinoa…).
Servir de 14 à 16 °C.
Millésimes : 2002, 2003, 2005, 2007, 2009, 2010, 2014…

Le chorey-**blanc**, issu de chardonnay et pinot, très minoritaire, vieillit aussi très bien et ne se boit pas très frais.

À boire jusqu'à huit ans, avec :
Quiches. Tourtes. Poissons grillés.
Servir entre 12 et 14 °C.

Prix : à partir de 18 euros
Millésimes : 2004, 2005, 2006, 2010, 2012, 2014…

Chusclan (côtes-du-rhône-villages-chusclan)

Sur environ 250 hectares, sur la rive droite du Rhône, dans le Gard, les rouges et les rosés de l'appellation sont à base de grenache (au moins 50 %), enrichi de syrah ou mourvèdre (et éventuellement de cépages blancs pour les rosés).

Le **rouge** est coloré et souple. Il se boit jusqu'à cinq ans, parfois plus. Il accompagne et relève très bien les viandes rouges.

Servir autour de 15 °C, 16 ou 17 °C maximum les grandes années.

Le **rosé** a son originalité, à la fois intense et frais. Il se boit jeune, jusqu'à deux ans maximum, avec des grillades, de viandes et de poissons… C'est un vin de petits repas improvisés, ou de pique-niques.

Prix : moins de 5 euros à 12 euros

Cinsault (cépage)

Aussi appelé cinsaut, il donne des vins souples, parfumés, et en particulier d'excellents rosés comme les tavels ou les côtes-du-rhône.

Cité-de-carcassonne (IGP)

Originaires bien entendu du département de l'Aude, et plus précisément de Carcassonne ou de vingt communes avoisinantes, les rouges, les blancs et les rosés sont issus d'assemblages complexes de nombreux cépages. À noter : il existe aussi des vins nouveaux (ou « primeur »).

Clairette (cépage)

Ce cépage typique du Sud produit des blancs très fins et aromatiques. Elle peut donner, seule, un vin comme la clairette-de-bellegarde, mais elle entre aussi dans des assemblages complexes, comme le châteauneuf-du-pape.

Clairette-de-bellegarde

L'AOP clairette-de-bellegarde est située aux portes de la Camargue, dans le Gard. Elle produit un vin blanc aussi fin qu'aromatique, à base du cépage unique clairette – qui, pour la petite histoire, entre aussi dans la composition du châteauneuf-du-pape. Ce vin sec révèle des notes d'amandes et de fleurs.

> Une AOP, petite par la taille, encore trop méconnue… à découvrir.

À boire jeune, avec :

Poissons. Saumon mariné. Coquillages cuits. Crustacés. Fromages de chèvre.

Servir entre 8 et 10 °C.

Prix : 5 à 10 euros

Clairette-de-die

> Ces vins agréables, désaltérants et rafraîchissants sont caractérisés par un assez faible degré d'alcool, qui en fait les compagnons parfaits des fêtes qui se prolongent.

Dans la vallée du Rhône, entre 200 et 700 mètres d'altitude, l'AOP clairette-de-die produit, sur environ 1 300 hectares, du blanc mousseux sur les deux rives de la Drôme, à partir de cépages muscat et clairette.

La clairette-de-die tradition est élaborée selon la méthode dite « dioise ancestrale » qui consiste à faire démarrer la fermentation en cuve puis à embouteiller pour que la fermentation finisse en bouteille. Au final, le vin titre entre 7 et 9 % d'alcool et garde toujours de la douceur. Il fait partie des rares vins mousseux qui permettent de garder les idées claires – à condition de ne pas exagérer, tout de même !

À boire jeune, avec :

Apéritif. Canapés. Desserts. Salades de fruits. Tartes aux fruits. Glaces. Petits-fours. Œufs à la neige. Gâteaux, charlottes. Brioche. Croquants aux amandes. Seul.
Servir entre 6 et 8 °C.

Prix : 5 à 10 euros

Clairette-du-languedoc

L'AOP clairette-du-languedoc, au cépage homonyme, produit un blanc sec à demi-sec sur la rive droite de l'Hérault. Un vin d'un fruité et d'une plénitude très agréables.

Une petite partie de la production donne, à partir de raisins récoltés à surmaturité, un vin de liqueur ou rancio, qui titre au moins 14° d'alcool.

À boire jeune (ou sur dix ans si moelleux) , avec :
Apéritif. Canapés. Entrées. Desserts (si moelleux).
Servir entre 8 et 10 °C.

Prix : 5 à 10 euros

Clevner

(Voir alsace-klevner)

Clos-de-la-roche
Clos-des-lambrays
(ou clos-lambrays)
Clos-de-tart
Clos-saint-denis

(Voir morey-saint-denis)

Ces quatres grands crus sont situés sur la commune de Morey-Saint-Denis en Côte de Nuits. Ce sont des vignes chargées d'histoire. Le Clos de Tart a ainsi été fondé en 1141 ! Ils ont chacun leur personnalité car ils ont des types de sols différents.

Clos-de-vougeot (ou clos-vougeot)

Cette illustre AOP vinifie un très grand vin rouge issu de pinot noir, connu et respecté dans le monde entier, au nord de Nuits-Saint-Georges. D'une teinte rouge somptueuse, à la fois puissant et corsé, il développe un somptueux et unique bouquet de parfums. Ce vignoble historique est divisé en une centaine de parcelles appartenant à presque autant de propriétaires. C'est, par excellence, un vin dédié aux très grands moments. Pour en obtenir la quintessence, il ne faut pas ouvrir un grand millésime avant une dizaine d'années.

> Le prestigieux clos de 50 hectares est délimité par un mur d'enceinte qu'il est interdit d'abattre, même s'il s'effrite au fil des ans.

À boire de cinq ans (petits millésimes) à vingt ans et plus, avec :
Chapon, poularde. Grand gibier. Chevreuil. Petit gibier. Faisan. Viandes blanches. Côte de bœuf. Champignons. Truffes. Pâté en croûte chaud. Fromages à pâte molle et croûte lavée.
Servir à 16 ou 17 °C.

Prix : 80 à 100 euros et plus
Se garde trente ans (mais pas chez vous).
Millésimes : 1990, 1999, 2003, 2004, 2005, 2006, 2009…

Cocumont

(Voir côtes-du-marmandais)

Collines-de-la-moure

(Voir pays-de-l'hérault)

Collines-rhodaniennes (IGP)

Ces vins de pays sont produits dans les départements de l'Ardèche, de la Drôme, de l'Isère, de la Loire et du Rhône, en blanc, rosé, rouge et mousseux. Issus d'assemblages pour la plupart, ils existent aussi en vins de cépage avec de belles réussites en syrah, comme on en trouve par exemple non loin de l'aire des crozes-hermitage. Mêmes applications que ces derniers.

Collioure

Dans la partie du Roussillon qui jouxte à la fois l'Espagne et la mer, l'AOP collioure produit un rouge, un rosé et un blanc sur environ 400 hectares.

> Petite curiosité : les vins de Collioure sont produits sur le même terroir que les vins doux naturels de Banyuls. Ils ne sont pas mis en vente avant le 1er juillet qui suit la récolte.

Le collioure-**rouge**, à base de grenache et de mourvèdre complétés par du carignan, de la syrah et du cinsaut, tire sa personnalité du sol de schistes, du soleil et de la proximité de la mer. Sa couleur intense frappe le regard : une excellente impression confirmée en bouche par un goût puissant et un bouquet de parfums bien équilibré.

À boire jusqu'à cinq à dix ans, avec :

Agneau. Gigot d'agneau. Cuisine catalane. Chili con carne. Petit gibier. Viandes rouges. Abats. Cassoulet. Couscous. Civets. Ragoûts.
Servir entre 15 et 17 °C.

Le **blanc**, intense et minéral, fait principalement appel aux cépages principaux grenache gris et grenache-blanc, associés aux vermentino, macabeu, marsanne, roussanne… Le **rosé** intègre les mêmes cépages que le rouge et y ajoute du grenache gris.

À boire jeunes, avec :

🍽 Paella. Volailles en sauce. Poisson. Anchois ou sardines grillées. Fruits de mer. Calmars. Charcuterie catalane. Crudités. Cuisine à l'ail. Pizzas. Fromages de chèvre (rosé).

Servir entre 10 et 12 °C.

Prix : 7 à 20 euros

Colombard (cépage)

Le colombard était surtout dévolu aux eaux-de-vie (notamment les armagnacs), jusqu'à ce que dans la région de l'armagnac, il soit vinifié avec succès en vin blanc sec vif et très aromatique dans l'appellation IGP côtes-de-gascogne. On le trouve dans l'ensemble du Sud-Ouest, en Charente et Charente-Maritime et dans le Languedoc.

Comté-de-grignan

(Voir Drôme)

Comté-tolosan (IGP)

Cette IGP régionale du Sud-Ouest est extrêmement diversifiée puisqu'elle recouvre (pas complètement, il faut le reconnaître !)

pas moins de douze départements : Ariège, Aveyron, Cantal, Gers, Haute-Garonne, Hautes-Pyrénées, Landes, Lot, Lot-et-Garonne, Pyrénées-Atlantiques, Tarn et Tarn-et-Garonne. Les cépages sont nombreux et variés (cabernet franc, cabernet sauvignon, négrette, malbec, merlot, duras, chardonnay, colombard, chenin, petit manseng, gros manseng, muscadelle…). Sur cette aire, les rouges les rosés et les blancs possèdent les qualités des vins du sud, mais sans l'effet « coup de soleil » qui les marque parfois. Notons que le blanc, méconnu, est excellent en apéritif. Et que, comme tous les bons vins blancs, il n'est vraiment pas indispensable de le dénaturer en y ajoutant du cassis ou de la framboise ! Les unités géographiques suivantes peuvent être précisées : Bigorre, Coteaux et Terrasses de Montauban, Pyrénées Atlantiques, Tarn et Garonne, Haute-Garonne et Cantal.

Comtés-rhodaniens (IGP)

Vins d'assemblage ou vins de cépage rouges, blancs, rosés voire mousseux , sont issus des départements de l'Ain, de l'Ardèche, de la Drôme, de l'Isère, de la Loire, du Rhône, de la Savoie, de la Haute-Savoie, et de la Saône-et-Loire. Les cépages pouvant entrer dans leur composition sont innombrables, mais seuls les chardonnay, gamaret, gamay, marsanne, pinot noir, roussanne, syrah et viognier peuvent se revendiquer en vins de cépage. Le blanc de chardonnay, plutôt puissant, est à conseiller, outre sur les applications traditionnelles du blanc (poisson, crustacés…), pour un apéritif original et pas ruineux (autour de 4 euros).

Condrieu

Au nord de la vallée du Rhône et à 50 kilomètres au sud de Lyon, l'AOP condrieu vinifie uniquement un vin blanc de viognier de grande classe, plutôt sec, laissant toujours une sensation de suavité et de rondeur qui fait son succès.

> Jeune ou vieux ? Fruité ou charpenté ? Le condrieu révèle deux visages au fil du temps – qui ont tous deux leurs amateurs. Sauf pour les grands millésimes, mieux vaut ne pas trop attendre pour profiter de la finesse aromatique de ce vin.

À boire jeune ou sur quatre ou cinq ans, avec :

Apéritif. Canapés. Coquillages cuits. Coquilles Saint-Jacques. Légumes. Fleurs de courgettes. Crustacés. Homard, langouste, écrevisses. Soupe de poissons. Bouillabaisse. Poisson. Poissons de mer aux herbes. Poissons d'eau douce. Quenelles. Viandes blanches. Volailles à la crème. Fromages bleus. Asperges.

Servir entre 10 et 12 °C.

Prix : à partir de 30 euros
Millésimes : 2001, 2005, 2006, 2008, 2010, 2012, 2014…

Corbières

L'AOP corbières produit surtout du rouge, entre Narbonne et Carcassonne, sur environ 15 000 hectares où les vignes respectent des rendements relativement faibles.

> Les corbières, longtemps victimes d'une réputation de vins « ordinaires », sont devenus très bons au prix d'un travail opiniâtre et d'une baisse volontaire des rendements. Les zones les plus réputées sont les Hautes Corbières, au sud, et les Corbières orientales (ou maritimes).

Le **rouge** est issu de carignan, grenache, syrah, mourvèdre et de cépages accessoires comme le terrer et le lladoner pelut. Les différentes combinaisons donnent un vin d'une belle couleur rouge vif à pourpre, costaud mais parfumé, qui s'assouplit au fil du temps dans les foudres de chêne où il est traditionnellement élevé.

À boire pas trop jeune (deux à quatre ans) et jusqu'à dix ans, avec :

Grand gibier. Petit gibier. Rôtis. Civets. Cassoulet. Viandes rouges. Bœuf en daube. Couscous. Chili con carne. Fromages fermentés.
Servir entre 16 et 18 °C.

Millésimes : 2005, 2006, 2009…

Le **rosé** est élaboré à partir des mêmes cépages, avec l'incorporation d'une minorité de cépages blancs dans l'assemblage, ce qui donne un vin sec, frais, désaltérant mais agréablement parfumé.

À boire jeune, jusqu'à deux ou trois ans, avec :

Grillades. Barbecue. Charcuterie. Crudités. Tajines aux volailles. Soupe de poissons. Fromages de chèvre.
Servir autour de 10 °C.

Le corbières-**blanc** est issu de bourboulenc, grenache, clairette, macabeu, muscat-à-petits-grains, roussanne, terret blanc ou vermentino. Il se révèle plus délicat, mais aussi rafraîchissant et parfumé que le rosé.

À boire jeune et jusqu'à deux ou trois ans, avec :

Grillades. Barbecue. Cuisses de grenouille. Volailles. Viandes blanches. Poisson.
Servir entre 10 et 12 °C.

Prix : de moins de 5 euros à 10 euros
Millésimes : (1995), 2005, 2009…

Corbières-boutenac

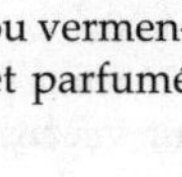

Une élite du corbières, largement à la hauteur de bien d'autres élites vinicoles aux noms plus prestigieux.

L'AOP corbières-boutenac ne produit que du rouge. Elle met en vedette le carignan qui doit représenter 30 à 50 % des cépages utilisés et ne pas être issu de jeunes vignes. Il est associé au grenache, au mourvèdre et/ou à la syrah. C'est un vin qui appartient à la même famille que le précédent, avec plus d'amplitude, plus de complexité et une meilleure aptitude au vieillissement.

À boire jusqu'à dix ans, parfois plus, avec :

Grand gibier. Viandes rouges en sauce. Viandes blanches. Civets.
Servir entre 16 et 18 °C.

Millésimes : 2005, 2007, 2009…

Cornas

Un vin « viril », pour plats riches et cuisines goûteuses.

Dans la partie nord des Côtes-du-Rhône, au nord de Valence et sur la rive droite du fleuve, l'AOP cornas donne un rouge de teinte grenat foncé à base de syrah : un vin capiteux, étoffé, solide, qui se bonifie énormément avec l'âge et rappelle par bien des points l'hermitage rouge proche.

À boire de quatre à dix ans et plus, avec :

Grand gibier. Petit gibier. Agneau. Gigot. Volailles. Rôtis. Cuisine en sauce. Viandes rouges. Viandes blanches. Abats. Cassoulet. Champignons. Plats épicés.
Servir bien chambré, de 16 à 18 °C.

Prix : 20 à 30 euros et plus
Millésimes : 2001, 2005, 2006, 2008, 2010, 2012, 2014…

Corrèze (IGP Vins de la Corrèze)

La Corrèze (enfin, plus exactement le sud du département qui correspond en réalité à l'ancien Quercy, au nord-est de l'Aquitaine) était une région viticole estimée jusqu'à la fin du XIXe siècle. Les vignes ravagées par le phylloxéra ont été mal replantées (notamment en noah, othello, etc., et autres cépages aujourd'hui interdits) et ce n'est que dans la seconde partie du XXe siècle que des vignerons se sont mobilisés pour faire revivre un vignoble digne de ce nom.

Les styles sont variés puisqu'il est possible d'élaborer aussi bien des vins blancs secs, demi-secs et moelleux, des rouges, des rosés et des vins à partir de raisins passerillés. Des mousseux également. Les cépages principaux sont le cabernet franc, le cabernet sauvignon, le malbec (côt), le merlot, le segalin, le chardonnay, le sémillon, le chenin, le muscat-petits-grains et le sauvignon.

Le vin paillé, élaboré autour de Queyssac-les-vignes et Beaulieu-sur-Dordogne fait l'objet d'un litige avec les vins du Jura qui y voient une confusion possible avec leur célèbre vin de paille.

Cette incroyable diversité permet de dénicher des vins pour toutes les occasions, de l'apéritif au dessert... à prix doux.

Prix : 5 à 10 euros (plus de 10 euros pour le moelleux vendanges tardives).

Corse-calvi

(Voir vin-de-corse-calvi)

Corse-coteaux-du-cap-corse

(Voir vin-de-corse-coteaux-du-cap-corse)

Corse-figari

(Voir vin-de-corse-figari)

Corse-porto-vecchio

(Voir vin-de-corse-porto-vecchio)

Corse-sartène

(Voir vin-de-corse-sartène)

Corton

Au nord de Beaune, l'AOP corton donne surtout un grand cru rouge bien connu, sur environ 100 hectares, mais aussi un peu de vin blanc qui gagne à être connu.

À vin d'exception, délai exceptionnel : le corton ne s'ouvre, dans toute sa splendeur, qu'aux palais les plus patients !

Le corton blanc, élaboré à partir de chardonnay, rappelle les grands blancs voisins, avec un peu moins de persistance en bouche et de finesse.

On le sert autour de 10 °C.

C'est néanmoins le rouge qui a fait la réputation de ce grand bourgogne. Toujours généreux et ample en bouche, il devient plus moelleux et se parfume en profondeur, en prenant de l'âge – qui lui donne aussi un fruité inimitable.

À boire de préférence au bout de plusieurs années, à partir de dix à douze ans pour les meilleurs, et jusqu'à vingt, voire trente ans ou plus encore, avec :

Viandes blanches. Veau marengo. Viandes rouges. Volailles. Canard à l'orange. Confit de volailles. Petit gibier. Grand gibier. Civet de lièvre.

Servir entre 16 et 18 °C.

Prix : à partir de 50 euros
Millésimes : 2002, 2003, 2005, 2008, 2009, 2010, 2012, 2014…

Corton-charlemagne

Cette AOP de la Côte de Beaune est toute proche de la précédente, mais deux fois moins étendue. Elle ne produit que du blanc, mais quel blanc ! Le corton-charlemagne, à la fois contrasté et harmonieux, cache en fait des ressources étonnantes de vigueur et de finesse, sous sa belle robe dorée. C'est également un vin solidement charpenté, qui vieillit très bien.

> À boire pas trop frais pour apprécier tous les arômes de ce vin… presque parfait.

À boire jusqu'à vingt ans, ou plus dans les grands millésimes, avec :

Poisson. Poissons nobles. Lotte à l'Américaine. Poisson d'eau douce. Carpe. Homard, langouste. Écrevisses. Chapon, poularde. Foie gras poêlé. Viandes blanches. Fromages à pâte molle.

Servir entre 10 et 12 °C.

Prix : à partir de 60 euros, mais deux à trois fois plus pour certains millésimes

Millésimes : 2002, 2003, 2004, 2005, 2008, 2010, 2012, 2013, 2014…

Costières-de-nîmes

L'AOP costières-de-nîmes occupe environ 4 500 hectares entre Nîmes et la Camargue, sur le plateau où mûrit en majorité du rouge, mais aussi du rosé et un peu de blanc. Le **rouge**, issu de cépages grenache, carignan, mourvèdre, syrah et cinsault, est fruité, agréable, plaisant à boire, mais également ferme et puissant, sous une belle robe rubis qui ajoute encore à ses charmes. Sa vigueur et sa charpente lui permettent de vieillir pendant quelques années.

> Petite curiosité : ces vins, sur un vaste plateau situé entre deux formations géologiques, peuvent aussi bien être rattachés aux Côtes-du-Rhône qu'au Languedoc.

À boire de deux à cinq ans, avec :

Viandes rouges. Brochettes. Grillades. Barbecue. Chili con carne. Volailles rôties. Couscous. Cassoulet.

Servir entre 16 et 17 °C.

Le **blanc**, plutôt rare, fait appel au bourboulenc à la roussanne, au grenache, à la marsanne, au macabeu, au vermentino, au viognier, à l'ugni ou à la clairette, et se révèle tout aussi fruité et agréable que le rouge. Il a des faux airs de clairette-de-bellegarde.

À boire jusqu'à deux ou trois ans, avec :

Poisson. Poissons grillés. Coquillages cuits. Crustacés. Fromages bleus.

Servir entre 8 et 10 °C.

Le **rosé** s'accommode parfaitement de mets assez simples – ce qui ne signifie pas médiocres, bien au contraire !

À boire jusqu'à deux ou trois ans, avec :

Pâtes italiennes. Pizzas. Crudités. Coquillages cuits. Crustacés. Poissons grillés. Charcuterie.

Servir entre 8 et 10 °C.

Prix : moins de 5 euros à 15 euros

Côt (cépage)

Aussi appelé malbec (à Bordeaux et dans le Sud-Ouest) ou auxerrois (à Cahors), c'est un cépage différent de l'auxerrois lorrain… Il est appelé côt en Loire où il est présent dans plusieurs appellations, presque toujours en assemblage. C'est un cépage tannique bon améliorateur de vins rouges, auxquels il donne du corps et de la couleur. Vinifié seul, il manque parfois un peu de finesse… et souvent de soleil dans certaines régions, pour une maturation optimale.

Coteaux-bourguignons

L'appellation couvre environ 280 hectares, à cheval sur quatre départements.

Le blanc est vinifié à partir de cépages aligoté, chardonnay, melon de bourgogne, pinot blanc et pinot gris.

Le **rouge** est à base de gamay, pinot noir ; dans l'Yonne, du césar peut être ajouté. Dans la galaxie des vins bourguignons, cette AOP a la particularité de produire aussi bien des vins d'assemblages que des vins d'un seul cépage.

Blanc à boire jusqu'à quatre ou cinq ans, avec :

Escargots. Coquillages crus. Poissons en papillote, poêlés, crus. Crustacés. Fromage à pâte cuite.

Servir entre 8 et 10 °C.

Clairet ou **rosé** à boire jusqu'à quatre ou cinq ans, avec :
Pizzas. Grillades. Barbecue. Crudités. Charcuterie. Plats végétariens.
Servir entre 11 et 12 °C.

Rouge à boire de deux à cinq ans, avec :
Charcuterie chaude. Charcuterie froide. Volailles. Lapin. Pâtes à la tomate. Tomates farcies. Canard. Fromages à pâte molle. Viandes blanches en sauce.
Servir entre 14 et 16 °C.

Prix : 10 à 20 euros

Coteaux de l'ain (IGP)

Appellation départementale à base de grenache, syrah, cinsault, carignan, cabernet-sauvignon, merlot, mondeuse, gamay, pinot noir pour le rouge ou le rosé, ainsi que marsanne, roussane, viognier, clairette, aligoté, grenache, jacquère, altesse, chasselas, molette pour le blanc. Elle produit aussi du mousseux. Certains vins précisent leur territoire d'origine : pays de Gex, Val-de-Saône, Valromey, Revermont.

De bons petits vins à boire jeunes, sur les riches et savoureuses recettes locales… mais aussi sur les petits casse-croûte sans façons – comme eux.

Côte-de-beaune

L'AOP côte-de-beaune, suivie ou non par un nom de lieu, produit un rouge et un blanc aussi recherchés l'un que l'autre, sur un peu moins de 30 hectares, situés sur la partie la plus élevée de Beaune.

Ces vins, entre beaune et aloxe-corton, un peu moins fins – mais tellement moins chers – que leurs prestigieux voisins, méritent les mêmes égards qu'eux.

Le **rouge** généreux, d'une grande finesse et au bouquet remarquable, est issu de pinot noir.

À boire jusqu'à cinq ans, avec :

Champignons. Cèpes. Escargots. Volailles. Petit gibier. Viandes blanches. Viandes rouges. Bœuf bourguignon. Fondue bourguignonne. Filet mignon de porc. Fromage type soumaintrain, munster ou chaource.

Servir à 14 ou 15 °C.

Prix : 15 à 34 euros et plus

Le **blanc**, élaboré à partir de chardonnay, est à boire jusqu'à trois ou quatre ans, avec :

Coquillages crus. Poisson. Tourtes. Quiches. Volailles. Pâtes aux fruits de mer. Fromages à pâte cuite. Fromages de chèvre.

Servir entre 8 et 10 °C.

Prix : 15 à 30 euros

Côte-de-beaune-villages

À ne pas confondre avec la précédente AOP. Celle-ci ne produit que du rouge, sur quatorze communes de la Côte de Beaune qui ne peuvent pas vinifier

Ces vins offrent souvent un bon rapport qualité/prix, entre les bourgognes génériques et les grands crus de la côte de Beaune.

leurs vins rouges sous une appellation plus prestigieuse. Ils accompagnent plus qu'honnêtement la même cuisine, ainsi que les petits plats sans façons entre amis.

D'une fricassée de cèpes à une fondue bourguignonne, en passant par un lapin à la moutarde, on invitera les « villages » aux mêmes mets et aux mêmes températures de service que les côtes-de-beaune.

Prix : 10 à 25 euros

Côte-de-brouilly

> Un beaujolais plutôt costaud de nature, mais qui sait faire patte de velours pour apprivoiser la cuisine fine.

L'AOP côte-de-brouilly fait partie des 10 grands beaujolais. À partir du cépage gamay traditionnel, ce vin rouge se révèle goûteux et vigoureux, dès sa prime jeunesse. Par la suite, il gagne en élégance ce qu'il perd en puissance et se distingue de son compère le brouilly par un caractère plus capiteux.

Le côte-de-brouilly, cultivé sur environ 300 hectares, vieillit assez bien.

À boire jusqu'à cinq ans, avec :

Chapon, poularde. Charcuterie fine. Charcuterie chaude. Andouillette. Salaisons. Viandes blanches. Civets. Coq au vin.

Servir entre 13 et 14 °C.

Prix : 10 à 25 euros
Millésimes : 2005, 2009, 2010, 2011, 2014…

Côtes de la charité (IGP)

En 2011, le vin de pays des coteaux-charitois est devenu un vin IGP côtes de la charité. Le vignoble s'étend autour de La Charité sur Loire. Les vins sont blancs, rouges, rosés (ou gris) voire mousseux. Le blanc domine. Il est surtout issu de chardonnay mais peut aussi inclure du pinot gris. Fins et fruités, ils ont suffisamment de corps pour bien vieillir quelques années. Le rouge est issu de pinot noir. Il n'est pas sans rappeler le style bourguignon (en beaucoup moins cher). Ce peut être aussi un vin de cépage (chardonnay ou pinot noir par exemple, indiqué sur l'étiquette et souvent plus cher dans ce cas).

Côte-de-nuits-villages

L'AOP côte-de-nuits-villages est essentiellement connue pour son rouge produit sur environ 160 hectares. Il est d'une teinte soutenue, d'un goût franc et d'une rondeur avenante. Le blanc est plus rare, mais tout aussi intéressant.

Rouge issu de pinot noir, à boire jusqu'à cinq ans et plus selon les millésimes, avec :

🍽 Petit gibier. Escargots. Champignons. Volailles. Viandes rouges. Viandes blanches. Charcuteries. Abats. Veau braisé. Viandes en cocotte. Époisses.
Servir à 16 ou 17 °C.

Prix : 10 à 30 euros

Blanc issu de chardonnay, très rare, à boire jusqu'à quatre ou cinq ans, avec :

🍽 Coquillages crus. Poisson. Poisson grillé. Jambon persillé. Fromages de chèvre.

Servir entre 8 et 10 °C.

Prix : 10 à 25 euros

Côtes-du-lot (IGP)

Sur les causses du Quercy, ce vignoble de 500 hectares complète bien celui de l'AOP cahors. Il produit des rouges, rosés et blancs destinés à être bus jeunes, sur l'éclat du fruit, avec des mets simples, cuisinés sans chichi : une bonne volaille, une bonne viande rouge, une bonne charcuterie, un bon fromage... Les blancs issus de chardonnay, chenin, sauvignon, sémillon, viognier sont d'une jolie complexité aromatique.

Certains vins peuvent être suivis de la mention géographique «rocamadour».

Prix : autour de 5 euros

Côtes-du-vivarais

Une petite AOP qui monte, qui monte… et qui n'est pas encore aussi connue qu'elle le mériterait. Mais cela permet aussi d'y dénicher de jolies bouteilles à petit prix.

Sur les deux rives de l'Ardèche, l'AOP côtes-du-vivarais produit du vin rouge, du rosé et du blanc typiques des Côtes-du-Rhône, sur environ 300 hectares.

Les rouges sont à base de grenache, complétée par la syrah. Le cinsault s'ajoute pour les rosés. Le blanc intègre grenache blanc, marsanne et clairette. Même ensoleillés, ces vins savent montrer à la fois de la robustesse et de la fraîcheur.

Rouge à boire jusqu'à trois ou quatre ans, avec :

Petit gibier. Viandes blanches en sauce. Civets. Couscous. Charcuterie cuite. Chili con carne.
Servir autour de 15 °C.

Blanc et **rosé** à boire jeunes, avec :
Charcuterie. Pizzas. Viandes blanches. Coquillages crus. Crudités. Crustacés. Cuisine japonaise.
Servir entre 8 et 10 °C.

Prix : moins de 8 euros

Côte-roannaise

Cette AOP d'environ 200 hectares, à l'ouest de Roanne, est issue de gamay. On y trouve même une variété spéciale appelée le gamay saint-romain. Vinifié en **rouge**, ce vin possède une personnalité unique, en grande partie due à son sol de sables granitiques. Certains vins ont un caractère corsé et minéral pouvant évoquer certains vins bourguignons. Il est très abordable, ce qui en fait un vin de copains et de « petites bouffes » par excellence – c'est le mot.

À boire jeune, et jusqu'à trois ans avec :
Poisson (saumon). Viandes blanches. Tajines. Charcuterie. Fromages à pâte persillée. Fromages à pâte molle.
Servir à 13 ou 14 °C.

Le **rosé**, plus confidentiel, est agréablement nerveux et fruité. À boire jeune, avec :
Apéritif. Canapés. Brochettes. Grillades. Barbecue. Pique-nique.
Servir à 8 °C.

Prix : 6 à 12 euros

Côte-rôtie

À quelques kilomètres au sud-est de Vienne et à près de 300 mètres d'altitude, l'AOP côte-rôtie produit, sur plus de 200 hectares, un très grand vin rouge à base de syrah (majoritaire) et de viognier. L'excellence, la rare finesse et l'élégance remarquable de ce vin ont forgé sa réputation. Ce grand cru à la saveur légèrement épicée se présente sous une somptueuse robe plutôt sombre, et se révèle parfaitement apte à un vieillissement harmonieux. Comme la grandeur de ce vin n'a pas échappé aux amateurs du monde entier, les prix se sont envolés.

À boire jusqu'à quinze ans et plus, avec :

Terrines. Abats. Rognons. Ris de veau. Viandes marinées. Viandes rouges. Bœuf en daube. Viandes blanches. Rôtis. Volailles. Tajine d'agneau. Petit gibier. Grand gibier. Volailles de fête. Fromages type livarot.

Servir entre 16 et 17 °C.

Prix : 40 à 50 euros et (beaucoup) plus
Millésimes : 2001, 2003, 2005, 2006, 2009, 2010, 2012, 2014…

Côte-vermeille (IGP)

Cette IGP existe en 2 versions : vin sec ou doux. En sec, il existe en blanc, rouge et rosé. En doux, les raisins sont récoltés tardivement. Il existe même une troisième version, très originale, le rancio sec. Ce vin rouge ou blanc est élevé très longuement au contact de l'air. Il acquiert une couleur ambre foncé très caractéristique et des goûts de fruits secs. Ses arômes puissants tiennent tête à des mets forts en goût comme les anchois salés ou les tommes de brebis affinées. Ils sont produits sur les communes de Collioure, Port-Vendres, Banyuls-sur-Mer et Cerbère : une région bénie pour les grands vins doux. Au-delà de ces communes, c'est l'Espagne qui commence.

Coteaux-champenois

> Les vignerons des coteaux-champenois ont bien du mérite à faire du vin tranquille dans une région où la bulle se vend aussi cher et aussi bien ! En tout cas, ces vins peuvent aussi réserver de bonnes, voire d'excellentes surprises.

Disons-le tout net : ce n'est pas le vin de tout le monde ! En effet, le rouge, le rosé et le blanc de l'AOP coteaux-champenois sont des vins tranquilles, en plein cœur de la Champagne – en fait, répartis sur toute la zone de production. Bouzy est le cru le plus connu, mais Ambonnay, Ay, Cumières, Dizy-Magenta ou Vertus bénéficient aussi d'une excellente réputation.

Le **blanc** (chardonnay), comparable aux grands vignobles des alentours, est souvent le plus intéressant. Il est fin et frais.

À boire jusqu'à trois ans, avec :

Charcuterie chaude. Porc cuisiné. Andouillette. Boudin blanc. Langouste, homard. Viandes blanches. Poisson d'eau douce. Saumon. Cuisine à la crème.

Servir entre 8 et 10 °C.

Mêmes caractéristiques d'ensemble pour le **rosé**, à boire plus jeune. Le **rouge** issu de pinot meunier et pinot noir ajoute un charme piquant et fruité à sa saveur exquise.

À boire jusqu'à cinq ou dix ans, avec :

Potée. Potée champenoise. Terrines. Viandes blanches. Ballottines. Volailles. Petit gibier. Raisins frais. Fromages frais.

Servir entre 15 et 16 °C.

Prix : 20 à 30 euros

Coteaux-charitois

(Voir côtes de la charité)

Coteaux-d'aix-en-provence

L'AOP coteaux-d'aix-en-provence produit surtout du rosé (un peu plus de 80 %), un peu de rouge et un rare blanc. Elle couvre environ 4 000 hectares, entre les contreforts de la montagne et l'étang de Berre.

Les cépages sont les mêmes que ceux autorisés pour l'AOP côtes de provence (syrah, grenache, cinsault, mourvèdre, carignan, tibouren, rolle, ugni blanc, clairette, sémillon, bourboulenc...).

Si le rosé est le plus connu et le plus recherché, c'est le rouge qui offre la qualité la plus constante. Quant au blanc, parfois remarquable… il se fait toujours rare.

Le **rosé**, majoritaire, se boit jeune, avec :

🍽 Rôtis. Agneau. Ragoût d'agneau. Viandes blanches. Tendron de veau. Pizzas. Cuisine épicée. Brochettes. Salades. Tians de légumes.
Servir entre 7 et 8 °C.

Rouge à boire jusqu'à trois ou six ans, avec :

🍽 Rôtis. Agneau. Ragoûts. Couscous. Cassoulet. Viandes blanches. Tendron de veau. Chili con carne. Viandes rouges. Fromages à pâte cuite.
Servir entre 15 et 16 °C.

Le **blanc**, souvent d'une grande finesse, est produit en très petits volumes.

À boire jusqu'à deux ou trois ans, avec :

🍽 Soupe de poissons. Bouillabaisse. Poisson. Crustacés.
Servir entre 8 et 10 °C.

Prix : moins de 5 euros à 12 euros

Coteaux-d'ajaccio

(Voir ajaccio)

Coteaux-d'ancenis

Dans le pays nantais, sur environ 200 hectares en bordure de la Loire, le blanc, le rosé ou le rouge de cette AOP est en principe suivi du nom du cépage : gamay pour le rouge ou le rosé; malvoisie pour le blanc issu de pinot gris, qui est légèrement moelleux.

> Subtil, le coteaux d'ancenis malvoisie sait parfaitement vieillir de façon harmonieuse.

Rouge et **rosé** à boire jeunes, avec :
Volailles. Rôtis. Charcuterie. Grillades. Barbecue. Pizzas.
Servir le rouge entre 14 et 15 °C; le rosé autour de 10 °C.

Le **blanc** se boit jeune ou sur cinq à huit ans, avec :
Viandes blanches. Volailles. Cuisine à la crème. Desserts.
Servir entre 10 et 12 °C.

Prix : moins de 5 euros à 15 euros

Coteaux-d'enserune (IGP)

Entre Béziers et le département de l'Aude, ce vin est surtout produit par une coopérative. La liste des cépages possibles est abondante (syrah, merlot, chardonnay, sauvignon, vermentino...). Il est rouge avec des tanins costaux et des notes fruitées. Il peut aussi être blanc assez gourmand, peu acide. Ces vins fruités sont aussi agréables que leur prix, autour de 4 ou 5 euros. De véritables vins de pays.

Coteaux-de-bessilles (IGP pays de l'hérault-coteaux-de-bessilles)

Élevé sur six communes de l'Hérault, dans les trois couleurs, ce sont parfois des vins de pays et vins de cépage en même temps… des vins chaleureux, non loin des languedocs (ex. coteaux-du-languedoc)…

Coteaux-de-béziers

(Voir coteaux-du-libron)

Coteaux-de-cèze

(Voir coteaux-du-pont-du-gard)

Coteaux-de-coiffy (IGP)

Blanc, rouge ou mousseux, à base de pinot noir, pinot gris, pinot blanc, aligoté, arbane, petit meslier, merlot, syrah, auxerrois, gamay, chardonnay… un bon petit vin des cantons de Bourbonne-les-Bains et de Terre-Natale. Le rendement est volontairement limité à 70 hectolitres à l'hectare sur la plupart des parcelles. Les cépages ont été empruntés à des vignobles voisins beaucoup plus prestigieux (Alsace, Champagne, Bourgogne).

Cela donne un vin léger, issu d'une terre qui ne le lâche que parcimonieusement (le vin), ce qui le rend d'autant plus appréciable… sans compter que les produits d'une région qui a vu naître Denis Diderot ne sauraient laisser indifférent !

Prix : 4 à 5 euros

Coteaux-de-die

Dans le département de la Drôme, entre 200 et 700 mètres d'altitude, l'AOP coteaux-de-die produit, sur moins de 50 hectares, du blanc à partir de cépages clairette, vinifiée ici uniquement en vin sec et tranquille, fin et fruité…

> Les coteaux-de-die sont produits sur la même zone que la clairette-de-die et le crémant-de-die.

À boire jeune, avec :
Coquillages crus. Coquillages cuits. Poissons d'eau douce. Quenelles. Desserts.
Servir entre 7 et 10 °C.

Prix : 5 à 10 euros

Coteaux-de-fontcaude (IGP pays de l'hérault-coteaux-de-fontcaude)

Ces rouge, rosé et blanc sont issus exclusivement de six communes de l'Hérault : Creissan, Cazedarnes, Cébazan, Cruzy Puisserguier et Quarante… où ils peuvent aussi être des vins de cépage, par exemple de merlot. Ce sont des vins puissants, surtout les rouges qui épaulent parfaitement des viandes goûtues et des gibiers.

Coteaux-de-glanes (IGP)

Sur 40 hectares, non loin de Rocamadour, dans le Lot, dans une région par ailleurs majoritairement productrice d'AOP (cahors, bergerac, etc.), les rouges et rosés sont issus de gamay, merlot et de cépages locaux comme les castets, abouriou, mérille et valdiguié. Le rouge est du genre rond et fruité. Les rosés ont des notes de fruits exotiques. Les rendements sont limités par rapport à la moyenne des vins de pays, ce qui est aussi un gage de qualité.

Coteaux-de-l'ardèche (IGP ardèche coteaux-de-l'ardèche)

Sur 150 communes du sud de l'Ardèche, ces vins de pays sont rattachés à l'IGP ardèche. Ce sont des vins d'assemblage ou de cépage.

(Voir Ardèche)

Coteaux-de-l'aubance

On ne saurait mieux définir l'AOP coteaux-de-l'aubance (160 hectares environ) que par la fameuse douceur angevine. Le cépage chenin blanc, vinifié ici en blanc moelleux, demi-sec ou liquoreux, se révèle dans tous les cas fin et fruité. De plus, il possède une vigueur naturelle qui lui permet d'envisager une vieillesse heureuse.

> Les coteaux-de-l'aubance produisent aussi une sélection de grains nobles, obtenue par plusieurs récoltes successives de grains à surmaturité.

À boire jusqu'à dix ans, parfois beaucoup plus, avec :
Asperges. Sucré-salé. Viandes blanches. Crustacés. Desserts aux fruits. Tartes aux fruits.
Servir entre 8 et 10 °C.

Prix : 8 à 20 euros
Millésimes : 2005, 2008, 2009, 2010, 2011…

Coteaux-de-l'auxois (IGP)

Dans le département, ô combien viticole de la Côte-d'Or, le vin de pays des coteaux de l'auxois est produit sur les cantons d'Arnay-le-Duc, Bligny-sur-Ouche Montbard, Pouilly-en-Auxois, Précy-sous-Thil, Semur-en-Auxois, Vitteaux, Venarey-les-Laumes.

Le **rouge** est produit à partir de pinot noir, gamay, césar, merlot… Le **rosé** peut aussi inclure du sauvignon gris, du meunier et du pinot gris.

Le **blanc** est issu de chardonnay, auxerrois, pinot-gris, melon, aligoté, sauvignon (blanc et gris), viognier…

Prix : autour de 6 euros

Coteaux de-la-cabrerisse (IGP aude-coteaux-de-la-cabrerisse)

Ces vins de l'Aude sont issus de cépages carignan, cinsault, grenache, syrah, mourvèdre, terret, clairette, cabernet franc, cabernet-sauvignon, merlot, lledoner pelut, alicante-bouschet. Ces vignes, implantées non loin de Narbonne, peuvent aussi donner des vins de cépage. L'assemblage type, par exemple (en ordre décroissant) merlot, grenache, syrah, donne un vin rouge solide mais parfumé, idéal avec les viandes en sauce et les plats goûteux en général : porc en sauce, coq au vin…

Coteaux-de-laurens (IGP pays de l'hérault-coteaux-de-laurens)

Sur neuf communes du département de l'Hérault, dans la région des riches coteaux-du-languedoc, ces vins de pays peuvent aussi être des vins de cépage. Par exemple un chardonnay qui donne un vin blanc sec, ou un assemblage chardonnay, pinot-viognier…

Rouges, blancs et rosés sont à boire jeunes.

Coteaux-de-miramont (IGP aude-coteaux-de-miramont)

Ce vin de pays peut aussi être un vin de cépage. Il est produit sur neuf communes de l'Aude.

(Voir aude)

Coteaux-de-montélimar (IGP drôme coteaux-de-montélimar)

Dans le département de la Drôme, et plus précisément sur trois cantons aux alentours de Montélimar, l'appellation produit des vins rouges et rosés à base de grenache, syrah, cinsaut, cabernet-sauvignon, merlot, gamay, pinot-noir, carignan et marselan… ainsi que des vins blancs à partir de grenache-blanc, clairette-blanche, viognier, chardonnay, marsanne, muscat-à-petits-grains, roussanne et sauvignon. Eux aussi peuvent produire des vins de cépage (syrah, cabernet-sauvignon, merlot, entre autres).

(Voir Drôme)

Prix : moins de 5 euros

Coteaux-de-murviel (IGP pays de l'hérault-coteaux-de-murviel)

Quasiment au bord de l'Orb, ce vin de pays rouge, rosé ou blanc est élevé sur dix communes de l'Hérault. Cette appellation propose également des vins de cépage, entre autres merlot ou cabernet-sauvignon.

Un vin agréablement rond, avec une petite pointe d'acidité bienvenue. Bonheur suprême : il n'est pas trop alcoolisé, ce qui est, non seulement agréable mais dénote aussi un vrai savoir-faire.

À noter que certaines cuvées de grande qualité de ce vin de pays sont proposées à des prix excédant largement les 5, et même les 8 euros, mais on en trouve également, par bonheur, à moins de 5 euros.

(Voir IGP pays de l'hérault)

Coteaux-de-narbonne (IGP coteaux-de-narbonne)

Dans l'Aude, près de la bonne ville de Narbonne bien encadrée par les vignes, rouges, rosés et blancs de l'appellation sont issus d'assemblages classiques de la région, ou parfois se présentent comme un vin de cépage (syrah, notamment).

Les rouges sont les plus intéressants, surtout sur les viandes, et peuvent se bonifier pendant quelques années.

Prix : moins de 5 euros ou de 5 à 8 euros

Coteaux-de-peyriac (IGP)

Sur une vingtaine de communes du département de l'Aude et deux du département de l'Hérault, cette appellation produit du rouge, du blanc et du rosé. Elle peut être suivie de l'unité géographique « Hauts de Badens ». Issus d'un assemblage pour la plupart, les rouges sont aussi parfois des vins de cépage.

Ces vins sont ronds et souples, destinés à être bus jeunes. Cette appellation se distingue aussi par des prix raisonnés – et raisonnables.

Prix : de 3 à 6 euros

Coteaux-de-saint-christol

(Voir saint-christol)

Coteaux-de-saumur

L'AOP coteaux-de-saumur est élaborée sur environ 30 hectares à partir de cépage chenin blanc récolté à la main et à surmaturité, ce qui donne un blanc moelleux, exquis et parfumé comme un miel sauvage. C'est un vin dont les meilleures bouteilles se suffisent à elles-mêmes ou sont à confier aux meilleurs cordons-bleus – qui l'apprécient particulièrement.

> Les meilleurs crus portent la mention tête de cuvée et sont inoubliables.

À boire jusqu'à vingt ans et plus, avec :
Apéritif. Canapés. Seul. Ris de veau. Foie gras. Desserts. Pâtisseries.
Servir entre 8 et 10 °C.

Prix : 10 à 20 euros
Millésimes : 2005, 2008, 2009, 2010, 2011…

Coteaux-de-tannay (IGP)

Ce vin de pays est issu du département de la Nièvre, plus exactement des cantons de Tannay, de Clamecy et de Brinon-sur-Beuvron. Les blancs de melon et chardonnay voisinent avec les rouges et rosés de pinot noir et gamay. Les vins de cépage doivent en porter le nom sur l'étiquette.

Le blanc excelle sur les poissons de rivière de la région. Notamment le blanc de chardonnay pur. Sans démériter, rouge et rosé sont plus « ordinaires » – sauf exception.

Prix : autour de 5 euros

Coteaux-des-baronnies (IGP)

Ces vins rouges, rosés et blancs de la Drôme provençale, fortement marqués par la proximité du Rhône, sont issus d'assemblages très variés entre une vingtaine de cépages. Les rouges dominent. Ils sont à base de grenache noir, cabernet sauvignon, merlot, syrah et gamay. L'appellation produit aussi des vins de cépage, entre autres un chardonnay (blanc) ou un merlot et un syrah (rouges).

Prix : autour de 3 euros

Coteaux-du-cher-et-de-l'arnon (IGP)

Une quasi-rareté : à côté du rouge, du rosé et du blanc, grands classiques de la plupart des appellations, celle-ci produit un bon petit vin gris, sur les communes de Brinay, Cerbois, Chéry, Lazenay, Limeux, Lury-sur-Arnon, Preuilly et Quincy dans le département du Cher et à Diou et Reuilly dans l'Indre. Ce sont des vins de Loire typiques, jouant le registre de la fraîcheur. Parmi les communes ci-dessus, Quincy ou Reuilly sont bien connues pour leurs excellents blancs AOP, si parfumés… Ils existent aussi en vins de cépage (sauvignon pour le blanc, pinot noir pour le rouge léger).

Coteaux-du-giennois

À une soixantaine de kilomètres au sud-est d'Orléans, les 150 hectares de coteaux-du-giennois produisent des vins en AOP. Ces vins étaient connus bien avant le XXe siècle par de nombreux amateurs – au sens le plus vrai du terme.

> L'appellation coteaux-du-giennois est voisine des aires d'appellations du sancerre et du pouilly-fumé. Le blanc est à goûter en priorité, quand on a la chance d'en trouver.

Le **rouge** équilibre savamment gamay et pinot noir selon un dosage qui varie d'un vigneron à l'autre, ce qui donne pourtant un vin franc, direct, plaisant en bouche, souple, parfumé… mais subtilement différent d'un coteau à un autre. Le blanc est à base de sauvignon.

À boire jeune ou jusqu'à cinq ans, avec :

Abats. Viandes rouges en sauce. Pot-au-feu. Grillades. Barbecue. Cuisine chinoise. Cuisine vietnamienne. Fondue savoyarde. Fromages à pâte cuite. Fromages de chèvre. Saint-nectaire.
Servir entre 15 et 16 °C.

Le **blanc** à base de sauvignon, d'un style léger et fruité, fait preuve d'élégance.

À boire jeune, avec :

Poissons. Charcuterie. Tartes salées. Fruits de mer. Volailles. Légumes.
Servir entre 8 et 10 °C.

Le **rosé**, rond et vif, est à boire jeune, avec :

Brochettes. Grillades. Barbecue. Charcuterie. Cuisine chinoise. Cuisine japonaise. Cuisine vietnamienne. Pizzas.
Servir entre 8 et 10 °C.

Prix : 5 à 12 euros

Coteaux-du-grésivaudan (IGP isère-coteaux-du-grésivaudan)

À cheval sur les départements de l'Isère et de la Savoie, cette zone géographique restreinte rattachée à l'IGP isère produit du rouge, du rosé et du blanc dans la région du Grenoblois, à partir de cépages classiques (gamay, pinot, chardonnay) ou d'autres plus originaux comme la jacquère qui donne un banc perlant, le persan, qui donne un rouge apte à vieillir ou la verdesse (blanc). Ils donnent naissance aussi à des vins de cépage, à l'intérieur de l'appellation vin de pays.

Coteaux-du-languedoc

(Voir languedoc)

Coteaux-du-layon

L'AOP coteaux-du-layon est issue de chenin blanc récolté à la main, à surmaturité. Cela donne un vin moelleux ou liquoreux les plus grandes années. Les plus grands, issus de vieilles vignes bien abritées des vents, sont des vins tendres et onctueux, dont la couleur dorée se nuance de reflets

> Excellents vins de garde à réserver aux grandes occasions. Les grands millésimes passent les quarante ans en se bonifiant et restent accessibles à un prix raisonnable, surtout par rapport aux rares vins qui leur sont comparables, notamment en Bordelais où l'on en trouve certes de magnifiques, mais à des prix beaucoup plus élevés.

verts et la saveur évoque le miel, l'abricot sec, les fruits exotiques, la bergamote avec une touche de menthol… Les bons coteaux-du-layon (mais y en a-t-il d'autres ?) savent être onctueux sans sombrer dans la mièvrerie. Certaines cuvées portent la mention « Sélection de grains nobles ». L'appellation, suivie ou non d'un nom de cru ou de commune, couvre moins de 2000 hectares.

À boire de quatre à vingt ans et plus, avec :

Foie gras. Poisson (vin jeune). Desserts. Gâteau au chocolat. Tarte aux fruits jaunes. Crumble. Sorbet aux fruits. Fromages bleus.

Servir entre 7 et 8 °C ou entre 11 et 13 °C, selon le millésime.

Prix : 10 à 20 euros (millésimes récents)
Millésimes : 2005, 2008, 2009, 2010, 2011…

Coteaux-du-libron (IGP)

Du fait de sa proximité avec Béziers, cette IGP a le droit de mentionner le terme coteaux-de-béziers sur les étiquettes depuis quelques années. Le vin existe en rouge, rosé et blanc issus d'assemblages ou d'un seul (vin de cépage).

Parmi ces derniers, le sauvignon et une belle réussite, de même que le chardonnay, léger et aromatique, tous deux en blanc.

L'assemblage syrah, merlot, grenache, carignan, cabernet-sauvignon, donne, entre autres, un beau rouge coloré et puissant, pour accompagner viandes et gibiers…

Prix : autour de 5 euros

Coteaux-du-littoral-audois

(Voir la-côte-rêvée)

Coteaux-du-loir

Au nord de Tours, sur des pentes dominant le Loir, l'AOP coteaux-du-loir produit, sur environ 70 hectares, du blanc sec à base de chenin, ainsi que du rouge et du rosé (gris), à partir de pineau-d'aunis (chenin-noir), seul ou associé aux cabernet-franc, gamay, côt ou grolleau. Le blanc se révèle de bonne garde et se bonifie au bout de quelques années. Le rouge (très clair) et le rosé s'expriment plus jeunes avec des notes épicées lorsqu'ils sont issus de pineau-d'aunis.

> Le blanc, toujours élégant et parfumé, est également (mais rarement) vinifié en pétillant et en doux. L'excellence s'appelle ici jasnières : la grande classe en coteaux-du-loir.

Blancs à boire jusqu'à dix ans pour les meilleurs millésimes, avec :
Poissons d'eau douce. Brochet. Sandre. Terrines de poisson. Saumon. Porc cuisiné. Boudin blanc. Quenelles.
Servir entre 8 et 10 °C.

Rouge et **rosé** à boire jeunes, avec :
Charcuterie. Grillades. Barbecue. Volailles. Rôtis. Fromages frais. Pizzas. Cuisine asiatique. Cuisine végétarienne.
Servir le rouge autour de 14 °C, le rosé entre 8 et 10 °C.

Prix : 8 à 15 euros

Coteaux-du-lyonnais

Entre beaujolais et côtes-du-rhône, les coteaux-du-lyonnais produisent sur environ 350 hectares du rouge, du rosé et un peu de blanc, en AOC. De bons petits crus pleins d'authenticité, qui semblent faits tout exprès pour accompagner les mâchons lyonnais.

> Le coteaux-du-lyonnais est encore bien souvent le vin préféré des bouchons lyonnais : un (bon) signe qui ne trompe pas !

Le **blanc**, à base de chardonnay et d'aligoté, est d'un équilibre entre rondeur et fraîcheur très plaisant.

À boire jusqu'à deux ans, avec :

Poisson. Soupe de poissons. Salades. Charcuteries. Fromages de chèvre.

Servir entre 8 et 10 °C.

Rouge et **rosé**, à base de gamay, sont à boire jusqu'à deux ou trois ans (rouge), ou jeune (rosé), avec :

Charcuterie (rosé). Charcuterie cuite. Volailles. Pot-au-feu. Viandes rouges en sauce. Viandes rouges grillées. Pizzas.

Servir le rouge entre 13 et 14 °C, le rosé entre 10 et 12 °C.

Prix : autour de 6 euros

Coteaux-du-pont-du-gard (IGP)

Dans le département du Gard, et non loin du Pont du même nom (sous lequel coule… le Gardon), ce vin de pays s'épanouit sur de nombreuses communes du Gard, dont Argilliers, Bezouce, Cabrières, Castillon-du-Gard, Collias, Estézargues, Fournès, Lédenon, Marguerittes, Meynes, Poulx, Remoulins, Rodilhan, Saint-Bonnet-du-Gard, Saint-Gervasy, Saint-Hilaire-d'Ozilhan, Sernhac, Valliguières et Vers-Pont-du-Gard.

Il existe en blanc, rouge et rosé. Notons un rouge bien équilibré, à base de grenache, syrah, merlot et cabernet-sauvignon… à parts égales, qui peut vieillir quatre à cinq ans; ou un rosé de grenache, merlot et syrah. Ce rouge est parfait pour accompagner salades et grillades de l'été. Le rosé est à boire plus jeune, avec les mêmes mets.

Coteaux-du-quercy

Entre Montauban et Cahors, cette AOP produit, sur environ 250 hectares, un rouge de garde à base de cabernet franc dominant accompagné de côt, gamay, tannat, merlot… et un rosé à boire jeune et frais.

Rouge à boire jusqu'à dix ans, avec :
Rôtis. Confits. Cassoulet. Volailles farcies. Agneau.
Servir autour de 16 °C.

Rosé à boire jeune avec :
Charcuterie. Grillades. Crudités. Poisson. Salades.
Servir entre 8 et 10 °C.

Prix : autour de 7 euros (et plus pour les meilleurs rouges)

Coteaux-du-salagou (IGP pays de l'hérault coteaux-du-salagou)

Sur vingt-sept communes de l'Hérault, le rouge, le rosé et le blanc peuvent être issus d'assemblages ou d'un seul cépage (vin de cépage). Ces vins sont rattachés à l'IGP pays d'hérault. Les assemblages sont plus intéressants que les vins monocépages.

Prix : 5 à 8 euros

Coteaux-du-vendômois

L'AOP coteaux-du-vendômois vinifie, sur près de 150 hectares du Loir-et-Cher, en majorité un gris (rosé), sec, fruité, caractérisé par une teinte mordorée très légère et un bouquet de parfums légèrement poivré qui lui vient du cépage pineau d'aunis. La production de blanc, à partir de chenin-blanc, donne un vin de bonne garde. Les rouges, très minoritaires mais de bonne garde aussi, mêlent pineau d'aunis, pinot noir, gamay et cabernet franc.

> Le vin idéal : il faut garder le blanc et le rouge pendant quelques années pour découvrir leur vraie richesse, mais par bonheur on peut boire le gris sans attendre, ce qui permet de patienter dans la bonne humeur !

À boire jeune (gris), ou de deux à huit-dix ans (blanc et rouge), avec :

Viandes blanches. Poissons d'eau douce (blanc). Friture. Fruits de mer. Crustacés. Charcuterie. Pizzas. Terrines. Cuisine asiatique (gris). Légumes (gris).

Servir entre 8 et 10 °C (blanc et gris) ou autour de 15-16 °C (rouge).

Prix : de 5 à 12 euros

Coteaux-du-verdon (IGP var coteaux-du-verdon)

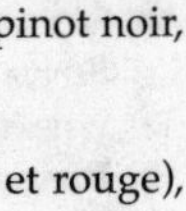

Sur vingt-six communes du département du Var, des rouge, rosé et blanc issus d'assemblages classiques pour la région, mais qui peuvent être aussi des vins de cépage (pinot noir en rouge par exemple). Ils sont rattachés à l'IGP Var depuis 2009.

(Voir Var)

Coteaux-et-terrasses-de-montauban (IGP comté-tolosan coteaux-et-terrasses-de-montauban)

Ce vin de pays a été rattaché à l'IGP comté-tolosan. Il correspond à des vins produits sur quatre cantons du Tarn-et-Garonne.

(Voir Comté-tolosan)

Coteaux-flaviens

(Voir Coteaux-du-pont-du-gard)

Ces vins rattachés à l'IGP coteaux-du-pont-du-gard sont issus de vignes plantées sur neuf communes du département du Gard : Beauvoisin, Bouillargues, Générac, Jonquières, Manduel, Redessan, Saint-Gilles, Bernis, Vestric et Vauvert. Ils offrent les principales caractéristiques de force et de générosité, mais aussi parfois de finesse, des vins du Languedoc-Roussillon. Avec une mention, entre autres, pour les rouges issus de syrah, grenache et carignan. D'autres jolies réussites intègrent aussi merlot et marselan…

Des vins de petits et grands repas, qui savent aussi bien accompagner les salades estivales que le pot-au-feu plus hivernal.

Prix : 3 à 5 euros

Coteaux-varois Coteaux-varois-en-provence

L'AOP des coteaux-varois, qui couvre environ 2500 hectares, est relativement récente. Elle produit essentiellement du rosé (90 %), à partir de cinsault, grenache, mourvèdre, syrah, carignan, cabernet-sauvignon, tibouren… Une petite minorité de rouge fait appel aux mêmes cépages. Une minorité encore plus petite de blanc fait appel aux cépages grenache, clairette, sémillon ou rolle (vermentino).

> Comme assez souvent en Provence, les rosés sont les plus connus de l'appellation, mais les rouges méritent attention… et sont plus durables. Encore plus rares, les blancs sont aussi séduisants.

Rosé et **blanc** à boire jeunes, avec :

Charcuterie. Soupe de poissons. Bourride. Poisson. Fritures. Choucroute. Cuisine chinoise. Cuisine japonaise. Cuisine vietnamienne. Pizzas. Pâtes italiennes. Paella. Légumes farcis. Fromages frais.

Servir entre 8 et 10 °C.

Rouge à boire jusqu'à cinq ans, avec :

Volailles. Viandes rouges grillées. Viandes blanches en sauce. Couscous. Chili con carne.

Servir autour de 15 °C.

Prix : 10 à 25 euros

Côtes-catalanes (IGP)

Les vignes de l'appellation sont plantées dans le département des Pyrénées-Orientales, à l'exception de quatre communes (Collioure, Port-Vendres, Banyuls-sur-Mer et Cerbère), qui sont dévolues au vin de pays de la côte vermeille. Les vins sont rouges, rosés et blancs. Les rouges dominent et sont issus des cépages grenache, carignan, merlot, cabernet-sauvignon. Ce sont des vins très représentatifs de leur terroir, avec notamment une grande puissance aromatique et un pourcentage d'alcool important. Les amateurs de vins originaux rechercheront les vins portant la mention rancio. Leur élevage très spécifique leur donne des notes de fruits secs, tabac, raisins secs, café… très typées et très plaisantes au goût.

Prix : autour de 8 à 10 euros

Côtes-d'auvergne

« Où est Claquin, le bon Breton ?
Où le comte Dauphin d'Auvergne,
Et le bon feu duc d'Alençon ?
Mais où est le preux Charlemagne ? »

François Villon (1431-1463),
Ballade des Seigneurs du temps jadis

Une appellation sur mesure pour accompagner sans façon la chaleureuse et roborative hospitalité auvergnate.

L'assemblage des mots vin et Auvergne a beau sembler improbable, on cultive pourtant la vigne près de Clermont-Ferrand depuis deux millénaires ! Ces petites parcelles de vignes perchées entre 350 et 550 mètres d'altitude donnent, sur près de 400 hectares, de jolis rouges de gamay et pinot noir, souples mais bien en chair, ainsi que des rosés et des blancs de chardonnay. Les meilleurs appartiennent à cinq crus : Boudes réputé pour ses rouges puissants issus de vignes en terrasses ;

Corent pour ses rosés ronds et minéraux ; Chanturgue (devenu un quartier de Clermont-Ferrand) qui ne produit que des rouges aux tanins doux ; Châteaugay pour ses rouges fruités et frais ; et les vins fruités, structurés et fins de Madargue.

Blanc et **rosé** à boire jeunes, avec :
🍽 Grillades. Barbecue. Pizzas. Crudités. Charcuterie. Poisson. Crustacés.
Servir entre 8 et 10 °C.

Rouge à boire jusqu'à trois ans, avec :
🍽 Potée. Potée auvergnate. Coq au vin. Tajines. Viandes rouges en sauce. Viandes grillées. Cuisine asiatique. Cuisine indienne. Grand gibier. Saint-nectaire. Fromages bleus.
Servir autour de 15 °C.

Prix : moins de 5 euros à 12 euros

Côte-de-beaune-villages

Cette AOP du vignoble de la côte de Beaune est produite sur 12 communes de la Côte-d'Or et 4 communes de Saône-et-Loire. Les vins sont uniquement des rouges issus de pinot noir. Ils ne manquent pas de charme et donnent de l'intérêt à un simple steak ou rôti de porc. Ils endossent assez bien le rôle du vin pour accompagner les fromages tels que les maroilles, munster, langres, saint-marcellin, reblochon, brie ou tomme.
Souvent les vignerons préfèrent utiliser le nom de l'appellation communale (par exemple ladoix-serrigny plutôt que ladoix-serrigny-côte-de-beaune ou côte-de-beaune-villages qui seraient aussi possibles).
Servir entre 14 °C et 16° C

Côtes-de-bergerac

L'AOP côtes-de-bergerac couvre environ 1 400 hectares. Elle produit du blanc moelleux (moins de 54 g de sucre par litre). Ces vins moelleux sont séduisants grâce à leur relative légèreté comparés au célèbre liquoreux de la région. Ils sont issus principalement de muscadelle, sémillon et sauvignon avec parfois de l'ugni blanc, du chenin et de l'ondenc. Le rouge est issu de merlot, cabernet-sauvignon, cabernet-franc, fer et malbec.

> Le côtes-de-bergerac rouge représente une sorte d'élite par rapport au bergerac rouge. Il est donc plus cher. Il s'astreint à des règles de production plus exigeantes. Le moelleux est en revanche bon marché.

Blanc moelleux à boire entre deux et dix ans, avec :

🍽 Apéritif. Canapés. Toasts. Sucré-salé. Fromages. Desserts.

Servir entre 7 et 12 °C, selon l'âge, le millésime et la nature du vin (les plus moelleux étant servis un peu moins frais).

Rouge à boire jusqu'à huit ou dix ans pour les bons millésimes, avec :

🍽 Viandes rouges grillées. Volailles au four.

Servir autour de 16 °C.

Prix : 5 à 25 euros

Côtes-de-blaye

(Voir Blaye)

Côtes-de-bordeaux

Cette AOP regroupe les vignes de quatre terroirs : Blaye, Francs, Cadillac et Castillon. Ils sont situés le long de la Dordogne ou de la Garonne. Leur cépage principal est le merlot.

> Comme beaucoup de bordeaux les côtes-de-bordeaux rouges gagnent à être mis en carafe une à deux heures avant le service.

Les vins peuvent être issus d'un seul terroir ou d'un assemblage de vins issus de ces terroirs.

Au nord de Bordeaux, sur la rive droite de la Gironde, le blaye-côtes-de-bordeaux (AOP) rappelle les blayes, dont il possède la plupart des qualités. À boire comme les blayes, peut-être un peu plus jeunes, avec les mêmes mets…

(Voir Blaye-côtes-de-bordeaux, Castillon-côtes-de-bordeaux, Cadillac-côtes-de-bordeaux, Francs-côtes-de-bordeaux).

Côtes-de-bordeaux-saint-macaire

Le petit vignoble d'une centaine d'hectares de l'AOP côtes-de-bordeaux-saint-macaire, situé autour de La Réole, ne produit que du blanc mais de deux sortes : du blanc sec et du blanc liquoreux. Le blanc sec est très aromatique, agréable, rafraîchissant, et bien charpenté, à base de sémillon et sauvignon.

> Ce petit vignoble niché au cœur d'une grande région, mérite non seulement le détour, mais une petite visite… avec un grand cabas !

À boire jusqu'à trois ou quatre ans, avec :

Poisson. Fruits de mer. Crustacés.

Servir autour de 8 °C.

Le **blanc** liquoreux, d'une jolie couleur dorée, est à base de sémillon additionné d'un peu de muscadelle. Il est très onctueux.

À boire jusqu'à six ans, avec :

Apéritif. Canapés. Desserts aux fruits. Desserts aux amandes. Fromages bleus. Fromages de chèvre secs.

Servir à 7 ou 8 °C.

Prix : 5 à 12 euros

Côtes-de-bourg

Cette AOP s'étend sur 15 communes, sur la rive droite de la Dordogne et de la Garonne, à 35 km au nord de Bordeaux. Issu de 4000 hectares de vignes de merlot, cabernet-sauvignon, malbec et cabernet-franc, le rouge est ultra majoritaire. Seulement 25 hectares sont plantés de cépages blancs. C'est l'appellation bordelaise qui donne le plus d'importance au malbec. Il représente 10% des surfaces. Le climat et le cépage merlot dominant contribuent à faire des vins ronds. Son paysage de coteaux lui vaut l'appellation de «petite Suisse girondine».

À boire jusqu'à dix ans, parfois plus, avec :

Grillades. Barbecue. Cuisine pimentée. Cuisine à la moutarde. Cuisine chinoise. Cuisine japonaise. Brochettes. Abats. Épaule de mouton. Pot-au-feu.

Servir autour de 16 °C.

Côtes-de-castillon

(Voir Castillon-côtes-de-bordeaux)

Côtes-de-duras

Entre les vignobles de Bergerac et ceux de l'Entre-Deux-Mers, autant dire entre deux mondes, l'AOP côtes-de-duras produit un rouge, un rosé et un blanc, sur près de 1 500 hectares.

Contrairement à ce que son nom pourrait laisser croire, il ne comprend pas de duras, l'un des cépages typiques du gaillac, autre sympathique appellation du Sud-Ouest.

Le rouge, majoritaire, fait appel aux cépages cabernet-sauvignon, cabernet-franc, malbec, merlot… et le blanc au sauvignon, muscadelle, sémillon, ondenc, chenin, mauzac et ugni blanc.

Les blancs, secs ou moelleux, sont plutôt vivaces, avec de la finesse et un élégant bouquet de parfums.

Blanc et **rosé** à boire jusqu'à deux ou trois ans, (cinq pour le moelleux), avec :

Apéritif. Canapés. Poisson. Charcuterie. Viandes blanches. Fruits de mer. Cuisine exotique. Pizzas (rosé). Grillades (rosé). Salades composées. Tartes aux fruits. Tartes aux fruits jaunes (moelleux). Desserts (moelleux).
Servir entre 6 et 8 °C.

Le **rouge** fruité, agréable, est à boire jusqu'à trois ans (mais certaines cuvées élevées en barriques sont plus concentrées et plus aptes à la garde), avec :

Champignons. Poule au pot. Viandes rouges en sauce. Viandes rouges grillées. Viandes blanches en sauce. Rôtis.
Servir entre 14 et 16 °C.

Prix : moins de 5 euros à 15 euros

Côtes-de-gascogne (IGP côtes-de-gascogne)

L'aire de cette appellation est plutôt vaste. Elle correspond à la zone de production de l'armagnac. Elle s'étend entre les Landes, le Gers et le Lot-et-Garonne. Si l'armagnac reste une production assez confidentielle, l'IGP côtes-de-gascogne connaît un succès phénoménal. Le blanc représente 85 % de la production. Il fait du Gers le département français le plus producteur de vin blanc en IGP. L'IGP côtes-de-gascogne blanc est le vin blanc français le plus exporté dans le monde ! Ce blanc paraît léger de prime abord, mais il cache une forte personnalité et des arômes puissants. Il est fait à partir de cépages locaux comme le colombard, l'ugni-blanc, le gros-manseng, le petit-manseng associés aux très répandus chardonnay et sauvignon. Les vins rouges et rosés sont à base de tannat, merlot, cabernet-franc et cabernet sauvignon.

Le domaine Tariquet est l'un des premiers à s'être lancé dans la production de vins blancs aromatiques et vifs, immédiatement séduisants, vendus à prix très doux, pouvant se boire dès l'apéritif et sur une variété de mets. Il est devenu si connu que certains pensent que le tariquet est une appellation ! La coopérative Plaimont, avec son vin baptisé Colombelle remporte aussi un énorme succès à l'international et en France. D'autres domaines concilient aussi gros volumes et qualité.

Les blancs sont secs ou moelleux. La plupart gagnent à être bus dans l'année. Le blanc moelleux laisse toujours une sensation de fraîcheur. Il se boit jeune, avec :

Apéritif. Sucré-salé. Stilton ou autres fromages bleus. Desserts aux fruits.
Servir entre 8 ° et 10 °C.

Le blanc sec se boit avec :

Poisson et coquillages à la plancha. Crustacés. Poisson cru. Cuisine thaï. Tajines au citron confit. Légumes. Viandes blanches. Volailles. Charcuteries. Fromage de brebis.
Servir entre 8° et 10 °C.

Prix : de moins de 5 euros à 12 euros et plus

Côtes-de-la-malepère

D'abord connue jusqu'en 2007 sous l'appellation VDQS côtes-de-la-malepère, cette appellation du languedoc, voisine de Carcassonne, est devenue AOP malepère.

(Voir Malepère)

Côtes-de-lastours

(Voir aude)

Cette zone géographique située au nord de Carcassonne peut être revendiquée par les vins IGP aude issus de 17 communes. Les vins tirent leur personnalité d'une maturité lente des raisins permise par l'emplacement du vignoble, en piémont de la montagne Noire. Ils sont produits en rouge, rosé et blanc.

Prix : 3 à 5 euros

Côtes-de-meuse (IGP)

Dans la Meuse, 15 communes produisent ce vin de pays, qui passe peu les frontières régionales faute de volume (il n'y a qu'une quarantaine d'hectares). Le rouge est élaboré à partir de pinot noir et gamay, le rosé ou gris à partir de pinot noir, gamay, auxerrois, chardonnay, pinots blanc et gris… et le blanc à partir d'auxerrois, chardonnay, pinot blanc et pinot gris. Il existe aussi en vin de cépage, notamment

Côtes-de-montravel

Produite dans la partie ouest du vignoble de Bergerac, en Dordogne, cette AOP est exclusivement un blanc moelleux. À ne pas confondre avec le haut-montravel qui est liquoreux et le montravel sec. Tous ces vins sont produits sur la même zone, à deux pas du vignoble bordelais. Petite production, le côtes-de-montravel charme par son équilibre entre douceur et vivacité.

À boire jeune, avec :
Apéritif. Sucré-salé. Desserts aux fruits. Crème brûlée. Desserts aux amandes. Fromages forts (pâtes persillées, manchego).
Servir entre 8° et 10 °C.

Prix : autour de 6 euros

Côtes-de-pérignan

(Voir coteaux-de-narbonne)

Le vin de pays des côtes de pérignan a été inclu dans l'IGP coteaux-de-narbonne lors de la refonte du système des appellations français en 2009-2010.

Côtes-de-prouilhe (IGP aude côtes-de-prouilhe)

À l'ouest du département de l'Aude, cette zone géographique produit des vins ayant leur propre personnalité au sein de l'IGP aude. Elle produit essentiellement des vins blancs aussi aromatiques et vifs que sympathiques, à base de chardonnay ou de grenache blanc. Les rouges sont à base de merlot et de cabernet sauvignon utilisés en monocépages ou associés à des cépages comme le portan ou le marselan.

Côtes-de-provence

> Parmi les rosés de l'appellation côtes-de-provence les plus fins viennent des vignes du littoral, et les plus corsés des vignobles perchés sur les hauteurs.

Cette AOP de 20 000 hectares, qui s'étend sur les Bouches-du-Rhône, le Var et une petite partie des Alpes-Maritimes, est surtout connue pour son rosé sec et fruité. Son succès est tel qu'il totalise près de 90 % de la production. C'est un véritable synonyme de vacances, encore accentué par sa jolie couleur engageante. Mais les côtes-de-provence produisent également un vin rouge aussi généreux que parfumé, et un blanc, sec aussi, intéressant, corsé - mais rare. Des vins de caractère et de tempérament, à base d'assemblages de cépages très variés dont les principaux sont grenache, cinsault, mourvèdre, syrah, tibouren, carignan, cabernet-sauvignon, sémillon, clairette, rolle (ou vermentino), ugni blanc, bourboulenc blanc (ou doillon).

Rosé à boire jeune, avec :

🍽 Poisson. Soupe de poissons. Bouillabaisse. Coquillages crus. Fritures. Poissons grillés. Poissons en sauce. Grillades. Barbecue. Brochettes. Charcuterie cuite. Volailles. Cuisine méditerranéenne. Salades. Cuisine chinoise. Cuisine indienne. Cuisine vietnamienne. Pizzas. Sushis. Fromages de chèvre.
Servir entre 8 et 10 °C.

Rouge à boire jusqu'à dix ans, avec :

🍽 Abats. Agneau. Daubes. Viandes blanches. Civets. Volailles. Chili con carne. Petit gibier. Grand Gibier. Fromages à pâte cuite. Tian de légumes. Gratin d'aubergines.
Servir autour de 16 °C.

Blanc à boire sur quatre à six ans, avec :

🍽 Poisson. Soupe de poissons. Bouillabaisse. Coquillages crus. Fritures. Poissons grillés. Poissons crus. Tajines ou couscous de poisson. Cuisine thaï. Viandes blanches. Fromages de chèvre. Parmesan.

Prix : 5 à 25 euros

Côtes-de-provence-sainte-victoire
Côtes-de-provence-fréjus
Côtes-de-provence-la-londe
Côtes-de-provence-pierrefeu

À l'intérieur des côtes-de-provence, ces appellations affichent de petites différences nées de leur climat et de leur histoire. Elles ne produisent que des rosés et des rouges. Le vignoble des côtes-de-provence-sainte-victoire est situé à l'Est d'Aix-en-Provence, au pied de la montagne Sainte-Victoire. Il jouit d'une excellente image car la forte présence du mistral protège les vignes des parasites et limite l'emploi des produits phytosanitaires. Les vins ont un supplément de puissance et d'élégance.

Côtes-de-provence-fréjus ne vinifie qu'en rouge et rosé, comme la précédente, avec obligation d'élevage de six mois minimum en fûts de chêne pour les rouges. Ses vins ont du gras, de la rondeur.

Côtes-de-provence-la-londe produit des rosés et des rouges très bien équilibrés entre maturité et fraîcheur. Ils bénéficient d'un climat méditerranéen très marqué, avec peu de pluie, beaucoup de soleil et l'action bénéfique des brises marines pour rafraîchir le raisin.

Côtes-de-provence-pierrefeu allie influence méditerranéenne et continentale et livre des vins puissants, reflets d'un fort ensoleillement.

Côtes-de-thau (IGP)

L'IGP côtes-de-thau est produite sur six communes du département de l'Hérault en bordure nord de l'étang de Thau, dans un paysage original. Le blanc fait la part belle au terret blanc, un cépage local qui donne un vin sec parfumé, légèrement âpre. Elles produisent du rouge, du rosé et du blanc, en assemblages ou en vins de cépage.

Pour les amateurs, c'est le compagnon idéal (et peu onéreux) des huîtres de Bouzigues. Chardonnay, viognier et sauvignon sont aussi prisés pour leur capacité à faire des vins aromatiques. Les blancs sont très majoritaires dans cette appellation.

Prix : autour de 3 ou 4 euros (parfois plus, quand le rendement à l'hectare est volontairement réduit).

Côtes-de-thongue (IGP)

Ces vins de pays sont produits dans l'Hérault, sur 23 villages situés entre Faugères, Pézenas et Béziers. Ces vins, comme les précédents, figurent régulièrement au palmarès des concours. Les rouges comme les rosés et les blancs affichent leur caractère méditerranéen.

Prix : de moins de 3 euros à 5 ou 6 euros

Côtes-de-toul

> Pas facile d'être le voisin des alsaces ! Ces côtes-de-toul ont très habilement choisi de se démarquer, avec ces vins sans prétention mais agréables et capables de soutenir sans faille la bonne cuisine lorraine.

Au bord de la Moselle, à l'ouest de Toul, cette AOP couvre une centaine d'hectares où elle produit du gris, du blanc et du rouge, à partir de gamay (très majoritaire), de pinot noir et d'auxerrois et de quelques cépages régionaux comme le meunier. Ce vignoble sort d'une période de léthargie et replante des vignes. Le gris, sec et fruité, est la star de l'appellation. Il se distingue d'un rosé plus classique par sa teinte très claire, presque pâle. Il est aromatique, frais et léger. Le blanc permet de goûter au charme du cépage auxerrois. Il est du même style léger et vif que le gris avec des notes d'agrumes. Le rouge livre une version finement tannique et corsée du pinot noir.

Blanc et **gris** à boire jeunes, avec :
Quiches. Tartes salées. Poissons au four ou court-bouillon. Terrines de poisson. Crudités, salades. Pizzas. Charcuterie.
Servir autour de 8 °C (un peu plus pour le blanc).

Rouge à boire jusqu'à quatre ans, avec :
Potée. Petit-salé aux lentilles. Tajines. Viandes blanches en sauce. Petits ragoûts. Cuisine épicée. Viandes rouges. Fromages type livarot, époisses.
Servir à 14-15 °C.

Prix : moins de 5 euros à 10 euros

Côtes-du-brian (IGP pays de l'hérault-côtes-du-brian)

Les vignes de cette zone géographique rattachée à l'IGP pays d'hérault s'étalent sur les communes de : Agel, Aigne, Aigues-Vives, Azillanet, Beaufort, La Caunette Cesseras Minerve, Montoaliers, Olonza, Oupia, Saint-Jean-de-Minervois et Siran. Elles produisent du rouge et du rosé de cinsault, merlot, syrah, grenache, carignan, etc., en assemblage ou en vin de cépage.

Des vins savoureux, souvent très (trop ?) alcoolisés, soleil oblige !

Prix : autour de 5 euros, parfois plus

Côtes-du-cabardès-et-de-l'orbiel

(Voir cabardès)

Côtes-du-ceressou (IGP pays de l'hérault-côtes-du-ceressou)

Cette zone géographique de sept communes (Adissan, Aspiran, Fontès, Neffiès, Nizas, Paulhan et Péret) est rattachée à l'IGP pays de l'hérault. Elle nous offre des blancs, des rouges et des rosés à partir de cépages typiques de la région : carignan, syrah, mourvèdre, grenache, alicante, cabernet, merlot… Des vins qui ont surtout l'ambition d'offrir des petits plaisirs à petits prix.

Prix : autour de 4 ou 5 euros

Côtes-du-condomois

(Voir côtes de gascogne)

Cette zone viticole s'étend sur l'aire de production de l'armagnac. Elle produit des rouges et des rosés sympathiques, calibrés pour les repas de copains.

Côtes-du-forez

De près de 400 à 600 mètres d'altitude, le cépage gamay noir à jus blanc donne un vin rouge ou rosé, aussi fruité que plaisant avec des notes épicées très caractéristiques. Il est issu de 160 hectares de jolis coteaux très bien exposés du département de la Loire, protégés par les Monts du Forez. Une appellation à (re)découvrir.

> L'AOC côtes-du-forez est assez récente, ce qui est toujours un gage de qualité.

À boire jeunes et sur quatre ou cinq ans, avec :

Grillades. Barbecue. Andouillette. Charcuterie. Charcuterie chaude (rouge). Crudités. Pizzas. Salade. Wok. Taboulé. Risotto d'épeautre. Cuisine asiatique. Viandes blanches.

Servir autour de 8 °C (rosé) et de 13 °C (rouge).

Prix : moins de 5 euros à 12 euros

Côtes-du-frontonnais

(Voir fronton)

Côtes-du-jura

Les communes bénéficiant de l'AOP s'égrainent du nord au sud du vignoble. Toute la gamme des vins du Jura est représentée : blanc, rosé, rouge, vin jaune, vin de paille, crémants… à partir de cépages chardonnay, savagnin, trousseau, pinot noir, poulsard…

Le **blanc** domine. C'est un bon vin blanc sec, ferme et vigoureux, à personnalité bien marquée. Lorsqu'il est de type « tradition » (c'est-à-dire en partie élevé de façon oxydative), il est plus puissant et long en bouche que les « floraux », d'un style fruité et frais.

À boire jusqu'à deux ou trois ans, avec :

Poisson. Rôtis. Viandes blanches. Poularde, chapon. Fromage à pâte cuite.

Servir entre 10 et 12 °C.

Le **rosé**, fruité mais vigoureux lui aussi, chaud en bouche et corsé, est d'un rose foncé soutenu et dégage un léger parfum minéral.

À boire jusqu'à deux ou trois ans, avec :

Charcuterie. Crudités. Cuisine pimentée (sans excès). Cuisine chinoise. Pizzas.

Servir entre 6 et 8 °C.

Le **rouge** ressemble au rosé par sa robe claire. Il est corsé lui aussi, un peu acide en prime jeunesse comme le blanc, avant de devenir élégant et capiteux.

À boire jusqu'à dix ans (excellents millésimes), avec :

Viandes rouges grillées. Grand gibier. Cuisine indienne. Charcuteries fumées. Pâté en croûte.

Servir entre 14 et 15 °C.

Le vin *de paille* est élaboré à partir de raisins séchés, suspendus ou étalés sur des lattes de bois recouvertes de paille. Il commence par vieillir en fût, puis en bouteille. Le résultat est un vin d'or ambré, au parfum inimitable, chaud en bouche, fin… et vigoureux, comme ses collègues précédents.

À boire de deux ou trois ans jusqu'à trente ans et plus, avec :
Apéritif (frais). Canapés. Desserts (frais). Tartes salées (tempéré). Fromages à pâte cuite (tempéré)
Servir frais, autour de 8 °C, ou tempéré, autour de 11-12 °C.

Le vin *jaune* est obtenu après six ans et trois mois d'élevage uniquement à partir de savagnin. Il a une robe jaune inimitable et une délicate saveur de fruits secs.

À boire jusqu'à trente ans, parfois plus, avec :
Chapon, poularde. Canard à l'orange. Cuisine vietnamienne. Cuisine aigre-douce. Fromages à pâte cuite. Champignons. Plats au safran. Plats au curry.
Servir tempéré, à 15 ou 16 °C.

Millésimes : 1964, 1979, 1985, 1990, 1991, 1994, 1996, 1997, 2000, 2003, 2004, 2009…
Prix : 6 euros à 20 euros (vin jaune : 30 à 50 euros)

Côtes-du-marmandais

Un bon vin à déguster entre amis. À l'intérieur de l'appellation, Beaupuy produit surtout des rouges, alors qu'on trouve toute la gamme à Cocumont.

L'AOP côtes-du-marmandais est un intéressant vignoble de transition de plus de 1 000 hectares situé autour de Marmande, entre Agen et Bordeaux (zone de l'Entre-Deux-Mers). Les vignes sont implantées en coteaux. Les rouges dominent la production. Ils sont à base de merlot, cabernet-franc, cabernet-sauvignon, malbec, syrah mais aussi d'abouriou, un cépage local coloré et fruité. Le blanc est à base de sauvignon.

Blanc et **rosé** à boire jeunes, avec :

Charcuterie. Grillades. Barbecue. Brochettes. Poisson. Poissons grillés. Crudités. Pizzas.

Servir entre 8 et 10 °C.

Le **rouge** rond, très charnu, charpenté, fruité, souvent épicé, sait parfaitement vieillir. Mieux vaut d'ailleurs ne pas le boire trop jeune, bien qu'il révèle alors une fraîcheur et une spontanéité intéressantes.

À boire jusqu'à cinq ans et plus, avec :

Charcuterie. Saucisson de porc. Potée. Potée garonnaise. Cassoulet. Viandes rouges grillées. Volailles. Viandes confites. Plats mijotés.

Servir autour de 16 °C.

Prix : 8 à 20 euros

Côtes-du-rhône

« (…) Un de ces jolis vins du Rhône qui font rire et qui font chanter. »
ALPHONSE DAUDET (1840-1897), *Tartarin de Tarascon*

La majorité des côtes-du-rhône génériques est vinifiée en rouge, ce qui rend les blancs, et à un degré moindre les rosés, d'autant plus intéressants à découvrir. Certains de ces vins sont en train de progresser énormément en qualité. Il faut en profiter avant que cela se sache et que les prix s'envolent.

Les vignes de la très vaste AOP côtes-du-rhône (plus de 30 000 hectares) couvrent ou bordent sept départements sur les deux rives du fleuve, entre Vienne et Avignon. En réalité, les sols, comme les assemblages de cépages, offrent une grande diversité. L'appellation autorise 21 cépages différents mais pour garantir une certaine unité, les vignerons se sont imposés quelques règles. Les rouges et les rosés doivent provenir à 40 % au moins de grenache noir (sauf pour les vins produits au nord de la zone, qui eux sont à base de syrah). Pour les blancs, 80 % du vin est issu de grenache blanc, clairette, marsanne, roussanne, bourboulenc et viognier.

Ce vaste vignoble présente deux visages : Nord et Sud.

Le point commun de tous ces côtes-du-rhône qu'on appelle génériques, c'est sans doute leur équilibre, qui en fait des vins capiteux sans excès, parfumés et fruités. Le côtes-du-rhône rouge primeur est un petit vin agréable qui rencontre un certain succès, chaque fin d'année.

Blanc à boire jusqu'à trois ans ; rosé et rouge primeur à boire jeunes ou très jeunes, avec :

Cuisine familiale. Charcuterie. Porc cuisiné. Brochettes. Volailles. Viandes blanches. Poisson. Crustacés. Coquillages cuits. Cuisine japonaise. Cuisine chinoise. Cuisine vietnamienne. Pizzas (rosé). Asperges (blanc). Fromages de chèvre.
Servir autour de 8-10 °C (blanc et rosé) ou 13-14 °C (rouge primeur).

Rouge à boire jusqu'à trois ans, avec :

Viandes rouges grillées. Viandes rouges en sauce. Fondue bourguignonne. Pot-au-feu. Daubes. Abats. Agneau. Viandes blanches. Veau. Volailles. Paella. Couscous. Chili con carne.
Servir autour de 15 °C.

Prix : moins de 5 euros à 12 euros

Côtes-du-rhône-villages

Cette AOP, parfois suivie d'un nom de commune, couvre une aire inférieure à la précédente, sur les départements de la Drôme, du Vaucluse, de l'Ardèche et du Gard. Le blanc, comme le rosé et le rouge sont des vins de soleil, chaleureux, chauds, puissants, mais parfumés aussi…

Blanc et **rosé** à boire jusqu'à deux ou trois ans, avec :
Grillades. Barbecue. Porc cuisiné. Coquillages crus. Coquillages cuits. Crustacés. Poisson. Fruits de mer. Salades. Cuisine chinoise. Cuisine japonaise. Cuisine vietnamienne. Pâtes italiennes. Viandes blanches. Champignons. Pizzas (rosé). Lapin. Volailles. Fromages de chèvre. Tartes aux fruits rouges (rosé).
Servir autour de 8-10 °C.

Rouge à boire jusqu'à trois ans, parfois plus, avec :
Ragoûts. Viandes rouges grillées. Agneau. Daubes. Abats. Viandes blanches en sauce. Veau. Petit gibier. Volailles. Terrines. Fromages à pâte dure.
Servir autour de 15 °C.

Prix : 5 à 15 euros
Millésimes : 2005, 2007, 2010…

Parmi ces vins (très) intéressants, plusieurs méritent une appellation à part entière, chacun d'entre eux affichant une riche et forte personnalité. Leur nom officiel suit celui de l'appellation « villages », mais nous avons choisi de les traiter ici comme autant de crus spécifiques, qui figurent donc chacun à sa place dans l'ordre alphabétique :

Cairanne, pour côtes-du-rhône-villages-cairanne.
Chusclan, pour côtes-du-rhône-villages-chusclan.
Laudun, pour côtes-du-rhône-villages-laudun.
Massif-d'uchaux, pour côtes-du-rhône-villages-massif-d'uchaux.
Plan-de-dieu, pour côtes-du-rhône-villages-plant-de-dieu
Puyméras, pour côtes-du-rhône-villages-puyméras.
Roaix, pour côtes-du-rhône-villages-roaix.
Rochegude, pour côtes-du-rhône-villages-rochegude.

Rousset-les-vignes, pour côtes-du-rhône-villages-rousset-les-vignes.
Sablet, pour côtes-du-rhône-villages-sablet.
Saint-gervais, pour côtes-du-rhône-villages-saint-gervais.
Saint-maurice, pour côtes-du-rhône-villages-saint-maurice.
Saint-pantaléon-les-vignes, pour côtes-du-rhône-villages-saint-pantaléon-les-vignes.
Séguret, pour côtes-du-rhône-villages-séguret.
Signargues, pour côtes-du-rhône-villages-signargues.
Valréas, pour côtes-du-rhône-villages-valréas.
Visan, pour côtes-du-rhône-villages-visan.

Ces appellations sont d'ailleurs souvent celles qui figurent en gros sur les étiquettes, la mention légale AOP (appellation côtes-du-rhône-villages protégée) figurant plus bas, dans un caractère beaucoup plus petit… en attendant (peut-être ?) une AOP à part entière pour chacun d'entre eux, les propulsant au rang de cru.

Côtes-du-roussillon

« Tant que, d'ici à Roussillon,
Brosse n'y a ni brossillon. »
François Villon (1431-1463), *Ballade finale*

Entre la Méditerranée et le sud-ouest de Perpignan, dans le département des Pyrénées-Orientales, l'AOP côtes-du-roussillon est caractérisée par l'aridité des sols où sont implantées les vignes sur plus de 4 400 hectares.

Le rouge et le rosé sont issus de cépages carignan, grenache, lledoner-pelut, enrichis de cinsault, mourvèdre, syrah… en assemblages de trois cépages au minimum.

On retrouve le macabeu local, qui vient du pays catalan (où il s'appelle maccabeo), dans le blanc très minoritaire (moins de 5 % de la production), accompagné de grenache blanc, marsanne, roussanne, tourbat (malvoisie local), vermentino et carignan blanc. L'AOP côtes-du-roussillon-les-aspres ne produit que des rouges sur une centaine d'hectares. Ils charment par leurs notes sauvages et épicées. Ce sont des vins de garde.

Le **rouge**, très charnu, se boit jusqu'à quatre ans, parfois un peu plus. Il vieillit bien, en gagnant en équilibre ce qu'il perd (légèrement) en alcool.

Il accompagne aussi bien les viandes rouges que les viandes blanches, et même les gibiers.

Servir autour de 15 °C.

Le **blanc**, gras et aromatique, se boit plus jeune, jusqu'à deux ans maximum et apprécie les poissons et les fruits de mer en général.

Servir autour de 10 °C.

Le **rosé** se boit idéalement dans l'année de sa mise en bouteilles. C'est un vin de grillades, de charcuteries, et, si vous n'avez rien d'autre à vous mettre sous la dent, de pizzas…

Servir autour de 8 °C.

Prix : de moins de 5 euros à 15 euros

Côtes-du-roussillon-villages

L'AOP côtes-du-roussillon-villages, à l'intérieur de la première dont elle constitue une sorte d'élite, est élaborée sur 1 700 hectares de sols encore plus arides.

Cette appellation produit uniquement du rouge, à partir des cépages classiques du Roussillon : carignan, grenache, lledoner-pelut, enrichis de mourvèdre, syrah, …

> Outre ces AOP, il ne faut pas oublier les vins de pays locaux, nombre d'entre eux valant bien mieux que leur modeste appellation.

Ce **rouge**, très coloré, puissant, complexe en arômes et généreux en alcool, fait partie de ces vins qui tapissent agréablement le palais. Il vieillit encore mieux que le côtes-du-roussillon et peut se garder une bonne dizaine d'années – sans compter que le fait de perdre un peu d'alcool ne lui fait pas de mal, bien au contraire !

À boire avec :

Viandes rouges. Côte de bœuf. Agneau. Charcuterie. Chorizo. Escargots. Cuisine catalane. Grands et petits gibiers. Civets. Viandes blanches en sauce. Cassoulet. Chili con carne. Cuisine indienne. Fromages à pâte cuite.
Servir autour de 17 °C.

Prix : de 5 euros à 20 euros

Comme pour les côtes-du-rhône-villages, plusieurs de ces vins méritent une appellation à part entière, chacun d'entre eux affichant une riche et forte personnalité. Leur nom officiel suit celui de l'appellation « villages », mais nous avons choisi de les traiter, ici aussi, comme autant de crus spécifiques. Ils figurent donc chacun à sa place dans l'ordre alphabétique :

Caramany, pour côtes-du-roussillon-villages-caramany.
Latour-de-france, pour côtes-du-roussillon-villages-latour-de-France.
Lesquerde, pour côtes-du-roussillon-villages-lesquerde.
Tautavel, pour côtes-du-roussillon-villages-tautavel.

Côtes-du-tarn (IGP)

Ils s'étagent tout autour du gaillacois sur 2 700 hectares (pas tous exploités). Pas forcément moins chers que les gaillacs, ils sont parfois comparables aux meilleurs dans leur simplicité.

Le blanc sec assez corsé (cépages sauvignon, loin de l'œil, muscadelle, mauzac…) accompagne très bien l'apéritif, les poissons, les plats épicés, une brandade de morue… Le petit rouge à base de gamay, bien sympathique, est léger, fruité, gourmand. Il est parfait avec les viandes blanches et même certains poissons. Le rosé est résolument désaltérant.

Énorme qualité de nos jours : ces vins ne cherchent pas forcément de forts degrés d'alcool.

Notez que de plus en plus de ces vins de pays sont bouchés à vis – sans incidence sur leur qualité, d'autant plus qu'ils se boivent jeunes, ou très jeunes.

Prix : autour de 5 euros et jusqu'à 8 euros et plus, parfois

Côtes-du-vidourle

Cet ex vin de pays est devenu une IGP coteaux-du-pont-du-gard.

Couchois

(Voir bourgogne-côtes-du-couchois)

Counoise (cépage)

Elle s'emploie surtout en assemblage dans le sud de la vallée du Rhône, en Provence et dans le Languedoc et le Roussillon. Elle s'appelle aussi moustardier dans certains coins. Elle donne des vins à la robe brillante et aux arômes fruités et épicés.

Cour-cheverny

L'AOP cour-cheverny, tout près de l'AOP cheverny, quand elle n'y est pas imbriquée, est pourtant une appellation à part entière, qui ne produit que du blanc, à partir d'un cépage régional unique, le romorantin, romo pour les intimes… sur une aire d'une cinquantaine d'hectares. Sec et parfumé, c'est un vin original, puissant, qui mérite 2 ou 3 ans de garde avant d'être savouré. Un vin « à boire en mangeant », comme aiment à le dire les vignerons locaux. Un vin qui n'aime pas se sentir seul.

> Le cour-cheverny, issu d'un cépage particulier, est un vin à découvrir. Sa forte personnalité, son ampleur, en font un vin autorisant des accords mets et vins qui sortent des sentiers battus.

À boire jusqu'à dix ans, avec :

Saumon fumé. Poisson. Poissons d'eau douce. Coquillages crus. Ceviche. Coquillages cuits. Viandes blanches. Volailles. Cuisine un peu épicée.

Servir autour de 10 °C.

Prix : de 8 euros à 25 euros

Courbu (cépage)

Le courbu (ainsi que le petit-manseng, le gros-manseng et l'arrufiac, ses associés traditionnels) est un cépage pyrénéen. Il donne des vins blancs tendres, ronds en bouche et liquoreux mais peut aussi entrer dans la composition de blancs secs. Il est présent notamment dans les assemblages des vins jurançon et pacherenc-du-vic-bilh. Le courbu noir est pyrénéen aussi mais distinct. Le petit courbu est en revanche très proche voire équivalent selon certains spécialistes.

Crémants

Les crémants sont d'authentiques vins de fête qui, pour les meilleurs d'entre eux, supportent très bien la comparaison avec d'autres vins à bulles beaucoup plus connus. Ce sont des vins effervescents (ou mousseux) qui bénéficient d'une appellation d'origine protégée (AOP). Quelle que soit leur région d'origine, ils sont élaborés en méthode traditionnelle (c'est-à-dire selon la méthode qu'on ne peut plus appeler champenoise si ce n'est pas du champagne). Les raisins sont récoltés manuellement, la période de vieillissement est de 9 mois minimum. Ils diffèrent par leurs terroirs d'origine et leurs cépages (chaque crémant a sa liste).

Crémant-d'alsace

L'AOP crémant-d'alsace est élaborée en brut blanc, blanc-de-blancs (que des cépages blancs), blanc-de-noirs (raisins à peau noire) et rosé, à partir de pinot-blanc, gris ou noir, riesling, auxerrois et chardonnay, sur environ 3500 hectares.

Le crémant-d'alsace est devenu le premier des crémants en volume. Il représente à lui seul le quart de la production de vins alsaciens. Sans nul doute une preuve de la haute qualité qu'il a su atteindre.

À boire jeune, et selon son caractère plus ou moins vif (brut non dosé ou nature, extra-brut, brut, demi-sec…) avec :

Apéritif. Canapés. Seul. Crudités. Kougelhopf. Repas de poisson. Viandes blanches. Entrées à base de poisson. Brie, camembert.

Servir très frais, entre 6 et 8 °C.

Prix : 7 à 8 euros et plus

Crémant-de-bordeaux

C'est probablement l'une des moins connues des 57 appellations des vins de Bordeaux. Elle est produite sur moins de 300 hectares. Ce crémant existe en blanc ou rosé. Le sémillon et le sauvignon sont ses cépages principaux s'il est blanc, le cabernet franc, le cabernet sauvignon et le merlot s'il est rosé.

À boire jeune, avec :

Apéritif. Seul. Entrées à base de poisson. Repas de poisson. Desserts aux fruits.

Servir entre 6 et 8 °C.

Prix : 5 à 10 euros

Crémant-de-bourgogne

Sur environ 2300 hectares, dans les zones du bourgogne générique, l'AOP crémant-de-bourgogne est principalement élaborée à partir de chardonnay pinot noir, pinot blanc et pinot gris et peut comporter aussi du gamay, de l'aligoté, du melon et du sacy.

Contrairement à d'autres appellations, y compris en bourgogne générique, le crémant est généralement proposé à des prix abordables… Ce qui n'est pas son moindre intérêt car la qualité, elle, est à la hauteur de la région.

Blanc ou rosé, il offre la particularité bien bourguignonne de se bonifier quelques années en bouteilles.

À boire jeune ou jusqu'à trois ans, avec, selon son profil (couleur, sucrosité) :

Apéritif. Canapés. Seul. Poisson. Coquilles Saint-Jacques. Crustacés. Volailles. Viandes blanches. Desserts aux fruits. Génoise.

Servir entre 6 et 8 °C.

Prix : 7 à 20 euros

Crémant-de-die

Le crémant-de-die se distingue de la clairette-de-die, l'autre effervescent dromois, beaucoup plus connu mais réalisé selon la méthode ancestrale. Le crémant est à base de clairette mais aussi d'aligoté et de muscat ce qui lui donne des notes typiques de pommes et de raisins blancs. Il est toujours brut.

À boire jeune, avec :
Apéritif. Seul. Coquilles Saint-Jacques. Entrées à base de poisson. Crustacés.
Servir de 6 à 8 °C.

Prix : de 5 à 12 euros.

Crémant-de-limoux

Le crémant-de-limoux est moins pétillant et plus finement séduisant que la blanquette-de-limoux. L'appellation, plus récente, est en progrès constant. (Voir aussi blanquette-de-limoux.)

Limoux revendique le privilège d'être à l'origine du premier vin effervescent du monde. À base de chardonnay, chenin-blanc et mauzac, l'AOP crémant-de-limoux, produit du blanc et du rosé, sur environ 850 hectares. Si pour la blanquette-de-limoux le mauzac est dominant, le chardonnay et le chenin sont majoritaires pour le crémant. Le pinot noir peut aussi faire partie de l'assemblage. Le crémant vieillit 15 mois minimum, soit 6 mois de plus que la blanquette.

À boire jeune, parfois jusqu'à trois ou cinq ans, avec :

Apéritif. Canapés. Sucré-salé. Poissons. Coquillages crus. Desserts. Tartes aux fruits.
Servir entre 6 et 8 °C.

Prix : 5 à 18 euros

Crémant-de-loire

> Bien que les crémants aient actuellement le vent en poupe, et celui-là en particulier, tous les vins pétillants ou mousseux de Loire sont intéressants et divers – à l'image de la région elle-même.

L'AOP crémant-de-loire est, sur environ 1 500 hectares, l'une des nombreuses AOP à bulles de cette partie de la vallée de la Loire aux côtés de l'anjou-pétillant (blanc), l'anjou-mousseux (blanc et rosé) et le rosé-d'anjou-pétillant, le saumur brut, le touraine mousseux, le vouvray effervescent et le mont louis pétillant et effervescent…

Le crémant-de-loire est produit en blanc et rosé sur toute la région (de l'Anjou à la Touraine), Saumur étant la zone principale. Les cépages dominants sont : chenin-blanc (pour les blancs) et cabernet-franc (pour les rosés) mais toute une collection d'autres cépages peuvent s'y ajouter : orbois, chardonnay, grolleau, cabernet-sauvignon, pinot noir, pinot-d'aunis…, ce qui offre une palette de goûts. Les rendements limités et le soin apporté à son élevage donnent un vin d'une admirable couleur légèrement dorée, riche en parfums et bien plein en bouche. Un vin de qualité idéal, entre autres, à l'apéritif.

À boire jeune et jusqu'à trois ans, avec :
Apéritif. Canapés. Viandes blanches. Poisson. Crustacés. Desserts aux fruits. Pain perdu. Brioche. Seul. Tout un repas.
Servir entre 6 et 8 °C.

Prix : 5 à 20 euros

Crémant-du-jura

Comme les autres AOP de crémant, celle du Jura est en plein essor qualitatif et quantitatif. Elle concerne environ 300 hectares, soit une surface modeste mais qui n'empêche pas une diversité de styles : brut ou demi-sec, blanc ou rosé, à partir de savagnin, chardonnay, pinot noir, trousseau, poulsard…

> Une appellation qui évolue encore beaucoup (dans le bon sens), et qui paraît capable de renouveler toute la gamme des vins pétillants.

À boire jeune et jusqu'à trois ans, avec :

Apéritif. Canapés. Crustacés. Poisson. Desserts aux fruits. Tout un repas.

Servir entre 8 et 10 °C.

Prix : 6 à 15 euros

Crépy

L'AOP savoie-crépy ou vin-de-savoie-crépy est élaborée à partir du cépage chasselas doré, quasiment le seul raisin à exceller aussi bien en cuve que sur la table (bien qu'avec des clones différents, pour les puristes). Ce vin blanc sec est d'une couleur d'or pâle légèrement teinté de vert et perlant (avec une très légère effervescence). Il est élégant et fin, grâce à une agréable pointe d'acidité, et dégage un bouquet de parfums délicats rappelant la noisette (entre autres).

> Si l'on veut rester dans le contexte régional, la raclette s'impose d'elle-même et l'accord avec le crépy est remarquable.

À boire jusqu'à trois ans, avec :

Fromages à pâte cuite. Fritures. Poissons d'eau douce. Coquillages cuits. Champignons. Gratins. Fromage. Salades. Asperges.

Servir entre 8 et 10 °C.

Prix : moins de 6 euros à 12 euros

Criots-bâtard-montrachet

> Petite vigne et très grand vin : l'équation est constante, mais toujours remarquable, en Bourgogne.

Issue du vignoble de la côte de Beaune, l'AOP grand cru criots-bâtard-montrachet fait partie de l'élite des grands bourgognes blancs, élaborés en quantités réduites (ici, un hectare et demi !) à partir de chardonnay pur. Un vin rare, exceptionnel, à réserver à des mets tout aussi remarquables.

À boire à partir de trois ans, jusqu'à dix ans et plus, avec :
Homard, langouste. Crustacés. Coquillages cuits. Écrevisses. Volailles. Viandes blanches aux champignons.
Servir à 12-13 °C.

Prix : 80 à plus de 100 euros
Millésimes : 2004, 2005, 2006, 2010, 2012, 2014…

Crozes-hermitage

> En blanc comme en rouge, les meilleures cuvées de crozes-hermitage donnent une idée de ce que peut être un grand côtes-du-rhône… à un prix très raisonnable eu égard à sa qualité.

Au nord de Valence, l'AOP crozes-hermitage produit un vin rouge et un vin blanc qui honorent tous deux la région des Côtes-du-Rhône même s'ils ne bénéficient pas tout à fait du même prestige que les hermitages qu'ils encerclent, sur 1 500 hectares environ.

Le cépage syrah s'épanouit ici plus vite qu'en hermitage, et donne un rouge moins tannique, rond, d'un abord franc et direct, mais en même temps assez délicat. Il constitue plus de 90 % de la production de l'appellation.

Rouge à boire jusqu'à six ou huit ans, avec :
🍽 Viandes rouges. Côte de bœuf. Rôtis. Grillades. Barbecue. Petit gibier. Civets. Volailles. Canard.
Servir autour de 16 °C.

Millésimes : 2005, 2006, 2007, 2009, 2010, 2012…

Le **blanc**, aromatique, issu de marsanne et de roussanne, de couleur dorée, possède une texture grasse mais reste sec et équilibré.

À boire relativement jeune (ordinaire) ou jusqu'à dix ans (grande cuvée), avec :
🍽 Poisson. Viandes blanches en sauce. Pâtes italiennes. Volailles. Quenelles. Tajines de poisson. Fromages à pâte cuite. Reblochon. Gratins de légumes.
Servir entre 8 et 10 °C.

Millésimes : 2005, 2006, 2007, 2009, 2010, 2012…
Prix : 10 à 25 euros

Cruchinet

(Voir chenin-blanc)

Cucugnan (IGP aude de pays de cucugnan)

Avec un nom pareil ce ne peut qu'être un bon petit vin de pays, qui est cultivé sur la commune du même nom et sur celles, aux noms tout aussi chantants, de Dernacueillette, Massac, Maisons, Montgaillard, Padern et Rouffiac-des-Corbières, dans le département de l'Aude. Les rosés et rouges sont majoritairement issus de grenache, merlot et syrah. Trois atouts maîtres pour obtenir un vin aussi parfumé que charpenté, sous le grand soleil de la région. Le rouge notamment, parfois vin de cépage, accompagne magnifiquement les viandes rouges et confites. Ce vin de pays est désormais rattaché à l'IGP aude.

Prix : autour de 6 euros

Cumières

(Voir coteaux-champenois)

Dizy-magenta

(Voir coteaux-champenois)

Dordogne (IGP périgord dordogne)

Les vins issus de l'IGP périgord peuvent revendiquer cette unité géographique lorsqu'ils sont produits sur le département de la Dordogne.

(voir Périgord)

Doubs (IGP franche-comté doubs)

(Voir franche-comté)

Drôme (IGP)

Appellation départementale, un peu variée, qui comprend de jolis rouges de grenache et syrah. Les rouges dominent mais elle produit aussi des rosés et des blancs. Les vins peuvent être aussi bien des vins d'assemblage que de cépage. Le nombre de cépages autorisés est très varié. Beaucoup d'analogies, dans l'ensemble, avec les côtes-du-rhône voire avec les crozes-hermitage pour les vins produits au nord de la zone.

Les vins sont plutôt vinifiés pour être bus jeunes, dans la force du fruit. L'appellation admet deux mentions géographiques : comté-de-grignan et coteaux-de-montélimar.

Duché-d'uzès

Cette appelation a accédé très récemment au statut d'AOP. Elle occupe 282 hectares dans le Gard. Les vins sont toujours issus d'assemblages d'au moins deux cépages. Les rouges et les rosés sont produits à partir de grenache, syrah, cinsaut, carignan, mourvèdre. Ils sont intenses, sentent le soleil, le poivre et l'olive noire. Les blancs, d'un style puissant, font la part belle au grenache blanc, au viognier additionnés de marsanne, roussanne, ugni blanc… avec un rendement moyen à l'hectare bien moins important que pour la moyenne des vins de pays. Ils excellent sur les grillades d'été, les barbecues, les cuisines asiatiques, les tians tomates-aubergines, les légumes farcis ou les tajines.

Prix : 4 à 6 euros et plus

Duras
(cépage)

Le duras est un cépage indissociable du gaillac rouge, qui donne, seul, un vin tannique et charpenté à la saveur poivrée.

Échezeaux

Au nord de Nuits-Saint-Georges, l'AOP grand cru échezeaux vinifie un rouge d'anthologie sur plus de 30 hectares de petites parcelles, comme c'est souvent le cas en Bourgogne. Le pinot noir est le cépage unique. Il donne un vin ample et puissant. Ce grand cru est encadré par le Clos de Vougeot et Vosne-Romanée… des voisins encore plus célèbres.

À boire de trois à quinze ans, avec :

Viandes rouges (côtes de bœuf). Grand Gibier. Agneau (gigot). Plats mijotés.
Servir autour de 17 °C.

Prix : 70 à 100 euros et plus
Millésimes : 2005, 2007, 2009, 2010, 2014…

Entraygues-et-le-fel (AOP entraygues-et-le-fel)

L'AOP entraygues-et-le-fel est un micro vignoble d'une vingtaine d'hectares situé dans l'Aveyron, proche de Marcillac. Il est sous la double influence de la Méditerranée et du Massif Central. Il produit du rouge aux notes de cassis et d'épices, du rosé acidulé et du blanc aromatique à découvrir. Les cépages de référence sont le fer servadou et le cabernet-franc pour le rouge et le rosé ; le chenin pour le blanc.

Entre-deux-mers

Son nom n'est pas dû au hasard : il n'existe sans doute pas d'autre situation (sinon minuscule) permettant de bénéficier d'un micro-climat océanique aussi tempéré, entre Dordogne et Garonne, au début du vaste estuaire de la Gironde qui réunit les deux fleuves. La vaste région de l'Entre-Deux-Mers produit beaucoup de vin : rouge, rosé, clairet, blanc, mais seule une faible part du blanc revendique l'appellation d'origine contrôlée entre-deux-mers (1 500 hectares), après contrôle par une commission de dégustation qui veille sur la typicité de l'appellation (les autres vins sont des bordeaux ou bordeaux supérieur). Ce blanc sec possède un équilibre naturel qu'il doit à l'assemblage de trois cépages : le vigoureux sauvignon, la charmante muscadelle et le délicat sémillon. Il est plutôt léger, fruité, nerveux, avec des notes d'agrumes et parfois des touches exotiques.

À boire jeune, et jusqu'à trois ans pour les meilleurs, avec :
Apéritif. Tapas. Coquillages crus. Huîtres. Coquillages cuits. Escargots. Poisson. Poissons d'eau douce. Fritures. Fruits de mer. Pâtes italiennes. Charcuteries.
Servir entre 8 et 10 °C.

Prix : 5 à 10 euros

Entre-deux-mers-haut-benauge

Cette AOP, issue d'un plus petit vignoble de moins de 100 hectares, inclus dans le précédent ou tout proche, produit un vin blanc sec analogue, souvent plus fin et plus soigné.

Ermitage

(Voir Hermitage)

Estaing

L'AOP estaing s'épanouit sur un vignoble aveyronnais tout aussi microscopique que son voisin AOP entraygues-et-le-fel. Elle possède le même genre de sol schisteux. Elle produit des rouges souples, vifs et aromatiques à base de fer-servadou, gamay et cabernet-franc.Les blancs aux accents minéraux sont issus de chenin et de mauzac.

Faugères

> Le faugères a connu une véritable renaissance grâce au travail remarquable de quelques vignerons qui en ont fait l'un des crus les plus intéressants du Languedoc.

Au nord de Béziers, sur environ 2 000 hectares, l'AOP faugères produit du rouge, du rosé et du blanc à partir de mourvèdre, cinsault, carignan, grenache, lledoner-pelut, syrah, marsanne, vermentino, roussanne, macabeu, bourboulenc, clairette…

Le mourvèdre, qui entre dans la composition des meilleurs vins méridionaux (bandol, provence, faugères), donne au **rouge** une touche chaleureuse et veloutée, tout en le rendant très solide, persistant en bouche et d'excellente garde. Les rouges de Faugères tirent aussi leur particularité des vieilles vignes de cépage carignan et du sol de schistes. Les vins sont puissants, mais ont des tanins très doux.

À boire jusqu'à huit ans, parfois plus, avec :
Daubes. Charcuterie chaude. Saucisses grillées. Petit gibier. Cassoulet. Chili con carne. Viandes rouges. Rôti de porc.
Servir autour de 16 °C.

Blanc à boire jusqu'à quatre ou cinq ans, rosé à boire jeune, avec :
Abats. Crustacés. Coquillages crus. Poisson. Grillades. Barbecue. Crudités. Charcuterie. Gratins de légumes.
Servir entre 8 et 10 °C.

Prix : moins de 5 euros à 18 euros
Millésimes (rouge) : 2007, 2011, 2014…

Fendant

(Voir chasselas)

Le chasselas, raisin de table et de cuve, n'est plus guère vinifié en Bourgogne mais toujours un peu en Alsace, en Loire, en Savoie et, surtout, dans le Valais en Suisse sous ce nom de fendant.

Fiefs-vendéens

Tout près du muscadet, l'AOP fiefs-vendéens est constituée de moins de 500 hectares de petits vignobles, dont certains portent le nom de leur commune : Vix, Brem, Pissote, Mareuil ou Chantonnay. Au fil des siècles, les parcelles les plus adaptées à la vigne ont pris le nom de « fiefs ». Les vins sont blancs, rosés ou rouges. Le cépage principal est le chenin pour les blancs, complété par du chardonnay, du grolleau gris, du sauvignon blanc. Les rouges sont à base de cabernet franc, négrette, pinot noir complétés par du cabernet-sauvignon et du gamay. Les rosés sont issus des mêmes cépages que les rouges auxquels s'ajoute du grolleau gris.

> Les vignes des fiefs-vendéens produisent des vins fruités et vifs, avec un degré alcoolique modéré. C'est le genre d'appellation où l'on fait de vraies découvertes.

Rouge à boire jeune, avec :
Charcuterie chaude. Chou farci. Tajines. Viandes rouges. Viandes blanches en sauce. Volailles.
Servir à 15 ou 16 °C.
Rosé et **blanc** à boire jeunes, avec :
Coquillages crus. Huîtres de Vendée. Pizzas. Volailles.
Servir autour de 9 ou 10 °C.

Prix : 5 à 10 euros

Fitou

Au sud du département de l'Aude, l'AOP produit, sur plus de 2 500 hectares, un excellent rouge corsé à partir de carignan, mourvèdre, grenache, syrah… Les vignes les plus proches de la mer donnent un vin plus tendre qu'en

> Le carignan, aux riches saveurs propres à mettre en valeur une cuisine riche elle aussi, est un cépage qui sait générer d'excellents vins de garde, quand le viticulteur a, comme ici, le courage de modérer sa productivité.

Corbières. Le fitou frappe d'abord par sa couleur très vive, puis par ses saveurs intenses de fruits et, enfin, par son moelleux. Un peu rugueux dans sa jeunesse, il s'affine en quatre ou cinq ans, en même temps que sa couleur pâlit et vire au tuilé.

À boire de deux à dix ans et plus, avec :

Viandes rouges. Daubes. Grillades au thym ou romarin. Barbecue. Agneau. Petit gibier. Grand gibier. Cassoulet. Tajines. Civets. Chili con carne.

Servir de 15 à 17 °C.

Prix : moins de 5 euros à 15 euros

Millésimes : 1995, 1998, 2002, 2003, 2005, 2009…

Fixin

Dans la région des très grands bourgognes, un vin qui supporte la comparaison, à un prix plus… compréhensif.

Non loin de Dijon, dans la région des côtes de Nuits, l'AOP produit, sur la centaine d'hectares de sa propre appellation (dont un quart de premiers crus), un vin rouge et un vin blanc (rare), à partir des cépages habituels des grands bourgognes : pinot noir et chardonnay.

Le **rouge** robuste et racé, est de très bonne garde, surtout dans les premiers crus.

À boire de cinq à quinze ans, selon les millésimes, avec :

Rôtis. Ragoûts fins. Pot-au-feu. Petit gibier. Petites volailles. Chaource.

Servir de 15 à 17 °C.

Le **blanc**, assez rare, n'en est que plus appréciable.

À boire jusqu'à trois à cinq ans, avec :

Poisson. Fruits de mer. Coquillages crus. Entrées chaudes. Jambon persillé.

Servir entre 8 et 10 °C.

Prix : 15 à 30 euros et plus
Millésimes (rouge) : 2005, 2007, 2009, 2010, 2014…

Fleurie

L'un des dix grands beaujolais. Autour de la localité du même nom, l'AOP fleurie produit, sur près de 900 hectares, un rouge de gamay ayant le statut de cru. On a pu dire du fleurie qu'il était ainsi nommé en raison de son bouquet de parfums printaniers. C'est en tout cas un cru flatteur, aussi bien pour le nez que pour le palais.

Les meilleurs peuvent porter un nom de lieu. Certains, comme le clos de la Roilette, développent des parfums originaux et une matière plus concentrée.

À boire relativement jeune, jusqu'à trois à cinq ans, avec :
Viandes rouges. Grillades. Barbecue. Foie gras poêlé. Charcuterie chaude. Tripoux. Petit gibier. Coq au vin. Volailles. Poulet au vinaigre. Cuisine à l'ail. Cuisses de grenouille. Agneau. Gigot d'agneau. Veau. Légumes farcis. Fromages bleus.
Servir à 13-14 °C.

Prix : 6 à 20 euros
Millésimes : 2003, 2005, 2009, 2010, 2011, 2014…

Floc-de-gascogne

> Ces vins de liqueur, naguère nombreux et variés, ont fortement régressé, victimes de taxes dissuasives (qui ont seulement déplacé l'alcoolisme vers les alcools et bières industriels). Raison de plus pour savourer ceux qui nous restent !

Sur environ 750 hectares, dans les régions de production de l'armagnac, ce vin de liqueur est obtenu par adjonction d'armagnac au vin, de manière à stabiliser l'alcool entre 16 et 18°. Le choix de cépages est important : folle, baroque-blanc, colombard, gros-manseng, petit-manseng, ugni, mauzac, côt, malbec, tannat, merlot, cabernet-franc, cabernet-sauvignon… qui donne, selon la vinification aussi, du blanc ou du rosé.

À boire jeune ou moins jeune (il évolue peu en bouteille), avec :
Apéritif. Canapés. Melon. Tartes aux fruits. Salades de fruits. Sorbets aux fruits. Foie gras. Desserts. Fromages bleus. Fromages de brebis. En cocktails.
Servir entre 6 et 8 °C (à 4 ou 5 °C avec les fromages).

Prix : 10 à 20 euros

Folle-blanche (cépage)

Aussi appelée gros-plant, elle est implantée particulièrement en Loire-Atlantique, où elle donne un bon petit vin blanc sympathique et peu alcooleux. C'est aussi un cépage de base (bien qu'en régression) des grands alcools (cognacs et surtout armagnacs).

France

(Voir vin de France)

Franche-comté (IGP)

« On ne sait pas assez que la Franche-Comté est une région d'un pittoresque reposant, dont la cuisine et les vins n'ont pas de rivaux sérieux dans le reste du monde. »

MARCEL AYMÉ (1902-1967), *La Franche-Comté*

Les vins de pays de Franche-Comté sont issus des départements du Doubs, de la Haute-Saône et du Jura. Ils sont actuellement en plein renouveau grâce à des vignerons qui veulent les mettre en valeur, avec les célèbres fromages locaux : comté, morbier, mont-d'or, bleu-de-gex, cancoillotte… Le rouge, le rosé et le blanc se glissent tout naturellement dans la gamme de ces goûts relevés, mais ils accompagnent tout aussi bien les cuisines plus subtiles. Les vins de cépage sont intéressants, en particulier le chardonnay ou l'auxerrois en blanc, le pinot-noir en rouge. On peut citer aussi le rosé d'assemblage pinot noir et gamay. Certains peuvent préciser une zone géographique comme Coteaux de Champlitte, Doubs, Haute-Saône, Motey-Besuche…

Prix : 5 à 8 euros, parfois plus

Francs-côtes-de-bordeaux

Sur environ 500 hectares, cette AOP située près de Libourne produit surtout des **rouges** à partir de merlot, cabernet-franc et cabernet-sauvignon. Bien que proche de Saint-Émilion, l'appellation produit des vins se rapprochant plutôt des médocs car le merlot y est moins dominant dans les assemblages.

À boire entre quatre et dix ans, avec :

Volailles. Petit gibier. Grand gibier. Agneau.
Servir entre 14 et 15 °C.

Le **blanc** est sec ou moelleux. Il représente une petite minorité. Il est issu de sémillon complété par de la muscadelle et du sauvignon.

À boire jeune, avec :

Apéritif. Fruits de mer. Poissons. Crustacés. Volailles. Cuisine asiatique.
Servir le sec entre 8 et 10 °C.
Servir le moelleux entre 7 et 9 °C.

Fréjus

(Voir côtes-de-provence)

Fronsac

Autour du vignoble de canon-fronsac, sur environ 800 hectares non loin de Libourne, l'AOP fronsac produit un rouge tout aussi rond et généreux, à partir de cépages merlot et cabernet-franc. Grâce notamment au merlot, c'est un vin qui a de la rondeur. Sa vigueur naturelle lui permet d'évoluer pendant de longues années (5 à 12 ans) en acquérant une pointe de goût épicée.

> Quelques châteaux sont particulièrement remarquables, comme le château Dalem, le château La Rousselle, le château-la-vieille-cure, le château de Carles, le château-la-dauphine…

À boire entre trois et douze ans, avec :
Viandes rouges grillées. Viandes rouges en sauce. Hamburger. Daubes. Bœuf bourguignon. Rôtis. Viandes blanches. Veau. Civets. Agneau. Volailles. Canard. Champignons. Petits gibiers. Fromages bleus. Mimolette. Saint-nectaire.
Servir entre 15 et 17 °C.

Prix : 12 à 20 euros
Millésimes : 2003, 2005, 2009, 2010…

Frontignan

(Voir muscat-de-frontignan)

Fronton

Au nord de Toulouse, l'AOP fronton s'épanouit en rouge et en rosé, sur un vignoble d'environ 1 600 hectares proche de Montauban, essentiellement encépagé de négrette et de cabernet-franc, cabernet-sauvignon, et syrah.

> Le cépage négrette donne au fronton son parfum particulier de petits fruits noirs, de réglisse et de violette.

Rouges amples, complexes et robustes à boire jusqu'à dix ans, avec :
Porc aux pruneaux. Cassoulet. Viandes rouges grillées. Canard. Gibier.
Servir entre 14 et 16 °C.

Rosé corsé, à boire jeune, avec :

Charcuterie. Viandes blanches. Crudités. Pizzas. Plats épicés. Barbecue.
Servir entre 8 et 10 °C.

Prix : 5 à 10 euros
Millésimes : 2002, 2003, 2005, 2006, 2009…

Fusette

(Voir altesse)

Gaillac primeur
Gaillac-perlé
Gaillac-doux
Gaillac-premières-côtes
Gaillac-vendanges tardives
Gaillac-méthode ancestrale

> Ironie géographique : le gaillac-perlé semble avoir été fait tout exprès pour se marier aux recettes chinoises, vietnamiennes, cambodgiennes, ou même thaïlandaises – mais pas trop piquantes.

Le Gaillacois est une région viticole qui ne ressemble à nulle autre. Son vignoble de plus de 3400 hectares est comme isolé dans le département du Tarn, à cheval sur la rivière du même nom où il produit plusieurs types de vin fort intéressants. Autre particularité, certains de ses cépages ont jadis échappé au redoutable phylloxéra : le gaillacois est l'une des rares régions d'Europe à posséder encore des plants qui remontent aux Gallo-Romains ! Un formidable travail de préservation des cépages autochtones a été réalisé, ce qui permet aujourd'hui à l'appellation de produire des vins ayant le goût de leur terroir plutôt qu'uniformisés et banalisés.

Parmi les cépages gaillacois, len-de-l'el (traduction littérale : loin de l'œil), typique de la région, est souvent associé au rustique et vigoureux mauzac dont l'arôme franc et fruité se prête à toutes les vinifications en blanc : sec, demi-sec, moelleux, vin de voile ou effervescent. Le mauzac sert également à tempérer son acidité. La muscadelle les accompagne, avec l'ondenc, le sauvignon, le sémillon… Les rouges utilisent le fer servadou, le duras, la syrah, le gamay, le merlot, le cabernet-franc, le cabernet-sauvignon, le braucol, le prunelard…

Le profil du vin rouge est le plus souvent rond, fruité, franc, assez charpenté. À boire jeune mais selon les assemblages, certaines cuvées sont plus structurées et peuvent se garder quelques années (par exemple celles à base de prunelard). Le gaillac primeur rouge est réalisé uniquement à base de gamay.

L'AOP gaillac **rouge** est à boire jeune (ou très jeune, en primeur) et jusqu'à cinq ans ou plus, avec :

Viandes rouges. Rôtis. Daubes. Viandes blanches en sauce. Poularde, chapon. Canard. Porc en cocotte. Agneau.
Servir entre 14 et 16 °C.

Les **blancs** secs sont produits en AOP gaillac ou en AOP premières-côtes-de-gaillac.

Le gaillac-**perlé** constitue une autre particularité locale, avec sa fine bulle presque invisible, mais qui pétille sur la langue. Grâce au mauzac, les vins blancs ont des notes typiques de pomme verte. Ils allient tonicité et fruité.

À boire jeunes, de même que le rosé, avec :

Apéritif. Cuisine vietnamienne. Cuisine chinoise. Poissons. Écrevisses. Crustacés. Coquillages crus. Poissons crus. Charcuterie. Fromages.
Servir entre 8 et 10 °C.

Le gaillac-**méthode ancestrale** est élaboré selon la méthode dite gaillacoise (fermentation spontanée en bouteilles) qui donne un vin très fruité, tendre et faiblement alcoolisé.

À boire jeune, avec :
Apéritif. Canapés. Seul. Desserts aux fruits. Riz au lait.
Servir autour de 8 °C.

Le gaillac **doux** est issu de raisins qui concentrent leurs sucres et leurs arômes en étant ramassés tardivement. Lorsqu'il est de « vendanges tardives », les raisins sont récoltés en plusieurs fois pour ne ramasser que les plus mûrs ou ceux atteints par la pourriture grise (ou botrytis, le champignon également à l'origine des sauternes). Il est encore plus riche en sucre et en arômes de fruits confits, de fruits secs et de miel.
Le gaillac-premières-côtes peut aussi être un blanc doux.

À boire sur dix ans, avec :
Seul. Fromages de brebis très affinés. Fromages bleus. Desserts aux agrumes, fruits exotiques ou fruits secs. Crème brûlée.
Servir autour de 8 °C.

Réalisé par quelques vignerons, le **vin-de-voile** rappelle, lui, le vin jaune du Jura : ferme, généreux et racé, avec des notes de noix et de tabac. Le **vin-d'autan** est un magnifique liquoreux, obtenu grâce à l'action du vent d'autan qui règne sur les automnes gaillacois et contribue à passeriller (sécher) les raisins.

À boire jeune et jusqu'à dix ans et plus, avec :
Foie gras. Desserts. Fromages de brebis. Fromages de chèvre.
Servir entre 10 et 13 °C.

Prix : 5 euros à 20 euros

Gamay (cépage)

Il s'agit en l'occurrence très précisément du gamay-noir à jus blanc, aromatique, acidulé et désaltérant, qui est vinifié en cépage quasiment unique pour les dix crus historiques du Beaujolais. Il donne aussi de très bons vins d'un rouge vif, limpide et brillant, en AOP côtes-du-forez, AOP côte-roannaise, AOP côtes-d'auvergne, AOP saint-pourçain, en Savoie, dans le Jura… sans oublier la grande réussite actuelle du gamay en Loire, et notamment en Touraine.

Ce vin de cépage est un intermédiaire parfait pour passer du rosé au rouge. Léger, il a le même côté festif sans façons que le rosé et les qualités de légèreté des petits rouges très digestes – ce qui compte aussi ! Enfin, autre analogie avec le rosé, il se sert frais, voire très frais (pour un rouge) : à 13 °C. Dans le Beaujolais notamment, il peut donner des vins plus corsés, élevés en fûts, à la bourguignonne. Il se boit alors plutôt autour de 14 ou 15 °C.

Gard (IGP)

Ce vin de pays peut être blanc, rosé ou rouge, d'assemblage ou de cépage. Il est conçu pour être bu jeune. Sa zone de production est comme son nom l'indique située dans le département du Gard.

Les cépages peuvent être la syrah, l'alicante, le marselan, le grenache, le merlot, le cabernet-sauvignon, le cinsault... pour les rouges et les rosés. Pour les blancs : le chardonnay, le sauvignon, la marsanne, la clairette, le bourboulenc et l'ugni blanc.

Des vins idéaux pour les repas de copains, les dîners improvisés et les barbecues.

Gaules

(Voir comtés-rhodaniens)

Ce vin de pays était produit sur plusieurs dizaines de communes du département du Rhône et de la Saône-et-Loire, sur une zone adossée aux monts du beaujolais. Il a été fondu dans l'IGP comtés-rhodaniens.

Gers (IGP gers)

Sur le territoire de l'armagnac, sont produits des vins de pays en assemblage ou en monocépage. Les blancs sont les plus séduisants. Ils sont élaborés à partir de colombard, gros-manseng, arrufiac, petit courbu et ugni blanc. Ils sont très aromatiques et soit secs, soit doux mais toujours toniques. Les rouges sont simples et conviviaux.

Prix : moins de 7 euros

Gevrey-chambertin

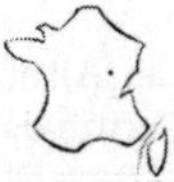

> La commune de Gevrey-Chambertin est particulièrement bien pourvue puisqu'elle possède 26 premiers crus et 9 grands crus !

Dans le vignoble de la Côte-de-Nuits, au sud de Dijon, l'AOP bourguignonne gevrey-chambertin produit un grand vin rouge à partir de pinot noir sur environ 400 hectares entre Dijon et Nuits-Saint-Georges. Le gevrey-chambertin est un vin solide, mais aussi d'une grande finesse. Cette alliance entre force et délicatesse se renforce encore dans les premiers crus, d'un rouge brillant magnifique, richement parfumés au nez comme en bouche.

À boire jusqu'à quinze ans (parfois plus), avec :
Coq au vin. Viandes rouges. Rôtis. Cuisine pimentée. Viandes blanches en sauce. Gibiers. Thon. Marinades. Fromages fermentés.
Servir entre 14 et 16 °C (17 ou 18 °C pour les plus vénérables).

Prix : à partir de 20 euros
Millésimes : 2005, 2007, 2009, 2010, 2014…

Gewurztraminer

(Voir alsace-gewurztraminer)

Gewurztraminer (cépage)

Cet Alsacien robuste au léger goût musqué donne un vin corsé, parfumé, riche en alcool, parfois sec, mais plus souvent demi-sec voire moelleux. Il est d'ailleurs souvent vinifié en vendanges tardives ou sélection de grains nobles. Il a la réputation (justifiée) d'envelopper le nez et de remplir la bouche de notes suaves de rose, litchi, agrumes et d'épices (gingembre, poivre blanc…). Son nom signifie traminer épicé. Il peut être caricatural ou subtil selon les cas. Sur les terroirs des grands crus alsaciens, il donne des vins très puissants, complexes, qui peuvent se garder plusieurs années.

Gigondas

Sur les pentes de Montmirail, au sud de Vaison-la-Romaine, cette AOP d'environ 1 200 hectares produit surtout du rouge et un peu de rosé, à partir de cépages grenache, mourvèdre, syrah… Le grenache donne aux vins méridionaux, et particulièrement à celui-ci, beaucoup de complexité, de finesse et d'élégance, à condition d'oublier les bouteilles quelques années dans une bonne cave, pour gommer son côté fougueux.

> De nombreux vins rouges gagnent à passer quelques années en bouteille. Pour le gigondas, c'est indispensable.

Rouge à boire de deux ou trois ans et jusqu'à dix ans et plus, avec :
Viandes rouges en sauce. Rôtis. Petit gibier. Viandes blanches. Volailles. Poularde, chapon. Cassoulet. Chili con carne. Tajines.
Servir autour de 16 °C.

Le **rosé** est sec, parfumé et épicé.

À boire jeune, avec :
Cuisine à l'ail. Tapenades. Abats. Charcuterie. Grillades. Barbecue. Brochettes. Ragoûts. Pizzas. Crudités.
Servir autour de 8 °C.

Prix : 8 à 20 euros
Millésimes (rouge) : 2004, 2005, 2006, 2007, 2009, 2010…

Givry

Dans le vignoble de la Côte Chalonnaise, l'AOP givry produit surtout du rouge et un peu de blanc, à partir de cépages pinot noir et chardonnay… Cette vigne, qui couvre plus de 260 hectares, remonte à l'époque gallo-romaine.

> Le givry-blanc n'a qu'un seul vrai défaut : sa rareté.

Le **rouge**, sans avoir la délicatesse et la douceur du mercurey, lui ressemble beaucoup, en plus corsé et plus robuste, ce qui le prédispose aux mets costauds eux aussi.

À boire jusqu'à cinq ou dix ans, avec :

Coq au vin. Viandes rouges en sauce. Fondue bourguignonne. Poularde, chapon. Charcuterie chaude. Fromages à pâte cuite. Brie.
Servir autour de 15 °C.

Le **blanc**, aussi flatteur au nez que plaisant en bouche, surprend souvent par sa finesse et fait mieux qu'accompagner les cuisines les plus raffinées… et les autres.

À boire jusqu'à cinq ans et plus, avec :

Poissons. Coquillages crus. Coquillages cuits. Crustacés. Viandes blanches. Cantal.
Servir entre 10 et 12 °C.

Prix : 20 à 30 euros et plus
Millésimes (rouge) : 2005, 2009, 2010…

Grand-roussillon

De grands vins, goûteux et étonnamment polyvalents, mais attention à la proportion d'alcool, toujours élevée dans les vins doux naturels.

Cette AOP régionale regroupe les AOP banyuls, maury, rivesaltes et muscat-de-rivesaltes. Elle s'étend sur 1 800 hectares. Elle produit un vin doux naturel blanc, rosé, rouge ou rancio (élevage de 24 mois minimum en fûts donnant des arômes typiques de noix, café, tabac…), à partir de cépages grenache noir, gris et blanc, macabeu, muscat-à-petits-grains, muscat-d'alexandrie, tourbat, carignan, cinsault, syrah, listan…

Rouge à boire jusqu'à vingt ans, avec :

Fromages bleus. Tommes de brebis affinées. Chocolat. Desserts aux fruits rouges.

Servir entre 10 et 12 °C.

Rancio à boire de même, avec :
Apéritif. Canapés. Desserts. Pâtisseries. Chocolat. Seul.

Rosé et **blanc** se boivent jeunes, avec :
Apéritif. Canapés. Desserts. Sucré-salé. Fromages bleus.
Servir autour de 10 °C.

Prix : 10 à 20 euros

Grands-échezeaux

L'AOP grands-échezeaux produit un très grand vin rouge à base de pinot noir, tout près de Nuits-Saint-Georges, sur un petit terroir de moins de 10 hectares.

Comme beaucoup d'autres AOP grand cru de Bourgogne, celle-ci est aussi petite par la surface que grande par la qualité, la faible production expliquant l'envolée des prix.

À boire jusqu'à vingt ans, et plus pour les meilleurs millésimes, avec :
Grand gibier. Viandes rouges. Viandes rouges en sauce. Agneau.
Servir autour de 16 °C.

Prix : 50 à plus de 100 euros
Millésimes : 2005, 2009, 2010, 2011, 2012, 2013, 2014…

Graves

Leur nom vient tout simplement des graviers qui bordent la Garonne. La vaste région des Graves couvre plus de 3000 hectares sur la rive gauche, avant l'estuaire de la Gironde, entre le fleuve et les Landes. Selon la nature du sol, on trouve des graves plus ou moins fins, plus ou moins riches ou plus ou moins légers. Cela dépend aussi du choix de cépages, parmi les rouges comme les cabernet-franc, cabernet-sauvignon, malbec, merlot, petit-verdot… Ou parmi des cépages blancs comme les sémillon, sauvignon, muscadelle…

La région produit une grande quantité de vin sous l'appellation graves. Les bonnes ou les très bonnes surprises y sont nombreuses, à prix abordable… et font oublier les moins bonnes.

L'AOP graves-**blanc** donne un vin sec, harmonieux, racé, élégant, très aromatique, qui vieillit bien et accompagne à merveille la cuisine raffinée.

À boire jusqu'à huit ou dix ans, beaucoup plus pour les meilleurs, avec :

Asperges. Crustacés. Fruits de mer. Poisson. Coquillages cuits. Blanquette de veau. Cuisine à la crème.
Servir entre 8 et 10 °C.

Millésimes : 2005, 2009, 2010, 2011…

L'AOP graves-**rouge** développe toujours un délicat bouquet de parfums et une grande finesse. C'est un vin d'une couleur rubis soutenue, dont la saveur veloutée remplit la bouche sans la fatiguer. Un vin de classe qui sait aussi se montrer plaisant, rafraîchissant… En un mot : agréable. Ils vieillissent avec bonheur et accompagnent volontiers tous les mets d'un repas complet – dessert excepté.

À boire jusqu'à dix ou quinze ans, et plus pour les meilleurs, avec :

Viandes rouges. Viandes blanches en sauce. Rôtis. Volailles. Chapon, poularde. Petit gibier. Champignons. Cèpes à la bordelaise.
Servir entre 14 et 16 °C.

Millésimes : 2005, 2009, 2010, 2011…
Prix : 6 à 20 euros

« Graves Stars »

« Ici, pendant un court entracte, il n'y avait eu ni passé, ni destinée ; seulement de la nourriture, du vin généreux, un bien-être physique dans lequel on se blottissait et qui faisait prononcer des mots sans importance. »

GEORGES SIMENON (1903-1990), *La Vieille*

En 1953, les vins de Graves ont été classés. Seize domaines sont sortis vainqueurs de ce classement. Le plus célèbre d'entre eux, le Château Haut-Brion occupe une position originale, en pleine ville de Pessac. Il produit de rares et merveilleux flacons de vin blanc et surtout un vin rouge ample, généreux, qui s'épanouit en vingt-cinq ans ou plus.

Grands crus classés en graves-blancs :

- Château-laville-haut-brion (Talence)
- Domaine de Chevalier (Léognan)
- Château Carbonnieux (Léognan)
- Château Malartic-Lagravière (Léognan)
- Château Olivier (Léognan)
- Château La Tour-Martillac (Martillac)
- Château Bouscaut (Cadaujac)
- Château Couhins-Lurton (Villenave-d'Ornon)
- Château Couhins

Grands crus classés en graves-rouges :

- Château Haut-Brion (Pessac)
- Château La Mission Haut-Brion (Talence)
- Château La Tour Haut-Brion (Talence)
- Domaine de Chevalier (Léognan)
- Château Pape clément (Pessac)
- Château Carbonnieux (Léognan)

- Château Malartic-Lagravière (Léognan)
- Château Olivier (Léognan)
- Château La Tour-Martillac (Martillac)
- Château Bouscaut (Cadaujac)
- Château de Fieuzal (Léognan)
- Château Haut-Bailly (Léognan)
- Château Smith-Haut-Lafitte (Martillac)

Millésimes : 2000, 2001, 2005, 2009, 2010, 2011…

Graves-supérieures

Beaucoup moins connus que les autres graves de la Garonne, ces excellents vins très aromatiques s'accordent à merveille avec à peu près tout ce que la cuisine bordelaise produit de plus riche et savoureux… Ce qui n'est pas peu dire !

L'AOP graves-supérieures est produite dans la région de graves sur la rive gauche de la Garonne. Il s'agit uniquement d'un blanc moelleux à base de muscadelle, sauvignon et sémillon récoltés à surmaturité et à la main, sur une superficie plus restreinte.

À boire jusqu'à dix ans et plus, avec :
Foie gras. Ris de veau. Desserts.
Servir autour de 10 °C.

Prix : 10 à 20 euros

Graves-de-vayres

Des vins sympathiques et pas chers, au bord de la Dordogne et non de la Garonne, d'un abord très facile et dont les meilleurs peuvent supporter bien des comparaisons.

L'AOP graves-de-vayres, bien qu'implantée elle aussi en Gironde et sur des sols de « graves », d'où son nom, ne fait pas partie de l'appellation *graves*, et n'en est même pas voisine. Les 400 hectares des graves-de-vayres sont plantés près de Libourne, sur la rive gauche de la Dordogne, pour donner un blanc sec, un blanc doux et un rouge à partir de cépages muscadelle, sémillon, sauvignon, merlot, cabernet-franc, cabernet-sauvignon, malbec, carménère, petit-verdot…

Blanc à boire jeune, avec :
Fruits de mer. Crustacés. Poissons. Viandes blanches.
Servir entre 8 et 10 °C.

Rouge à boire jeune, avec :
Rôtis. Volailles. Petit gibier. Mimolette. Saint-nectaire.
Servir autour de 15 °C.

Prix : 5 à 10 euros
Millésimes : 2005, 2009, 2010…

Grenache (cépage)

Le grenache noir nous est venu d'Espagne (où il s'appelle garnacha) pour coloniser les vignes du Sud-Est de la France (Languedoc, Roussillon, Provence, sud du Rhône), où il donne (mais plus souvent participe à) des vins fins, colorés et corsés comme le gigondas ou le châteauneuf-du-pape. Il réussit très bien aussi dans les vins doux naturels comme le banyuls ou le maury. Selon les terroirs, il donne des petits rendements ou des rendements très généreux. Dans ce dernier cas, il donne des vins plus ordinaires. On le retrouve en Sardaigne sous le nom de cannonau.

Le grenache blanc est la version blanche du grenache noir. Il entre notamment dans la composition des vins doux naturels blancs (maury, riversaltes, banyuls) en compagnie du grenache gris, cépage de la même famille.

Grès-de-montpellier

Le grès-de-montpellier était jusqu'en 2003 une zone géographique rattachée à l'appellation languedoc. C'est depuis un cru à part. Sur de petites parcelles, dans le département de l'Hérault, entre le littoral méditerranéen, la vallée de l'Hérault, la vallée du Vidourle et le Pic-Saint-Loup, l'appellation produit uniquement du rouge, à partir de cépages mourvèdre, syrah et grenache parfois complétés par du carignan. Les rendements sont limités, l'élevage d'un an minimum. Il est plus fin, plus structuré aussi, que le rouge de l'AOP languedoc. Un vin pour vrais connaisseurs, dans une région qui mise de plus en plus sur la qualité… Et qui a bien raison de le faire, comme en témoigne cet excellent cru. Le climat particulièrement chaud et sec favorise des vins ronds et charnus.

Ce **rouge** est dédié aux volailles goûteuses, civets et plats en sauce…
Servir entre 15 (jeune) et 17 °C.

Prix : 10 à 20 euros

Grignan-les-Adhémar

Près de Montélimar, dans la vallée du Rhône et sur la rive gauche du fleuve, l'AOP grignan-les-adhémar (ex-coteaux-du-tricastin) produit, sur plus de 1 800 hectares, surtout des rouges et des rosés, à partir de grenache et syrah, accompagnés ou non d'une minorité de mourvèdre, carignan et cinsault. Une minorité de blancs est issue de grenache blanc, de bourboulenc, clairette, roussanne, marsanne et viognier. Lorsqu'elle a changé de nom en 2009, cette AOP a limité ses rendements et développé l'importance des cépages syrah et viognier. Les vins ont gagné en finesse.

> Ici, la vigne côtoie parfois les bois de chênes truffiers, mais la personnalité de ces vins au goût fin mais bien plein reste celle des côtes-du-rhône traditionnels. (Sans goût de truffe.)

Rouge à boire jusqu'à trois ans (parfois plus), avec :
Ragoûts. Rôtis. Viandes rouges grillées. Viandes rouges en sauce. Plats aux truffes. Petites volailles.
Servir autour de 15 à 17 °C.

Rosé à boire jeunes, avec :
Charcuterie. Crudités. Grillades. Barbecue. Brochettes. Cuisine chinoise. Cuisine japonaise. Cuisine vietnamienne. Paella. Pizzas.
Servir autour de 10 °C.

Blanc à boire jusqu'à trois ans, avec :
Poisson. Coquillages crus. Viandes blanches. Volailles. Fromages à pâte cuite.
Servir entre 8 et 10 °C.

Prix : 7 à 20 euros

Griotte-chambertin

Un bourgogne qui compte parmi les plus grands, à réserver aux circonstances exceptionnelles.

Autre excellente illustration de la particularité bourguignonne « petit vignoble = grand vin », l'AOP grand cru griotte-chambertin est richement parfumée au nez comme en bouche sous une robe d'un rouge brillant inimitable, et élaborée sur moins de 3 hectares à partir de pinot noir. Elle exprime à merveille l'alliance, bien bourguignonne elle aussi, de la force et de la délicatesse.

À boire jusqu'à dix ou vingt ans, selon les millésimes, avec :
Grand gibier. Viandes rouges. Rôtis. Volailles. Cuisine pimentée. Viandes blanches en sauce.
Servir de 16 à 18 °C.

Prix : à partir de 80 euros
Millésimes : 2005, 2008, 2009, 2010, 2012, 2014…

Griset-blanc

(Voir aligoté)

Gris-meunier

(Voir pinot-meunier)

Grolleau (cépage)

Aussi appelé gros lot-de-cinq-mars (allusion à sa productivité), il donne des rouges légers, mais il réussit surtout dans les gris ou les rosés à boire jeunes du Val-de-Loire (anjou, rosé d'anjou, touraine, rosé-de-Loire, crémant-de-Loire rosé…).

Gros-bouchet

(Voir cabernet-franc)

Gros lot-de-cinq-mars

(Voir grolleau)

Gros-plant

(Voir folle-blanche)

Gros-plant-du-pays-nantais

Le cépage folle-blanche, prend le nom de gros-plant en Pays Nantais, où il produit un vin blanc sec du même nom, agréable, vif, désaltérant et peu alcoolisé. Le type même du petit vin qui se boit tout seul, issu d'un vignoble bien abrité de près de 1300 hectares au sud de la Loire, baigné par la douceur du climat océanique. classée en AOP, l'appellation est ou non suivie de la mention « sur-lie », qui correspond à une vinification différente et apporte un gage de qualité supérieure. Le gros-plant-du-pays-nantais-sur-lie est plus apte à vieillir… mais pas trop longtemps.

> Le gros-plant-du-pays-nantais est aussi connu pour ses propriétés diurétiques et ses vertus désaltérantes – à moins que ce ne soit l'inverse. Il est produit sur la même zone que le muscadet.

À boire jeune, avec :

Viandes blanches. Terrines. Crustacés. Coquillages crus. Huîtres. Paloudes. Quiches. Fruits de mer. Poisson. Fritures. Fromages frais.
Servir autour de 8 °C.

Prix : 5 à 10 euros

Grosse-clairette

(Voir bourboulenc)

Haut-médoc

Le haut-médoc couvre plus de 4000 hectares dans la presqu'île médocaine, et compte des vins rouges parmi les plus fins et les plus nobles : pauillac, saint-julien, saint-estèphe, margaux, moulis, listrac (voir ces appellations). L'AOP haut-médoc elle-même donne un vin racé, élégant et de longue garde, à partir de cépages cabernet-sauvignon, cabernet-franc, carménère, merlot, malbec (côt), petit-verdot… Plusieurs domaines sont classés «grand cru» dans le classement de 1855 : Château La Lagune (3e grand cru classé), Château La Tour Carnet (4ème grand cru classé), Château Belgrave, Château Camensac et Château Cantemerle (5èmes grands crus classés) et certains jouissent d'une réputation équivalente à celle des grands crus classés (Château Sociando-Mallet).

Des grands bordeaux assez abordables qui donnent toujours le meilleur d'eux-mêmes, surtout quand on les laisse vieillir au moins deux ou trois ans en bouteille.

À boire jusqu'à dix ou vingt ans (pour les crus classés), avec :
Viandes rouges. Grand gibier. Abats. Veau. Agneau. Pot-au-feu. Volailles. Poule au pot. Légumes farcis.
Servir autour de 17-18 °C.

Prix : 8 à 30 euros et plus
Millésimes : 2000, 2001, 2002, 2003, 2005, 2006, 2009, 2010, 2011…

Haut-montravel

Depuis le millésime 2012, l'AOP haut-montravel ne produit plus que des vins blancs liquoreux (avant le vin pouvait être un blanc moelleux). Elle est produite sur les meilleurs terroirs de cette partie du vignoble de Dordogne d'où sont aussi issus les montravels blanc sec et rouge.

À boire sur cinq à dix ans avec :

Desserts aux fruits exotiques, à l'abricot, aux amandes, aux agrumes, aux fraises.

Servir à 8 °C.

Haut-poitou

Au nord de Poitiers, l'AOP haut-poitou est un bel exemple de renaissance d'un vignoble, à force de travail et d'application. Les 186 hectares de l'appellation ont été replantés en cabernet-franc, gamay, merlot, pinot noir, sauvignon blanc, sauvignon gris, par îlots correspondant aux meilleurs terroirs. Ces rouges, rosés et blancs ont en commun une certaine légèreté, tant par leur couleur que par leur fruité délicat et leur agréable fraîcheur.

> Tous les vins de l'appellation haut-poitou ont un autre point commun, qui laisse rarement indifférent : leur excellent rapport qualité/prix.

Le blanc de sauvignon est un vin sec, à robe pâle avec un léger reflet vert, très typé, désaltérant, agréable en bouche, très aromatique… et légèrement perlant.

Blanc à boire jeune, et jusqu'à trois ans pour les meilleurs, avec :

Coquillages crus. Coquillages cuits. Crustacés. Huîtres. Poisson. Sardines grillées. Fromages de chèvre.

Servir entre 8 et 10 °C.

Rosé à boire jeune (dans l'année suivant la récolte), avec :

Crustacés. Charcuterie. Pizzas. Pâtes. Salades. Grillades. Fromages.

Servir autour de 8 °C.

Le **rouge** est un vin direct et franc, mais aussi parfumé et rond en bouche. Il vieillit dignement pendant quelques années.

À boire jeune ou jusqu'à quatre ou cinq ans, avec :

🍽 Charcuterie chaude. Légumes farcis. Tajines. Moussaka. Agneau aux haricots secs. Grillades.
Servir autour de 12-13 °C.

Prix : moins de 6 euros

Haute-garonne (IGP comté-tolosan haute-garonne)

Ce vin de pays est devenu une mention géographique de l'IGP comté-tolosan.

(Voir Comté-tolosan)

Haute-marne (IGP)

IGP départementale de la Haute-Marne. Elle produit des vins rouges, rosés, blancs et mousseux à partir de cépages empruntés à la Bourgogne, Alsace ou Champagne : pinot noir, gamay, pinot meunier, auxerrois, chardonnay, aligoté, pinot blanc, pinot gris.

Haute-saône (IGP franche-comté haute-saône)

Le vin de pays de la haute-saône est devenu une mention géographique de l'IGP franche-comté.

Haute-vallée-de-l'aude (IGP)

Issus de quelques dizaines de communes du département autour de Limoux, cette zone est sous influence à la fois méditerranéenne et océanique, ce que reflètent ses cépages. Les blancs dominent la production. Ils sont issus de chardonnay, chenin, pinot blanc, sauvignon et viognier. Les rouges et les rosés sont vinifiés à partir de cépages cabernet-sauvignon, cabernet franc, merlot, cot, pinot-noir et syrah. Les assemblages côtoient les vins de cépage : cabernet-sauvignon, pinot-noir…

Mêmes caractéristiques et mêmes usages que la plupart des vins de ce (riche) département.

Haute-vallée-de-l'orb (IGP)

Ce coin du Haut Languedoc dans l'Hérault est connu pour ses stations thermales mais fait aussi de bons vins ! Du rouge, du rosé et du blanc sont produits, à partir des cépages traditionnels de la région du Haut-Languedoc (carignan, cinsault, grenache), auxquels s'ajoutent maintenant syrah, merlot et chardonnay. Ce sont des vins de moyenne altitude, ce qui leur donne une typicité propre, dans ce département pourtant si riche en vignes de toute sorte.

Prix : 6 à 10 euros

Haute-vienne (IGP)

Appellation départementale du Limousin.

Hauterive (IGP aude hauterive)

Cette zone géographique peut être revendiquée par des vins classés en IGP aude. Elle correspond à une trentaine de communes du département de l'Aude en assemblages ou vins de cépage. Parmi les vins de cépage, le chardonnay (blanc) est un petit vin d'apéritif bien sympathique, parfaitement capable d'accompagner un peu plus tard une volaille ou autre viande blanche. Le vin de syrah offre, lui, les arômes bien mûrs et savoureux de la région et convient aussi bien aux grillades qu'à toutes les préparations de viandes rouges. Les prix dépassent rarement 6 euros.

Hautes-alpes (IGP)

Rouges, rosés et blancs sont issus de cépages variés : merlot, cabernet-sauvignon, syrah, cinsault, viognier, etc. L'air de l'altitude donne aux rosés et blancs un style frais, acidulé. Les rouges sont relativement tanniques mais bien fruités. Certains rouges font la part belle au mollard, un cépage local historique. Il donne des vins aux notes de fruits mûrs et d'épices, parfaits avec de bonnes viandes rouges ou charcuteries. La zone de production est située dans la vallée de la Durance.

Prix : autour de 8 euros, parfois plus

Hautes-pyrénées

(Voir Comté-tolosan)

Les vins produits dans les Hautes-pyrénées se rattachent à la banière IGP comté-tolosan. Ceux issus des cantons de Castelnau-Rivière-Basse, Maubourguet, Rabastens-de-Bigorre et Vic-Bigorre peuvent compléter leur nom IGP comté-tolosan de la mention géographique « bigorre ».

Hauts-de-badens

(Voir Coteaux-de-peyriac)

Hérault (IGP pays d'hérault)

(Voir Pays d'hérault)

Hermitage

Une grande appellation qui fait partie du club fermé des très grands côtes-du-rhône.

À beau vin, site exceptionnel ! Le coteau abrupt qui porte le vignoble de l'AOP hermitage (ou Ermitage) surplombe le Rhône, côté rive gauche, au nord-est de Tain-l'Hermitage. Il produit un rouge, un blanc et un vin de paille, tous de grande classe, sur environ 120 hectares bien exposés, face aux brûlants rayons du soleil.

Le **rouge**, à base de syrah, un peu sauvage dans sa jeunesse, s'arrondit assez vite en vieillissant, en gagnant en finesse et en élégance. Sa robe typique des côtes-du-rhône est foncée, presque pourpre.

Quant à son bouquet de parfums, il est pénétrant, envoûtant et il enveloppe toute la bouche, surtout en présence de mets succulents, qu'il rehausse et qui le lui rendent bien.

À boire à partir de deux ans au minimum, et jusqu'à dix ans (parfois plus), avec :

🍽 Viandes rouges en sauce. Viandes rouges grillées. Daubes. Pot-au-feu. Rôtis. Agneau. Viandes blanches. Petit gibier. Cuisine pimentée.
Servir de 15 à 18 °C, selon l'âge.

Millésimes : 2005, 2006, 2009, 2010, 2012…

Le **blanc**, issu de cépages marsanne et roussanne, est sec, généreux et d'une belle couleur dorée. Il se distingue lui aussi par un arôme intense et compte parmi les plus belles réussites de la vallée du Rhône. Lui aussi sait vieillir avec élégance pour accompagner avec bonheur, et à tout âge, les mets soigneusement cuisinés.

À boire jusqu'à dix-douze ans, avec :

🍽 Poissons. Poissons d'eau douce. Terrines. Quenelles. Crustacés. Fruits de mer. Coquillages cuits. Cuisses de grenouilles. Cuisine à la crème. Abats. Volailles. Poularde, chapon.
Servir de 10 à 12 °C.

Millésimes : 2005, 2006, 2009, 2010, 2012…

L'AOP hermitage produit aussi un délectable vin **de paille** qui se révèle un véritable trésor du genre… Mais un trésor confidentiel, élevé pendant un an et demi avant sa commercialisation. Il se déguste avec les desserts… ou seul !
Servir le vin de paille à 10 ou 12 °C.

Prix : 30 à 50 euros et (beaucoup) plus

Île-de-beauté (IGP)

Ce vin de pays est issu de raisins récoltés dans les deux départements de la Corse, en assemblages ou en vins de cépage. C'est la plus grosse production de l'île en volume. Les cépages sont locaux (vermentino, nielluccio…) ou nationaux (merlot, cabernet sauvignon…) Un merlot par exemple (rouge), qui accompagne très bien les viandes rouges ; un vin, qui, contrairement à ce qu'on pourrait attendre, se révèle assez léger en bouche. En blanc, on peut citer aussi un excellent vermentino… Le rosé se taille la part du lion dans les volumes produits.

Mêmes usages et caractéristiques voisines des autres vins corses (ajaccio, Figari, sartène…).

Indre (IGP val-de-Loire-indre)

(Voir val-de-loire)

Indre-et-loire (IGP val-de-Loire-indre-et-loire)

(Voir val-de-loire)

Irancy

L'AOP bourguignonne irancy, suivie ou non par un nom de lieu, est implantée au sud-est d'Auxerre, sur 160 hectares. C'est le rouge de la région de Châblis. Le pinot-noir y domine, accompagné en minorité par le vieux cépage local césar. Cet assemblage donne un rouge d'une très belle couleur, finement parfumé mais vigoureux, charnu et généreux… comme la cuisine qui l'accompagne le mieux. Certains lieux-dits comme Palotte ou Les Mazelots forment une sorte d'élite au sein des irancys.

> Certains rosés méritent aussi d'être mentionnés, qui sont de parfaits vins de fête entre copains. Ils sont produits sous l'AOP bourgogne rosé.

À boire pas trop jeune, jusqu'à dix ans et plus, avec :

Viandes blanches. Viandes rouges en sauce. Coq au vin. Volailles mijotées. Travers de porc grillés. Abats. Charcuterie. Fromages à pâte molle et croûte lavée. Cantal. Camembert.

Servir autour de 16 °C (17-18 °C pour une bouteille vénérable).

Prix : 10 à 20 euros
Millésimes : 2005, 2007, 2009, 2010, 2014…

Irouléguy

Le rouge, le rosé et le blanc de l'AOP Irouléguy sont issus du département des Pyrénées-Atlantiques, plus exactement de 230 hectares du Pays basque, au pied des Pyrénées. Implantés sur des coteaux assez pentus, les vignes de cépages tannat, cabernet-franc, cabernet-sauvignon, produisent du rouge et du rosé. Celles de petit-manseng, gros-manseng, petit courbu produisent du blanc.

> Les coteaux pyrénéens bien exposés développent non seulement les arômes de ces vins, qui n'en sont pas avares, mais aussi la nervosité et la vigueur typiques de ces bons Pyrénéens.

Le **rouge** allie force, chaleur et robustesse : la bonne recette pour passer trois à cinq ans en bouteille en se bonifiant.

À boire jusqu'à cinq ans, avec :

🍽 Viandes rouges. Rôtis. Petit gibier. Chorizo. Agneau. Viandes confites. Porc mijoté.
Servir de 15 à 16 °C.

Rosé, puissant, rond et bien fruité, à boire sur deux ans avec :

🍽 Grillades. Brochettes d'agneau. Mets bien relevés. Tapas. Ratatouille. Poulet basquaise. Jambon de Bayonne.

Blanc très attachant pour son équilibre entre vivacité et arômes éclatants, à boire jusqu'à deux-trois ans, avec :

🍽 Coquillages crus. Crustacés. Poisson grillé ou à la plancha. Grillades de porc. Charcuterie. Volailles.
Servir entre 8 et 10 °C.

Prix : 10 à 20 euros

Isère (IGP)

Cette IGP peut être suivie des mentions géographiques complémentaires « balmes dauphinoises » ou « coteaux-du-grésivaudan ». Les vins sont rouges, rosés ou blancs. Les cépages incluent des grands classiques (gamay, pinot noir, syrah, chardonnay, viognier), des cépages savoyards (mondeuse, jacquère, altesse, roussanne...) mais aussi des cépages locaux et oubliés en pleine redécouverte : étraire de la dui, joubertin, persan, servanin, corbeau, verdesse... C'est le genre d'appellation où l'on peut faire des vraies découvertes de vins sympathiques et conviviaux, ayant de la personnalité.

À boire avec :

🍽 Charcuteries. Tartes salées. Fromages. Poissons et viandes à la plancha (blancs). Terrines.

Selon les cépages utilisés, certains rouges sont souples et fruités, d'autres plus tanniques et épicés. Les mets sont à adapter en conséquence.

Prix : 6 à 12 euros.

Jacquère (cépage)

Ce cépage vedette de la montagne savoyarde donne des petits vins blancs légers, parfois perlés, agréables à boire jeunes. On le retrouve en AOP vin-de-savoie (ou Savoie), dans les vins de Bugey ou dans les IGP (vins de pays) de ces régions. C'est le cépage principal des crus de vins de Savoie blancs Abymes, Apremont, Chautagne, Chignin, Cruet, Jongieux, Montmélian, Saint-Jeoire-Prieuré.

Jardin-de-la-france (vin de pays du jardin-de-la-france)

La très vaste appellation vin-de-pays-du-jardin-de-la-france s'est transformée en IGP val-de-loire en 2009.

(Voir Val-de-loire)

Jasnières

Enclavée dans l'AOP coteaux-du-loir, l'AOP jasnières couvre environ 50 hectares, sur lesquels elle ne produit que du blanc à partir de chenin-blanc (aussi appelé pineau-de-la-loire). Très élégants, parfumés, aromatiques, minéraux, les meilleurs jasnières peuvent se conserver et atteindre en vieillissant des qualités exceptionnelles, surtout s'ils proviennent d'une année chaude et sèche. Le jasnières est parfois moelleux, il se conserve encore plus longtemps en se teintant, au fil des ans, d'un très joli jaune d'or.

À boire avec :
Crustacés. Poissons fins. Poissons crus. Sushis. Volailles. Viandes blanches. Lapin. Cuisine thaï. Légumes.

Servir entre 8 et 10 °C (autour de 12 °C pour les moelleux).

Prix : 15 à 30 euros.

Juliénas

L'AOP juliénas, grand beaujolais du « club des Dix », ne produit que du rouge, à base de gamay-noir-à-jus-blanc, sur environ 600 hectares. Un rouge nerveux, bien plein en bouche, qui dégage un exquis bouquet de parfums.

> Les beaujolais ne sont généralement pas des vins de garde, mais le juliénas est robuste sous sa belle robe rubis, et il peut se conserver quelques années sans perdre son fruité.

À boire jusqu'à six ou sept ans, avec :
Volailles de Bresse. Foies de volailles. Rôtis. Coq au vin. Viandes blanches. Charcuterie. Champignons. Canard laqué. Viandes rouges. Petit gibier. Fromages à pâte molle.
Servir à 13-14 °C.

Prix : 5 à 20 euros

Millésimes : 2005, 2009, 2010, 2012…

Jurançon

À 300 mètres d'altitude environ, au sud de Pau, l'AOP jurançon produit, sur plus de 800 hectares, uniquement du vin blanc, à partir de cépages gros et petit-manseng, courbu, camaralet, lauzet… Certaines de ses vignes comptent parmi les plus anciennes de France. La vocation du jurançon est de produire un vin plutôt moelleux, voire liquoreux, mais la mode des vins secs a développé ces derniers. Quelques gouttes de ce vin à la couleur dorée auraient été posées sur les lèvres du futur Henri IV lors de son baptême. Le jurançon est ainsi devenu un vin mythique. Sa qualité est à la hauteur de son statut de vin royal !

> Pour l'anecdote, il est interdit d'intégrer le cépage jurançon dans l'AOP du même nom.

Le **blanc sec** est parfumé, plein de sève, fruité, franc de goût, tonique en finale, avec un bouquet et une personnalité bien à lui.

À boire jeune ou jusqu'à deux-trois ans, avec :

Crustacés. Viandes blanches. Poisson grillé ou à la plancha. Volailles. Tajines de poisson. Tajines au citron confit. Cuisine asiatique. Saumon.

Servir entre 8 et 10 °C.

Les **vendanges tardives** de raisins à surmaturation donnent un vin moelleux ou liquoreux, riche et de longue garde, qui peut titrer jusqu'à 14°. Sa race et son ampleur n'excluent pas une nervosité surprenante, de même que son aptitude au vieillissement.

À boire entre cinq et vingt ans, avec :

Poularde ou chapon à la crème. Apéritif. Canapés. Foie gras. Volailles. Viandes blanches en sauce.

Servir entre 6 et 8 °C.

Prix : 6 à 20 euros

Klevener-d'heiligenstein

(Voir alsace-klevener-de-heiligenstein)

L'Étoile

Dans le Jura, l'AOP l'étoile produit un vin blanc tranquille, un vin de paille et un vin jaune, sur 65 hectares, à partir de cépages chardonnay et savagnin. Les blancs, tranquilles, sont secs et fruités, délicats, bouquetés, de couleur dorée, élégants.

Pourquoi ce nom, l'étoile ? Deux hypothèses : soit à cause des petits fossiles étoilés qui parsèment les vignes, ou bien parce que le village du même nom est entouré par cinq collines en étoile.

Blanc sec à boire jusqu'à trois à huit ans, avec :
Tartes aux fruits. Viandes blanches en sauce. Poissons d'eau douce. Soufflé au fromage. Charcuteries fumées.
Servir autour de 10 °C.

Vin **de paille** à boire jusqu'à vingt ans et plus, au dessert.
Servir autour de 8 °C.

Millésimes : 2005, 2009, 2010, 2011, 2013…

Vin **jaune** à boire jusqu'à trente ans, parfois plus, avec :
Poularde, chapon. Volailles. Petit gibier. Morilles. Comté.
Servir autour de 16 °C.

Prix : 7 à 15 euros
Vin de paille : 15 à 20 euros
Vin jaune : 20 à 30 euros – en clavelin de 62 cl

La-clape (AOP languedoc-la-clape)

Le terroir de La Clape est du genre extrême. Le soleil y est ardent, le vent omniprésent (treize vents différents y soufflent au gré de la météo). Le sol est caillouteux. En bouteille, cela donne des vins puissants, hauts en saveur. Rouges et rosés sont à base de grenache, mourvèdre, syrah et carignan, cinsault en complément. Les blancs utilisent les cépages bourboulenc, clairette, grenache blanc, marsanne, picpoul, rolle , roussanne ainsi que carignan blanc, macabeu, terret et ugni blanc. L'appellation produit du blanc, du rouge et du rosé ; le rouge à boire jusqu'à cinq ou six ans, le second à boire jeune.

Le **rouge** est dédié aux volailles goûteuses, aux plats en sauce, aux viandes rouges, au gibier…
Servir entre 15 (jeune) et 17 °C.

Le **blanc** et le **rosé** se boivent frais, sur des charcuteries, des poissons cuisinés de façon relevée, des viandes blanches, des volailles, des gratins de légumes.
Servir autour de 8 °C.

Prix : 10 euros et plus

La-côte-rêvée (IGP aude la-côte-rêvée)

Unité géographique plus petite pouvant être revendiquée au sein de l'IGP aude par les vins produits sur les communes de Gruissan, Bages, Fitou, La Palme, Leucate, Peyriac-de-Mer, Port-la-Nouvelle, Sigean, Caves, Feuilla, Portel, Treilles, Roquefort-des-Corbières.

(voir Aude)

La-grande-rue

Dans la Côte de Nuits, l'AOP grand cru la-grande-rue illustre de belle façon, la particularité bourguignonne : grand vin = petit vignoble (1,65 hectares). Le pinot noir donne ici un vin rouge d'anthologie et d'excellente garde.

À boire jusqu'à dix ou vingt ans, avec :
Grand gibier. Petit gibier. Volailles. Poulet de Bresse. Champignons.
Servir autour de 17 °C, en fonction de l'âge.

Prix : plus de 200 euros

La-méjanelle (AOP languedoc-la-méjanelle)

Sur de petites parcelles, dans le département de l'Hérault, dans l'agglomération de Montpellier, l'appellation produit uniquement du rouge sur un sol de galets roulés. Il est charnu et concentré, avec des notes parfois fumées.

Le **rouge** est dédié aux volailles goûteuses, aux plats en sauce…
Servir entre 15 (jeune) et 17 °C.

La-romanée

Dans la Côte de Nuits, près de Nuits-Saint-Georges, l'AOP grand cru la-romanée fait elle

> La-romanée peut se garder jusqu'à trente ans, ce qui n'est pas si courant pour un vin rouge et constitue le gage suprême de qualité pour n'importe quel vin.

aussi partie, comme la-grande-rue, la-tâche, romanée-conti, romanée-saint-vivant, richebourg… des très grands bourgognes qui font fantasmer les grands amateurs de vin. Leur réputation tient à leur exceptionnel mélange d'opulence et de finesse, et à leur capacité à affronter le temps. La-romanée produit uniquement du rouge, à base de pinot noir sur moins d'un hectare en pente assez marquée.

Même usage et mêmes accompagnements que la-grande-rue, avec une température de service légèrement plus élevée (jusqu'à 18 °C pour les plus vieilles bouteilles).

Prix : plus de 200 euros

La-tâche

Avec une aire de plus de 5 hectares, Le vignoble de l'AOP grand cru la-tâche est plus vaste que le précédent, mais en restant dans les proportions des grands bourgognes, auxquels il appartient aussi. Il appartient entièrement au Domaine de la Romanée-Conti, heureux possesseur du vignoble du grand cru romanée-conti et de bonnes parties de richebourg, romanée-saint-vivant, échézeaux et grands-échézeaux.

Même cépage, même usage et mêmes accompagnements que le précédent, avec une température de service comparable.

Prix : à partir de 1 500 euros

Ladoix

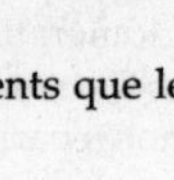

À partir de cépages pinot noir ou chardonnay, l'AOP bourguignonne ladoix produit essentiellement du rouge, mais aussi un blanc nerveux

Parmi les premiers crus remarquables, La Corvée l'est tout particulièrement.

et plein de sève qui rappelle les cortons et corton-charlemagne, ses grands voisins de la côte de Beaune. L'appellation communale ladoix, qui couvre une centaine d'hectares, possède des parcelles classées en premier cru.

Rouge rond et structuré, à boire jusqu'à cinq à huit ans, selon la qualité du millésime, avec :

Viandes rouges grillées. Rôtis. Petit gibier. Pâté en croûte. Viandes blanches en sauce. Coq au vin. Volailles. Mont-d'Or. Reblochon.
Servir à 15-16 °C.

Blanc à boire jusqu'à quatre ou cinq ans, avec :

Poisson. Fritures. Comté.
Servir autour de 12 °C.

Prix : à partir de 18 euros
Millésimes (rouge) : 2002, 2005, 2009, 2010, 2012, 2014…

Lalande-de-pomerol

Quelques crus notoires, entre autres : Château Tournefeuille, Château Sieurac, Château Belles-Graves, Château L'Église.

Dans la région de Bordeaux, près de Libourne, la vaste AOP lalande-de-pomerol produit, sur environ 1 100 hectares, uniquement du rouge à base de merlot complété par du cabernet-franc, cabernet-sauvignon, malbec… Proches des pomerols par la qualité, plus abordables pour le portefeuille, les meilleurs crus supportent les comparaisons en offrant des tanins veloutés et un bouquet complexe.

À boire jusqu'à dix ans, voire davantage, avec :

Viandes rouges. Daubes. Viandes blanches. Cuisine pimentée. Agneau. Gigot d'agneau. Volailles. Abats. Langue de bœuf. Veau. Porc cuisiné. Champignons. Petit gibier. Tajines. Pâtes italiennes. Fromages à pâte cuite.
Servir autour de 17 °C.

Prix : 15 à 30 euros et plus
Millésimes : 2000, 2001, 2005, 2009, 2010, 2012…

Landes (IGP landes)

Ce vin de pays est issu de quatre secteurs du département des Landes : coteaux de Chalosse, Sables fauves, Sables de l'océan, Côtes de l'Adour. Ces terroirs peuvent être mentionnés sur l'étiquette, juste après IGP landes.

Les sols sableux et la proximité de l'océan, sans oublier l'arrière-saison aux journées chaudes et ensoleillées de l'Aquitaine, donnent à ces vins une personnalité particulière.

Le **rouge** est issu de tannat, cabernet franc, cabernet-sauvignon, fer, merlot... Il est robuste.

À boire dans les 3 ans avec :

Charcuteries. Porc mijoté. Canard. Petit gibier. Cassoulet. Volailles. Pâtés chauds.

Servir autour de 17 °C.

Le **rosé** issu des mêmes cépages est charnu.

À boire jeune avec :

Charcuteries. Plats exotiques. Salades. Tartes salées. Barbecue.

Servir autour de 8° à 10°C.

Le **blanc** élaboré à base de colombard, sauvignon, ugni blanc, baroque, chenin, gros et petit manseng, chardonnay... est d'un style sec, fruité et vif très plaisant.

À boire jeune avec :

Apéritif. Tapas. Poisson et fruits de mer à la plancha. Ceviche. Salades. Crudités.

Servir autour de 8°C.

Languedoc (ex coteaux-du-languedoc)

En tant que région viticole, le Languedoc est vaste. La vigne y est omniprésente avec une grande diversité de terroirs mais unité de cépages. En tant qu'appellation, l'AOP languedoc a remplacé l'ancienne appellation coteaux-du-languedoc. Elle compte treize crus qui accolent leur nom à AOP languedoc, par exemple AOP languedoc-la-clape ou AOP languedoc-montpeyroux. Certains sont devenus des AOP en soi, comme AOP terrasses-du-larzac.

> La qualité de la vaste AOC coteaux-du-languedoc ne cesse de progresser, notamment grâce à une vinification soignée, mais les coteaux-du-languedoc restent encore trop méconnus. La nouvelle et immense appellation Sud de France (South of France) ne doit pas empêcher l'amateur de creuser un peu plus profond... pour trouver le petit trésor fait à son goût !

L'AOP languedoc s'étend sur les départements de l'Hérault (majoritaire), de l'Aude, du Gard et des Pyrénées-Orientales. Elle produit du rouge, du blanc et du rosé, à partir de cépages carignan, mourvèdre, syrah, cinsault, grenache, lledoner-pelut, piquepoul, terret, counoise, clairette, bourboulenc, marsanne, roussanne, viognier, vermentino (rolle)…

Le meilleur du **rouge** vient de Montpeyroux, Saint-Christol, Saint-Drézéry, Saint-Georges-d'Orques, Pic-Saint-Loup, Saint-Saturnin et La Clape…

À boire jeune ou jusqu'à six ou sept ans, avec :

Champignons. Viandes rouges grillées. Côte de bœuf. Viandes rouges en sauce. Grand gibier. Agneau. Daubes. Volailles. Tajines. Cassoulet. Chili con carne. Fromages de brebis.
Servir entre 15 et 16 °C.

Le **rosé**, d'une couleur éclatante, montre une vigueur étonnante qui le rapproche du rouge.

Le ***blanc*** est lui aussi dédié à la cuisine méditerranéenne.

Blanc et rosé à boire jeunes et jusqu'à trois ans (le blanc surtout), avec :

Bourrides. Soupe de poissons. Viandes blanches. Cuisine chinoise. Canard laqué. Tajines de volailles. Fruits de mer. Calmars. Coquillages crus. Coquillages cuits. Crustacés (blanc). Grillades (rosé). Barbecue (rosé). Pizzas (rosé). Poissons grillés.
Servir entre 9 et 12 °C.

Prix : 5 à 10 euros (parfois jusqu'à 20 euros et plus pour certains des suivants)

Les appellations incluses dans l'AOP sont : Cabrières, La Clape, Grès-de-Montpellier, La Méjanelle, Montpeyroux, Pézenas, Pic-Saint-Loup, Quatourze, Saint-Christol, Saint-Drézéry, Saint-Georges-d'Orques, Saint-Saturnin, Sommières. Elles méritent une mention particulière (voir ces appellations).

Latour-de-france

Sur et autour de la commune du même nom, non loin de Perpignan, latour-de-france est située à l'intérieur de l'appellation côtes-du-roussillon-villages, et produit exclusivement un rouge très coloré, assez corsé, généreux en alcool, assez vite ouvert et qui tapisse agréablement le palais. Un beau vin, cordial et généreux, à l'image de sa région.

Cette appellation produit uniquement du rouge, à partir des cépages classiques du Roussillon : carignan, grenache, lladoner-pelut, mourvèdre, syrah…

Ce **rouge**, très coloré, assez corsé, généreux en alcool, fait partie de ces vins qui tapissent agréablement le palais. Il vieillit encore mieux que le côtes-du-roussillon et peut se garder une bonne dizaine d'années – sans compter que le fait de perdre un peu d'alcool ne lui fait pas de mal, bien au contraire !

À boire avec :

Viandes rouges. Côte de bœuf. Agneau. Charcuterie. Chorizo. Escargots. Cuisine catalane. Grands et petits gibiers. Civets. Viandes blanches en sauce. Cassoulet. Chili con carne. Cuisine indienne. Fromages à pâte cuite.
Servir autour de 17 °C.

Prix : de 5 euros à 20 euros

Latricières-chambertin

Le latricières-chambertin exige, peut-être plus que d'autres, d'attendre quelques années pour s'épanouir en bouteille.

Entre Dijon et Nuits Saint-Georges, les 8 hectares de l'AOP grand cru latricières-chambertin ne produit que du rouge à base de pinot noir, mais quel rouge ! Un parfum inimitable, une saveur forte et fine à la fois dont les grands bourgognes ont le secret. Il fait partie de la famille des mythiques grands crus de Chambertin (voir Chambertin). Autre excellente illustration de la particularité bourguignonne « petit domaine = grand vin », l'AOP grand cru griotte-chambertin exprime à merveille l'alliance, bien bourguignonne elle aussi, de la force et de la délicatesse. Il est richement parfumé au nez comme en bouche sous une robe d'un rouge brillant inimitable.

À boire jusqu'à quinze ou vingt ans, selon les millésimes, avec :
Petit gibier. Rôtis. Viandes rouges. Volailles.
Servir de 16 à 18 °C.

Prix : 50 à plus de 100 euros
Millésimes : 2005, 2008, 2009, 2010, 2012, 2014…

Laudun (côtes-du-rhône-villages-laudun)

Ce vignoble du Gard date de l'époque du passage des armées de Jules César dans le Rhône. Tant de longevité justifie bien de pouvoir être revendiqué comme dans l'appellation côtes-du-rhône-villages. Chose rare, à Laudun, c'est d'abord le blanc qui a été réputé. Il est principalement à base de grenache blanc et de clairette. Le rouge contient au moins 50 % de grenache et 20 % de syrah et / ou mourvèdre. Le rosé fait appel aux mêmes cépages complétés par du cinsault.

Le laudun **rouge** est charnu et souple. Il se boit jusqu'à trois à quatre ans, parfois plus. Il accompagne les gibiers, les viandes rouges, les volailles (canard par exemple) et les plats pimentés…
Servir autour de 15 °C, 16 ou 17 °C maximum les grandes années.

Le laudun **blanc** se boit, lui, assez jeune – jusqu'à deux ans, trois maximum. Il accompagne agréablement des tapas, des poissons, des coquillages, de même que des volailles ou des viandes blanches.
Servir frais, sans excès, autour de 10 à 11 °C.

Le laudun **rosé** se boit jeune, voire très jeune, avec des grillades, des charcuteries… C'est le vin des petits repas improvisés, ou des pique-niques.
Servir frais, autour de 8 à 10 °C.

Prix : moins de 5 euros à 12 euros

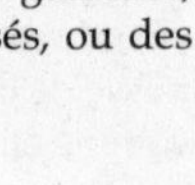

Lavilledieu (IGP)

Une appellation encore trop peu connue, qui mérite d'être découverte – et appréciée.

L'IGP lavilledieu s'étend sur environ 20 hectares à l'ouest de Montauban, dans le Tarn-et-Garonne, où elle produit du rouge et du rosé, à base de négrette, cabernet-franc, gamay, syrah, tannat…

Rosé acidulé à boire jeune, avec :

Brochettes. Grillades. Charcuterie. Pizzas.

Servir autour de 8 °C.

Rouge souple, bien, fruité, à boire jusqu'à quatre ou cinq ans, avec :

Viandes blanches en sauce. Viandes confites. Viandes rouges en sauce. Cassoulet. Grillades. Plats épicés.

Servir autour de 14 °C.

Prix : autour de 7 euros

Léognan

(Voir pessac-léognan)

Les-aspres

Dans la région des côtes-du-roussillon, l'AOP côtes-du-roussillon-les aspres produit uniquement du rouge, à base de carignan, mourvèdre, syrah, grenache… un vin bien charpenté, généreux, coloré, avec des notes épicées et rappelant la garrigue. Ils sont élevés douze mois au moins avant d'être commercialisés.

> Les forts pourcentages de syrah et de mourvèdre dans les assemblages donnent à cette appellation sa typicité.

À boire jusqu'à cinq ans et plus, avec :

Petit gibier. Grand gibier. Viandes rouges grillées. Cuisine chinoise. Rôtisserie chinoise. Viandes blanches en sauce. Sucré-salé. Chili con carne.
Servir autour de 14-15 °C.

Prix : 5 à 20 euros

Les-baux-de-provence

(Voir baux-de-provence)

Lesquerde

Cette AOP est une dénomination au sein de l'AOP côtes-du-roussillon. Elle produit uniquement du rouge, sur 60 hectares, face au Mont Canigou, à partir des cépages classiques du Roussillon : carignan, grenache, lladoner-pelut, syrah…

Ce **rouge**, très coloré, assez corsé, généreux en alcool, a un petit côté sauvage, pas du tout déplaisant, bien au contraire !

À boire avec :
Viandes rouges. Côte de bœuf. Agneau. Charcuterie. Chorizo. Escargots. Cuisine catalane. Grands et petits gibiers. Civets. Viandes blanches en sauce. Cassoulet. Chili con carne. Cuisine indienne. Fromages à pâte cuite.
Servir autour de 17 °C.

Prix : de 5 euros à 20 euros

Limoux

Dans l'Aude, cette AOP produit du blanc à partir de chenin-blanc, chardonnay, mauzac, et du rouge issu de cabernet-franc, cabernet-sauvignon, carignan, grenache, malbec, syrah, merlot... Elle couvre environ 200 hectares sur la même zone que la célèbre blanquette-de-limoux. Le blanc est obligatoirement élevé en barrique, ce qui lui donne du gras et un joli équilibre entre fraîcheur et rondeur. Le rouge, également élevé avec soin, est intense et structuré, entre style méditerranéen et atlantique.

> Ces vins qu'on appelle tranquilles (sans bulles) sont un peu éclipsés par la célébrité de la blanquette et du crémant-de-limoux... C'est bien dommage car ils révèlent d'indéniables qualités et témoignent d'une progression constante depuis des années.

Blanc à boire sur cinq ou six ans, avec :
Poisson. Coquillages cuits. Fruits de mer. Poulet à l'estragon. Viandes blanches. Reblochon.
Servir entre 8 et 10 °C.

Rouge à boire jusqu'à quatre à six ans, avec :
Viandes rouges. Grillades. Barbecue.
Servir autour de 16 °C.

Prix : 6 à 15 euros

Lirac

Dans la partie sud des côtes-du-rhône, dans le Gard, l'AOP lirac produit du rouge, du rosé et du blanc sur environ 780 hectares, rive droite du Rhône, au nord d'Avignon... à partir des cépages grenache, mourvèdre, syrah, carignan,

> Le lirac-rouge devient vraiment intéressant si l'on a la patience d'attendre au moins trois ans pour le boire.

cinsault pour les rouges ; marsanne, roussanne, bourboulenc, clairette, viognier, ugni blanc, piquepoul, grenache blanc pour les blancs.

Le **blanc** ne manque ni d'arômes, ni de finesse. Il n'est pas non plus dépourvu de fraîcheur.

Le **rosé** se révèle franchement vigoureux… mais aussi fruité et délicatement parfumé.

Blanc et **rosé** à boire jeunes et jusqu'à deux ou trois ans, avec :

Cuisine pimentée. Petit gibier. Volailles. Escargots. Poisson. Poissons au four. Pizzas. Cuisine japonaise. Cuisine pimentée (rosé). Cuisine indienne. Charcuterie chaude.

Servir le blanc entre 8 et 10 °C ; le rosé autour de 8 °C.

Le **rouge** allie une puissance incontestable à un équilibre non moins évident, ce qui lui permet d'être ample, mais jamais lourd. Un vin riche pour cuisines goûteuses !

À boire jusqu'à six ou huit ans, avec :

Viandes rouges. Viandes blanches en sauce. Agneau. Ragoûts. Petit gibier. Volailles. Cuisine pimentée. Chili con carne. Tajines.

Servir autour de 14 °C.

Prix : 6 à 12 euros

Listrac-médoc

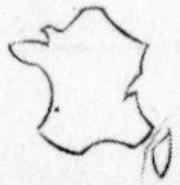

Des vins qui peuvent réserver d'excellentes surprises, à un prix qui encourage la recherche.

Comme les autres AOP de la presqu'île médocaine, l'appellation listrac-médoc vinifie uniquement du rouge à base de cabernet-sauvignon, merlot, petit-verdot, cabernet-sauvignon sur environ 600 hectares. Les différents assemblages donnent un vin robuste mais fruité.

À boire au bout de quelques années, jusqu'à dix ans pour les meilleurs millésimes, avec :

Viandes rouges. Volailles. Petit gibier. Agneau.

Servir autour de 16 °C.

Prix : 8 à 20 euros
Millésimes : 2005, 2006, 2009, 2010, 2011…

Loin de l'œil (cépage)

Ce gaillacois blanc, dont le nom occitan est « len-de-l'el », s'assemble le plus souvent au mauzac dont il tempère l'acidité et à qui il apporte de la finesse. Son nom vient du fait que le raisin est doté d'un long pédoncule qui l'éloigne beaucoup du bourgeon dont il est issu.

Loire-atlantique (IGP val-de-loire loire-atlantique)

(voir val-de-loire)

Loiret (IGP val-de-loire loiret)

(voir val-de-loire)

Loir-et-cher (IGP val-de-loire loir-et-cher)

(voir val-de-loire)

Lot

(voir Côtes-du-lot)

Luberon

Les côtes-du-ventoux, qui font appel aux mêmes choix de cépages, ressemblent beaucoup aux côtes-du-luberon et se marient plus ou moins aux mêmes cuisines.

Sur la rive droite de la Durance, près de la vallée du Rhône, l'AOP luberon (anciennement côtes-du-luberon) jouit d'une réputation fort ancienne. Ses vignes sont toutes situées dans le Parc Naturel Régional du Lubéron, entre 200 et 450 mètres d'altitude. Elles produisent surtout du rouge, mais aussi du rosé et du blanc. Les AOP luberon sont à base de cépages syrah, grenache noir, mourvèdre, carignan, cinsault… pour les rouges, clairette, bourboulenc, grenache blanc, vermentino (rolle), roussanne, marsanne, ugni blanc et viognier pour les blancs. Le **rouge** peut s'apprécier de deux façons… Jeune et peu chambré, c'est un vin tendre, tannique et plaisant. Après quelques années de bouteille, le petit jeunot devient (surtout les grands millésimes) un grand vin racé. Les meilleurs rappellent le châteauneuf-du-pape. La situation de l'appellation donne aux vins un joli équilibre entre côté rond, solaire et fraîcheur.

À boire jeune ou jusqu'à six ans, avec :

Petit gibier. Coq au vin. Agneau. Daubes. Volailles. Légumes farcis. Tajines. Moussaka. Couscous. Viandes rouges grillées.
Servir autour de 15 °C.

Le **rosé** et le **blanc** ont de la vivacité, des arômes généreux et de l'élégance.

À boire jeune (les blancs peuvent vieillir quelques années) avec :

Grillades. Barbecue. Brochettes. Poisson. Coquillages. Choucroute. Charcuterie. Charcuterie chaude. Pizzas. Légumes. Salades.
Servir pas trop frais, autour de 10 °C.

Prix : moins de 7 euros à 15 euros

Loupiac

Moins intéressant, le rouge produit sur la zone de l'appellation est classé en bordeaux-supérieur.

Les 400 hectares des coteaux de l'AOP loupiac sont implantés, excusez du peu, en face du barsac, entre les sainte-croix-du-mont et les premières-côtes-de-bordeaux ! Encépagée de sémillon, sauvignon et muscadelle, cette AOP produit un vin blanc liquoreux, vendangé à la main à surmaturité et élaboré comme en Sauternais. Cet excellent vin, au riche bouquet de parfums, est souple, plein de sève, et surtout : élégant. Pour tout dire, il supporte (presque) la comparaison avec les sauternes… pour un prix de revient nettement plus doux.

À boire de cinq à dix ans, avec :

Foie gras. Volailles rôties. Viandes blanches en sauce. Desserts aux amandes. Tartes aux fruits. Ananas rôti.
Servir autour de 8-10 °C.

Prix : 10 euros et plus
Millésimes : 2003, 2005, 2006, 2007, 2009, 2010, 2011, 2013…

Lussac-saint-émilion

L'appellation lussac-saint-émilion, implantée dans la région de Libourne, à environ 10 kilomètres de Saint-Émilion, ne produit, sur plus de 1 400 hectares, que du rouge AOP, à base de merlot, cabernet-franc, cabernet-sauvignon… Ce vin, d'un naturel plutôt corsé, est aussi assez fin, et même très fin pour les meilleurs crus.

> Comme c'est souvent le cas en Bordelais, mieux vaut le faire attendre au moins deux ans en bouteille (ou plus pour les grands millésimes), afin qu'il puisse s'exprimer.

À boire jusqu'à cinq à dix ans, avec :
Volailles. Viandes blanches. Ris de veau. Veau. Viandes rouges.
Servir autour de 16-18 °C.

Prix : 8 à 20 euros
Millésimes : 2005, 2006, 2009, 2010, 2012…

Macabeu (cépage)

Aussi appelé macabeu, maccabeo, il est venu de Catalogne en Languedoc-Roussillon, où il entre dans l'assemblage de vins blancs secs, fruités, un peu floraux, qu'il assume aussi parfois en cépage unique, comme dans les côtes-du-roussillon.

Mâcon
Mâcon + nom de lieu

La banalisation des AOP mâcon pousse aujourd'hui les amateurs à rechercher des appellations plus précises (mâcon-verzé, mâcon-prissé, mâcon-igé, par exemple) – et les professionnels à les leur offrir. Onze communes peuvent ainsi être précisées. Le Mâconnais, situé pour l'essentiel entre Chalon-sur-Saône et Mâcon, est planté, sur plus de 3300 hectares, de chardonnay, gamay, pinot noir… C'est le vignoble le plus au sud de la Bourgogne. Il est plutôt vallonné au nord mais au sud, le paysage devient plus spectaculaire avec les roches de Vergisson et de Solutré en guise de panorama.

> La température de service de tous ces vins est assez homogène du blanc au rouge, qui illustre une règle d'or : combattre la tendance à servir les blancs trop froids et les rouges trop chauds !

Le blanc est très majoritaire (80 % des vignes sont plantées de chardonnay). Il triomphe dès l'apéritif avant de parader facilement à table. À la fois vif, rond et suave, il peut s'autoriser de nombreux accords.

Les rouges AOP des appellations mâcon ou mâcon suivi du nom de la commune (mâcon-cruzille, mâcon-mancey, mâcon-bussières…), sont des vins séduisants, friands, à boire dans leur jeunesse pour en apprécier le fruité.

Rouge à boire jeune (jusqu'à deux ou trois ans), avec :
Viandes rouges. Onglet à l'échalote. Charcuterie. Petit-salé. Agneau. Veau. Jarret de veau. Lapin. Chili con carne. Fromages fermentés. Fromages à pâte cuite.
Servir autour de 13-14 °C.

Blanc à boire jeune (jusqu'à deux ou trois ans), avec :
Escargots. Cuisses de grenouille. Coquillages cuits. Poisson. Charcuterie chaude. Quiches. Terrines. Pâtes italiennes. Fromages à pâte cuite. Fromages frais. Viandes blanches. Gratins de légumes. Volailles. Risottos. Poisson cru. Salades. Plats végétariens.
Servir autour de 11-12 °C.

Rosé à boire jeune (jusqu'à deux ou trois ans), avec :

Charcuterie. Crudités. Brochettes. Grillades. Barbecue. Pizzas. Cuisine vietnamienne. Couscous.
Servir autour de 11-12 °C.

Prix : 7 à 15 euros

Mâcon-villages

L'AOP mâcon-villages produit exclusivement un vin blanc à base de chardonnay, tout en finesse et en élégance, sur environ 1 800 hectares.

> Le vin blanc mâcon-pinot-chardonnay, à base de pinot blanc, cépage bourguignon ancestral, est devenu rare, voire introuvable : quel dommage !

À boire jusqu'à cinq ans, parfois plus, avec :

Coquillages crus. Quenelles. Poissons plats. Poissons à la crème. Fritures. Viandes blanches. Viandes rouges en sauce. Plats végétariens. Poisson cru. Tarte à l'oignon. Légumes. Risotto. Salades.
Servir autour de 11-12 °C.

Prix : 7 à 15 euros

Macvin
Macvin-du-jura

Dans le Jura, la petite AOP macvin produit un excellent et savoureux vin de liqueur blanc, rosé ou rouge à base de chardonnay, savagnin, poulsard, trousseau, pinot noir…

> À l'instar d'autres vins de liqueur, le macvin se bonifie plus profondément en fûts pendant son élevage, que par la suite en bouteilles, où l'évolution est beaucoup plus lente.

À boire jusqu'à dix, quinze ans et plus, avec :

Apéritif. Canapés. Foie gras. Desserts aux fruits secs. Desserts au chocolat.

Servir autour de 8-10 °C.

Prix : 10 à 20 euros

Madiran

Bon à tout âge, le madiran est fruité dans sa jeunesse, puis il gagne en complexité et en puissance. Un vieux madiran doit être ouvert deux heures avant d'être servi.

Entre l'Adour et le Gave de Pau, l'AOP madiran produit uniquement du rouge, à base de tannat, cabernet-franc, cabernet-sauvignon, sur environ 1700 hectares.

La caractéristique la plus frappante du madiran, au premier coup d'œil, c'est sa riche couleur; puis à la dégustation, son ampleur en bouche. Vin chaleureux par excellence, corsé, tannique, puissant, intense… Ce n'est pas un vin pour amuse-gueules!

À boire jusqu'à huit-dix ans, avec :

Viandes rouges grillées. Veau. Agneau. Viandes confites. Petit gibier. Civets. Volailles. Poule au pot. Foie gras (poêlé). Abats. Couscous. Tajines. Cassoulet. Légumes farcis. Fromage de brebis.

Servir autour de 16-17 °C.

Prix : moins de 7 euros à 25 euros

Millésimes : 2002, 2003, 2005, 2006, 2009, 2010…

Maine-et-loire (IGP val-de-loire maine-et-loire)

(voir val-de-loire)

Malbec

(Voir côt)

Malepère

AOP du Languedoc, la-malepère était connue jusqu'en 2007 sous l'appellation VDQS côtes-de-la-malepère.

Male peyre, ou malepère le mot désigne en occitan la mauvaise pierre : celle qui s'effrite. Le malheur du maçon fait le bonheur du vigneron, la vigne ne se portant jamais aussi bien que lorsqu'elle peut enfouir profondément ses racines interminables dans un sol aride.

La-malepère a une autre caractéristique, plus rare : c'est l'AOP située le plus à l'ouest de tout le Languedoc, ce qui donne au vin élevé sur ses 31 communes (à l'extrême ouest du département de l'Aude entre Limoux, Castelnaudary et Carcassone) une saveur particulière. L'association de différents cépages, certains atlantiques, d'autres méditerranéens, reflète aussi cette dualité. Le merlot noir représente 50 % de l'appellation en rouge, accompagné de cabernet franc, cabernet sauvignon, cinsaut, malbec, grenache noir, lledoner-pelut, côt… Pour les rosés, c'est le cabernet franc qui doit totaliser au moins 50 % de l'assemblage.

Le malepère rouge est un vin de plats riches et goûteux, cassoulet en tête. Il aime bien aussi les belles volailles ou les gibiers et saura également clore le repas sur des fromages – comme une tomme de brebis. Le rosé a une forte personnalité, parfaite pour des plats un peu épicés ou des brochettes d'agneau.

Servir autour de 16 °C. (8 à 10 °C pour le rosé).

Prix : à partir de 7 euros

Malvoisie

(Voir bourboulenc, pinot gris)

Malvoisie-de-corse

(Voir vermentino)

Manicle

(Voir Bugey)

Maranges

Dans le vignoble de la Côte-de-Beaune, l'AOP maranges est produite sur les communes de Cheilly-lès-maranges, Dezize-lès-maranges, Sampigny-lès-maranges. Elle produit du rouge (et un blanc très minoritaire), à base de pinot noir et de chardonnay… La superficie

Le maranges, par bien des points comparable aux côtes-de-beaune, possède sa propre personnalité et mérite d'autant plus d'être découvert que son prix reste raisonnable, eu égard à sa qualité.

de l'ensemble est d'environ 170 hectares. L'appellation comporte sept premier crus.

Le **rouge** est un vin ample, souple et épanoui, qui ne vise pas la longue garde.

À boire jusqu'à quatre ans ou plus, avec :
Grand gibier. Petit gibier. Viandes blanches. Rôtis. Volailles. Volailles. Lapin. Tajines. Pot-au-feu. Cassoulet. Viandes rouges.
Servir entre 14 et 17 °C (selon l'âge).

Blanc à boire entre deux et quatre ans, avec :
Escargots. Coquillages. Crustacés. Poisson. Poissons en sauce. Charcuterie. Crudités. Entrées froides.
Servir entre 8 et 10 °C.

Prix : 8 à 20 euros

Marcillac

Un vin franc et direct, parfait pour les bonnes petites bouffes entre copains.

Cette AOP aveyronnaise de 200 hectares produit du rouge et du rosé (rare) issus principalement de fer-servadou (aussi appelé mansois). Le vignoble est planté sur des pentes abruptes aménagées en terrasses. La terre riche en oxyde de fer est l'une des clés de la typicité des vins.

Plutôt rustiques, ce qui n'est pas un défaut loin de là, ils sont agréables et tout à fait plaisants avec des mets qui ont, eux aussi, du répondant. Leurs notes de petites baies type cassis et framboises, et d'épices leur donnent un profil vraiment original. Ils sont plutôt modérés quant à leur degré alcoolique, ce qui les rend gouleyants !

Rouge à boire jusqu'à deux ou trois ans, avec :
Charcuterie. Boudin aveyronnais. Petit gibier. Grand gibier. Viandes rouges. Cassoulet.
Servir autour de 15 °C.

Rosé à boire jeune (jusqu'à deux ou trois ans), avec :
Charcuterie. Grillades. Barbecue. Pizzas. Crudités.
Servir entre 8 et 10 °C.

Prix : 6 à 12 euros

Mareuil

(Voir fiefs vendéens)

Margaux

L'aire de production du prestigieux margaux couvre 1 400 hectares environ, sur lesquels s'épanouissent les cabernet-sauvignon, merlot, cabernet-franc, petit verdot, pour donner un fameux vin. Derniers vendangés, ses raisins donnent des vins ronds, à saveur chaude, tanniques et de bonne garde, qui savent aussi être distingués, au bouquet suave et tendre, en montrant, pour les meilleurs, une élégance exceptionnelle. Le célèbre Château Margaux est classé Premier grand cru classé dans le fameux classement de 1855. Certains châteaux classés deuxième ou troisième crus classés sont tout aussi réputés (par exemple Château Palmer).

L'importante surface de production ne va pas sans une certaine disparité, entre des vins que l'on peut qualifier de bons sans plus, et des bouteilles réellement fabuleuses. Ici, le miracle (financier) est très rare et il faut bien admettre que le prix reste l'un des plus sûrs gages de qualité.

À boire à partir de trois ou quatre ans, jusqu'à quinze ans et plus, avec :
Viandes rouges. Grand gibier. Canard. Ragoûts. Agneau. Veau. Lamproie à la bordelaise. Fromages à pâte cuite.
Servir à 16-18 °C.

Prix : 25 à 100 euros et plus

Millésimes : 2003, 2005, 2009, 2010…

Marsanne (cépage)

Ce cépage rustique apprécie les sols caillouteux et peu fertiles. Il donne des vins puissants, peu acides, avec des notes de noisette. C'est un cépage de référence au nord de la vallée du Rhône (crozes-hermitage, hermitage, saint-joseph, saint-péray). La marsanne peut même parfois y être intégrée dans des vins rouges (à petite dose). Elle est aussi présente dans les autres blancs rhodaniens (côtes-du-rhône-villages, lubéron, grignan-lès-adhémar…), dans les blancs de Provence et du Languedoc. Elle est appelée grosse roussette en Savoie. Elle est souvent associé à la roussanne dont elle est proche.

Marsannay

L'AOP marsannay, au nord de la Côte-de-Nuits, produit du blanc, du rouge ou du rosé sur plus de 200 hectares. C'est la seule appellation communale bourguignonne à figurer (avec brio) dans les trois couleurs, sur des vignobles proches ou très proches de Dijon, encépagés de pinot noir, chardonnay et d'un peu de pinot blanc…

> Même si le rosé n'est pas un champion du vieillissement en bouteilles, il n'en est pas moins intéressant, notamment pour faire pétiller les joyeux repas entre amis, ses qualités propres lui permettant de s'adapter à toutes sortes de cuisines.

Blanc et **rosé** à boire jeune (rosé), ou jusqu'à dix ans (blanc, les bonnes années), avec :

- Poisson. Poissons plats. Coquillages crus. Crustacés. Œufs. Omelette aux champignons. Pizzas. Jambon persillé. Viandes blanches. Cuisine asiatique. Cuisine indienne (rosé).

Servir entre 8 et 10 °C.

Rouge à boire jusqu'à dix ans, avec :
Volailles. Lapin à la moutarde. Viandes blanches en sauce. Viandes rouges. Veau. Fromages types époisses.
Servir entre 14 et 16 °C.

Prix : 10 à 20 euros
Millésimes : 2003, 2005, 2008, 2009, 2010, 2012, 2013, 2014…

Massif-d'uchaux (côtes-du-rhône-villages-massif-d'uchaux)

Sur un petit territoire de moins de 200 hectares, le rouge, unique produit de l'appellation, est à base de grenache majoritaire (au moins 50 %), enrichi de syrah ou mourvèdre…

Grâce à son terroir, ce vin est à la fois corsé, puissant mais d'une fraîcheur étonnante. Ses tanins sont fins. Il se boit sur six ou sept ans, avec les viandes grillées, les petits gibiers et la cuisine provençale.
Servir autour de 15 °C, 16 ou 17 °C maximum les grandes années.

Prix : moins de 7 euros à 15 euros

Maures (IGP maures)

Le vin rouge est produit sur quarante-deux communes du département du Var, de Toulon à Fréjus (dont, pour l'anecdote, Saint-Tropez, les îles d'Hyères et la presqu'île de Giens) en assemblages ou en vins de cépage :

mourvèdre, merlot, par exemple… On trouve aussi du grenache, du carignan et de la syrah en assemblage, avec ou sans les précédents.

Prix : autour de 7 euros

Maury

> Les vins de liqueur sont parmi les plus méconnus des vins français, et pourtant ! Toute la gamme des maurys, du jus de raisin fraîchement muté (ajout d'alcool) aux millésimés et aux vintages, constitue l'un des plus grands plaisirs des gastronomes, chaque fois que l'occasion se présente d'en déguster un.

Dans les Pyrénées-Orientales, presque à la limite de l'Aude, l'AOP maury produit des vins doux naturels en rouge, blanc (rancio pour les plus âgés), mais aussi des vins secs rouges. Les cépages sont les grenaches noir, blanc et gris, le macabeu, le muscat pour les vins doux naturels (VDN). Les maurys secs sont issus de grenache noir complété par du carignan, de la syrah, du mourvèdre et du lladoner pelut. Les maurys VDN, délicatement fruités, vieillissent très bien comme tous les vins de liqueur, mais on peut les apprécier à tout âge. Les vieux et très vieux maurys sont de très bonnes affaires en rapport qualité-prix par rapport à leur âge vénérable.

Un maury ambré ou tuilé a été élevé en partie au contact de l'air, ce qui change sa couleur de départ et donne des notes de fruits secs ou confits, de tabac et de cacao.

Un autre style de maury (vintage par exemple) est mis en bouteille assez vite pour garder la puissance de fruit. Les tanins sont plus présents mais fondus dans le caractère puissant et intense du vin.

À boire jeunes ou vieux, mais de préférence à partir de deux ans et jusqu'à vingt ans pour un grand rancio, avec :

Apéritif. Canapés. Sucré-salé. Desserts. Tartes aux fruits. Gâteau au chocolat. Fromages bleus.

Servir à 14-15 °C (17-18 °C, pour un rancio).

Prix : 10 à 30 euros et plus (pour les très vieux)

Mauzac (cépage)

Rustique et vigoureux, il est surtout présent dans le Sud-Ouest. Le mauzac-roux, réputé le meilleur, se prête à toutes les vinifications : sec, demi-sec, moelleux, vin de voile ou effervescent, avec un arôme fruité, spontané, légèrement acide.

Mazis-chambertin

> Un très grand bourgogne pour les très grands repas.

L'AOP grand cru mazis-chambertin, élaborée dans la grande tradition sur moins de 10 hectares, donne uniquement un rouge, à partir de pinot noir. Elle fait partie des très grands bourgognes. Elle est voisine des mythiques grands crus AOP chambertin et AOP chambertin-clos-de-bèze.

À boire jusqu'à dix ou vingt ans, selon les millésimes, avec :

Petit gibier. Viandes rouges. Rôtis. Volailles. Cuisine pimentée. Cuisine chinoise. Cuisine thaïlandaise (pas trop piquante). Viandes blanches en sauce.

Servir de 16 à 18 °C.

Prix : 50 à plus de 100 euros
Millésimes : 2005, 2008, 2009, 2010, 2012, 2014…

Mazoyères-chambertin

(Voir Charmes-chambertin)

Méditerranée (IGP)

Les vins de l'IGP méditerranée peuvent être produits sur tout le quart sud-est de la France, Corse incluse. Ils sont rouges, rosés ou blancs, secs ou moelleux. Ce sont surtout des vins d'assemblages mais ils peuvent être aussi des vins de cépages. Il y a 110 cépages autorisés, ce qui laisse aux vignerons une large marge de possibilités en fonction de leurs envies et de leurs terroirs très diversifiés sur une zone si étendue. Pour les rouges et rosés ils font principalement appels aux cépages grenache, syrah, cinsault, carignan, cabernet-sauvignon, merlot, nielluccio, muscat à petits grains et muscat de Hambourg. Pour les blancs : grenache blanc, viognier, chardonnay, clairette, marsanne, roussanne, muscat à petits grains et muscat d'Alexandrie, vermentino.

Les vins blancs secs accompagnent l'apéritif, les poissons, les fromages.

Les vins blancs moelleux s'ouvrent à l'apéritif, sur du foie gras, des fromages à pâte persillée, des desserts aux fruits frais ou aux fruits secs.

Les vins rosés accompagnent les salades, terrines, gratins de légumes, grillades et les repas improvisés.

Les vins rouges de style souple se boivent légèrement frais (15-16 °C) sur de la charcuterie, des grillades, des plats épicés, les fromages comme le cantal ou le brie.

Les vins rouges plus concentrés, charpentés accompagnent les plats mijotés, les viandes grillées et se servent avec quelques degrés de plus.

Médoc

« Ô Medoc, mon pays solitaire et sauvage,
Il n'est point de pays plus plaisant à mes yeux :
Tu es au bout du monde, et je t'en aime mieux. »

ÉTIENNE DE LA BOÉTIE (1530-1563), *Ce jourd'huy du Soleil…*

Au nord-ouest de Bordeaux, entre la Gironde, l'Atlantique et la forêt landaise, les presque 5 000 hectares de médoc jouissent d'un climat sans grands écarts de température. Les sols de « graves » (graviers) réfléchissent les rayons du soleil et favorisent la maturation du raisin. Les cépages cabernet-franc, cabernet-sauvignon, merlot, malbec, petit-verdot… donnent un rouge parfois puissant mais toujours nuancé et rond en bouche.

Le médoc est l'un de ces vins qui honorent le bordelais, en dépit d'une production abondante. À condition de ne pas lui faire accompagner des mets qui ne lui conviennent pas, c'est un compagnon qui ne déçoit jamais, avec un excellent rapport qualité/prix.

À boire pas trop jeune et jusqu'à dix ans, voire quinze, avec :
Viandes rouges. Daubes. Veau. Agneau. Abats. Foie de veau. Terrines. Volailles. Coq au vin. Petit gibier. Civets. Champignons. Fromages à pâte cuite (mimolette). Saint-nectaire.
Servir à 16-18 °C.

Prix : 7 à 15 euros
Millésimes : 2003, 2005, 2008, 2009, 2010, 2011…

Melon-de-bourgogne

Ce cépage d'origine bourguignonne a été introduit dans le pays d'Anjou au Moyen-Âge et il est devenu le cépage roi de l'appellation muscadet. Il tend d'ailleurs à être appelé muscadet. Il est aussi appelé gamay blanc.

Menetou-salon

Au nord-est de Bourges, l'AOP menetou-salon produit, sur 460 hectares environ, du blanc, du rosé et du rouge, à base de pinot noir et de sauvignon.

Le **blanc**, sec et fruité, qui constitue l'essentiel de la production, présente une agréable saveur de terroir. Selon les producteurs, il est plus ou moins complexe.

> Un peu moins connu du grand public que ses voisins de quincy ou sancerre. Le choix d'un menetou-salon révèle un connaisseur. Le terroir de Morogues produit parmi les meilleurs vins de cette AOP.

À boire jusqu'à trois ans (parfois cinq), avec :

Viandes blanches. Charcuteries. Poisson. Poissons fumés. Poisson cru. Fruits de mer. Crustacés. Tartes salées. Fromages à pâte cuite. Fondue savoyarde. Fromages de chèvre. Cuisine chinoise. Cuisine vietnamienne. Cuisine japonaise.
Servir entre 8 et 10 °C.

Le **rosé**, vif et rafraîchissant, accompagne les mêmes mets, ainsi que :

Grillades. Barbecue. Crudités. Brochettes. Pizzas.
À boire jeune, servi autour de 8 °C.

Le **rouge** s'épanouit bien les bonnes années. Il se boit comme ses voisins du Sancerrois : tantôt jeune, frais et gouleyant, tantôt après deux ou trois ans de bouteille.

À boire jusqu'à cinq ans, avec :

Pot-au-feu. Porc cuisiné. Rôtis. Brochettes. Grillades. Barbecue. Volailles. Petites volailles. Fromages à pâte cuite. Fondue savoyarde. Fromages de chèvre.
Servir entre 8 et 10 °C.

Prix : 6 à 15 euros

Mercurey

> Surnommé le plus beaujolais des bourgognes depuis la nuit des temps, le mercurey est le type même du vin aimable et séduisant.

En Côte-Chalonnaise, l'AOP mercurey, à base de pinot noir et de chardonnay, donne surtout du rouge, mais aussi un peu de blanc, tous deux de grande classe, sur 600 hectares environ.

Le pinot-noir, sur un sol très proche de celui de la côte de Beaune, s'épanouit en un **rouge** parfumé, qui allie corps et distinction. Certains premiers crus (Les Crêts, Clos-du-Roy, Les Naugues, Clos l'Evêque, Clos des Myglands, La Bondue, etc.) sont dignes de rivaliser avec les vins de la côte de Beaune et méritent quelques années de garde avant d'accompagner des plats goûteux.

À boire jusqu'à cinq à huit ans, avec :
Viandes rouges grillées. Viandes rouges en sauce. Veau. Volailles. Petit gibier. Terrines de gibier. Charcuterie. Légumes farcis. Fromages de chèvre. Fromages frais. Fromages à pâte molle.
Servir entre 14 et 16 °C.

Millésimes : 2005, 2009, 2010, 2014…

Le vin **blanc**, fin, rond et à l'agréable bouquet, n'a que le défaut d'être rare, puisqu'il provient essentiellement du village de Bourgneuf-Val-d'Or.

À boire jusqu'à quatre ou cinq ans, avec :
Ris de veau. Poisson. Poissons d'eau douce. Anguille. Crustacés. Charcuterie fine. Terrines. Coquillages crus. Entrées chaudes.
Servir entre 10 et 12 °C.

Prix : 10 à 25 euros et plus

Meunier

(Voir pinot-meunier)

Merlot (cépage)

Cépage donnant des vins colorés, intensément fruités, aux tanins ronds et pouvant être bus assez rapidement, le merlot a connu ces dernières décennies un succès phénoménal. Ce cépage bordelais est aujourd'hui mondialement cultivé et donne de très nombreux vins de cépages, notamment en Californie et en Australie. En France, c'est le cépage roi de la rive droite du Bordelais. Il triomphe dans les appellations pomerol et saint-émilion. Il donne aussi bien du charme et de la légèreté que de la rondeur ou de la générosité à beaucoup de vins rouges du Sud-Ouest (côtes-de-bergerac, bergerac, duras, buzet...). En vin de cépage, il est surtout cultivé en Languedoc, notamment pour élaborer des IGP pays d'oc merlot. On le trouve aussi en Vaucluse, Var, Bouches-du-Rhône, Ardèche.

Meursault

L'AOP meursault possède dix-sept premiers crus. Charmes, Clos-des-Perrières, Les Caillerets, Les Cras figurent parmis les plus prisés.

Dans le vignoble de la Côte de Beaune, l'AOP communale meursault (parfois suivie d'un nom de lieu) produit surtout du blanc et un rouge méconnu car très rare. Le vignoble s'étend non loin de Beaune, sur 360 hectares environ, dans la bien nommée Côte-d'Or. Élaboré à base de chardonnay, le blanc dévoile une opulence et une persistance remarquables. Sa texture grasse et veloutée en fait un vin de haute gastronomie, pour des mets à la hauteur de sa réputation prestigieuse. Il est de bonne garde, avec un parfum de raisin mûr.

À boire jusqu'à dix ou quinze ans, avec :
Asperges. Coquillages cuits. Pétoncles. Saint-Jacques. Crustacés. Écrevisses. Homard. Ris de veau. Volailles blanches. Cuisine indienne. Œufs. Omelette aux champignons. Foie gras. Quenelles. Tartes aux poires. Fromages type époisses. Bleu de Bresse.

Servir pas trop frais, entre 11 et 13 °C.

Millésimes : 2003, 2005, 2008, 2009, 2010, 2012, 2013, 2014…

Le **rouge** a droit aussi à l'AOP, mais il est d'un style moins charnu.

Il s'exprime agréablement dans sa jeunesse, en compagnie de :
Viandes rouges. Viandes rouges en sauce. Rôtis. Potée.
Servir autour de 15-16 °C.

Prix : 20 à 35 euros et plus

Meuse

(Voir côtes-de-meuse)

Minervois

En Languedoc, à cheval sur les départements de l'Aude et de l'Hérault, l'AOP minervois produit un rouge, un rosé et un blanc sur une vaste surface de plus de 4000 hectares, en assemblant plusieurs cépages parmi les syrah, grenache, mourvèdre, cinsault complétés par de l'aspiran, du terret, du piquepoul. Les blancs sont à base de bourboulenc, macabeu, marsanne, vermentino, roussanne, rolle, muscat-à-petits-grains, terret, clairette… L'AOP est accordée après dégustation. La zone d'appellation est vaste et très diversifiée en sols, altitudes, microclimats, d'où une diversité de styles au-delà de l'air de famille.

> Les minervois sont des vins à découvrir, de préférence sur les mets succulents, comme l'ont fait beaucoup de grands chefs de cuisine.

Le **rouge** d'une belle robe grenat est ferme ou tendre, toujours très parfumé, puissant, et devient fin et velouté avec l'âge.

À boire jusqu'à quatre ou cinq ans (huit ans pour les meilleures cuvées), avec :

Agneau. Pot-au-feu. Viandes rouges en sauce. Champignons. Petit gibier. Tajines. Chili con carne.
Servir autour de 16 °C.

Le **blanc** sec, produit en petites quantités, se boit jeune, tout comme le rosé tendre et fruité, mais assez puissant avec :

Crustacés. Poisson. Cuisine asiatique. Cuisine épicée.
Servir entre 8 et 10 °C.

Minervois-la-livinière

Sur une zone de 200 hectares environ incluse dans la précédente, dans le département de l'Hérault, l'AOP minervois-la-livinière produit uniquement un très beau vin rouge à la fois puissant et élégant.

Prix : moins de 8 euros à 20 euros

Monbazillac

Non loin de Bergerac, l'AOP monbazillac donne, sur près de 2 000 hectares, des blancs moelleux et des blancs liquoreux de vendanges tardives, élaborés à partir de sémillon et muscadelle, deux cépages sensibles à la pourriture noble. Le sauvignon s'y ajoute en proportions variables. Les monbazillacs sont des vins à robe dorée et intense, riches, très fins, qui développent un parfum de miel.

À boire jusqu'à dix, vingt ans ou bien plus selon les millésimes, avec :

Foie gras. Viandes blanches aux fruits. Sucré-salé. Desserts aux fruits (agrumes, fruits exotiques, fraises, pêches...). Crème brûlée.
Servir frais, autour de 8 °C.

Prix : 5 à 25 euros
Millésimes : 1996, 1998, 2001, 2003, 2005, 2009, 2010, 2011…

Les monbazillacs ont acquis une notoriété méritée en surmontant leur handicap majeur : celui de n'être pas nés en Gironde, mais de l'autre côté de la frontière administrative, en Dordogne. Certains sont devenus comparables aux grands liquoreux bordelais – à un prix qui reste sans égal, lui !

Mont-baudile (IGP pays de l'hérault mont baudile)

Dans le département de l'Hérault, il est élevé sur douze communes en blanc, rosé et rouge, dont certains vins de cépage (carignan). Le blanc et le rouge offrent les caractéristiques des vins de la région. Une mention spéciale pour le rosé, idéal pour les petits repas (grillades, barbecues) entre amis.

Prix : à partir de 7 euros (parfois moins)

Mont-caume (IGP)

Ce vin est issu du département du Var, plus particulièrement des communes de Bandol, Le Beausset, La Cadière, Le Castellet, Evenos, Ollioules, Le Revest, Saint-Cyr, Saint-Mandrier, La Seyne et Six-Fours-Sanary. Les cépages sont les mêmes que ceux de l'appellation AOP bandol, géographiquement voisine. Le rosé est équilibré et s'adapte à presque tous les petits plats d'été (entre autres). Le rouge est charnu, robuste, fruité et généreux. Le blanc est rare. Une IGP qui est une mine de très bons rapports qualité-prix.

Prix : à partir de 5 euros, parfois moins

Monts-de-la-grage (IGP pays-d'hérault-de-la-grage)

Il est produit sur le territoire de six communes de l'Hérault : Assignan, Babeau-Bouldoux, Pierrerue, Prades-sur-Vernazobre, Saint-Chinian et Villespassans. Les rouges de l'appellation offrent beaucoup d'analogies avec le saint-chinian et sont dévolus aux mêmes usages.

Le rosé et le blanc sont plus originaux.

(Voir Pays d'hérault)

Mondeuse (cépage)

Cépage noir, un peu râpeux dans sa jeunesse, agréablement fruitée ensuite, la mondeuse de Savoie donne les meilleurs vins rouges de Savoie et du Bugey : colorés, riches en alcool et prédisposés à une heureuse vieillesse.

Montagne-saint-émilion

L'AOP montagne-saint-émilion donne, sur 1 500 hectares environ, un rouge racé, puissant, complexe, mais d'une grande souplesse, doté d'une certaine générosité et de distinction, à base de merlot, cabernet-franc, cabernet-sauvignon, …

> Un vin idéal pour accompagner dignement les plats mitonnés des joyeuses agapes entre amis, sans oublier que la plupart de ces bouteilles se bonifient en vieillissant.

À boire relativement jeune pour une minorité, après quatre à cinq ans de bouteille pour la plupart, avec :

Abats. Viandes blanches. Veau. Volailles. Poule au pot. Terrines. Saumon. Magret de canard. Agneau. Roquefort.
Servir vers 16-18 °C.

Prix : 10 à 20 euros et plus

Montagnieu

(Voir Bugey)

Montagny

Au sud-ouest de Chalon-sur-Saône, dans le vignoble de la Côte Chalonnaise, l'AOP montagny produit exclusivement du vin blanc de chardonnay, sur environ 320 hectares, dont les deux-tiers sont en premier cru. C'est de la petite commune de Montagny que proviennent la plupart des vins blancs de la côte Chalonnaise. Ils dégagent un bouquet de parfums tout en finesse sous leur robe de couleur or pâle à reflets verts. Agréables et rafraîchissants, fruités et plaisants dès leur jeunesse, ce sont avant tout des vins bien sympathiques, à saveur délicate et tout en souplesse… Avec un petit goût sec, minéral qui rehausse en fait le fruit et donne au montagny sa personnalité bien particulière.

> Le montagny est encore une belle illustration de la réussite du chardonnay en Bourgogne… ce qui est loin d'être forcément le cas ailleurs !

À boire jusqu'à cinq ans, avec :

Poisson. Poissons d'eau douce. Paella. Charcuterie fine. Crustacés. Saint-Jacques en sauce. Viandes blanches.
Servir entre 8 et 10 °C.

Prix : 10 à 20 euros

Monthélie

Au sud-ouest de Beaune, dans le département de la Côte-d'Or, l'AOP monthélie, parfois suivie d'un nom de lieu, donne, sur moins de 120 hectares, surtout un vin rouge, ainsi qu'un vin blanc plus rare, à partir de pinot noir et chardonnay…

> Quitte à nous répéter, nous ne pouvons que souligner le fait que le monthélie blanc, comme nombre d'autres blancs de Bourgogne, est vraiment, déraisonnablement trop rare. Certes, la mode du vin rouge est préférable à la mode du soda (quand on a seulement soif, l'eau est parfaite), mais il ne faut pas exagérer, tout de même !

Le **rouge** possède des qualités typiquement bourguignonnes : belle robe, corsé, ferme et de bonne garde.

À boire jusqu'à huit-dix ans, parfois quinze ans, avec :
Rôtis. Viandes rouges rôties. Viandes blanches mijotées. Volailles rôties. Foie de veau. Agneau. Cuisine pimentée. Petit gibier. Brillat-savarin.
Servir vers 14-15 °C.

Les vins **blancs**, à la fois secs et chaleureux, s'apprécient avec :
Poissons. Quenelles. Cuisses de grenouille. Escargots. Viandes blanches.
Servir entre 11 et 13 °C.

Prix : 12 à 20 euros
Millésimes : 2005, 2009, 2010, 2012, 2013…

Montlouis
Montlouis-sur-loire

Tout près de Tours, sur la rive gauche du fleuve, l'AOP montlouis ou montlouis-sur-loire produit sur 400 hectares environ, un excellent vin blanc sec à base de chenin, qui peut être tranquille, pétillant (les pet' nat ou pétillants naturels, très prisés par les jeunes vignerons) ou effervescent (méthode similaire aux crémants) et demi-sec, moelleux ou liquoreux. Cette diversité est stimulante pour le palais ! Ce vin au bouquet de parfums typique du chenin de Loire, rappelle les vouvrays voisins, en un peu moins corsé et séveux. Mais tout en étant de bonne garde, il atteint plus vite sa maturité.

Blanc sec à boire jusqu'à dix ou quinze ans, avec :
Charcuterie fine. Poissons. Viandes blanches. Volailles. Charcuterie. Andouillette. Boudins. Tartes salées. Poisson cru. Cuisine thaï. Légumes.
Servir entre 8 et 10 °C.

Blanc pétillant et blanc effervescent à boire jeunes, avec :
Apéritif. Canapés. Desserts. Tartes aux fruits. Pâtisseries. Crumble. Desserts glacés. Sorbets aux fruits.
Servir entre 8 et 10 °C.

Prix : 6 à 20 euros
Millésimes : 2005, 2008, 2009, 2010, 2011…

Montpeyroux (Languedoc-montpeyroux)

Dans le département de l'Hérault, à 40 km de Montpellier, l'appellation produit un rouge remarquable. Il bénéficie d'un climat à la fois chaud et venteux. Il est concentré, puissant et suave.

Il est dédié aux volailles goûteuses, civets et plats en sauce, gibiers, viandes rouges, tajines, couscous, agneau…
Servir entre 15 (jeune) et 17 °C.

Montrachet

Non loin de Beaune, dans la Côte-d'Or, dans le vingnoble de la Côte de Beaune, le montrachet est un illustre grand cru. Comme les grands crus voisins, il magnifie le chardonnay et produit « tout simplement » l'un des plus grands vins blancs secs, sur un minuscule terroir de 7,8 hectares. Inimitable, de sa robe claire aux reflets d'or à son délicieux bouquet de parfums, il s'épanouit lentement pour atteindre son apogée en dix à quinze ans de cave fraîche.

> Bien sûr ce n'est pas le vin de tout le monde, mais le montrachet pratique l'excellence avec une constance qui force l'admiration.

À boire jusqu'à dix ans, quinze ans pour les meilleurs, avec :
Porc cuisiné. Poularde, chapon. Volailles à la crème. Foie gras d'oie. Poisson. Poissons en sauce. Thon. Crustacés. Crustacés grillés. Caviar. Poularde, chapon. Langouste. Homard. Écrevisses. Cuisine japonaise. Veau. Champignons.
Servir entre 11 et 13 °C.

Prix : plus de 1 000 euros
Millésimes : 2003, 2005, 2007, 2009, 2010, 2011, 2012, 2013…

Montravel

À l'ouest de Bergerac, l'AOP montravel produit un vin blanc sec délicat, à partir de cépages sémillon, sauvignon et muscadelle, ainsi qu'un rouge souple et racé

> Située à l'ouest du vignoble bergeracois et mitoyenne du bordelais, la région des montravel (montravel, côtes-de-montravel, haut-montravel) mérite une visite détaillée. La réputation de ses vins blancs est ancienne. Ils expriment une minéralité très caractéristique. De développement plus récent, les rouges jouent dans la cour des grands.

issu d'une majorité de merlot et de cabernet-franc, cabernet-sauvignon, malbec,…

Le **blanc** se distingue par un parfum subtil. Il est sec, à la différence du blanc AOP haut-montravel qui est liquoreux et du blanc AOP côtes-de-montravel qui est moelleux (entre 25 et 54 g de sucres résiduels par litre). Il peut être vinifié en cuve pour exprimer plutôt des arômes fruités et vifs ou élevé en barrique pour prendre une ampleur toute gastronomique. Dans ce cas, il est apte à quelques années de garde.

À boire sur trois à huit ans avec :
Poisson. Légumes farcis. Crustacés. Coquillages crus. Coquillages cuits. Volailles. Fromages de chèvre.
Servir entre 8 et 10 °C.

Rouge à boire sur deux à dix ans avec :
Charcuterie chaude. Coq au vin. Volailles. Viandes rouges. Plats mijotés. Magrets de canard. Gibier.
Servir autour de 17 °C.

Prix : 8 à 25 euros
Millésimes : 2005, 2006, 2009, 2010…

Morey-saint-denis

Dans le vignoble de la Côte-de-nuits, morey-saint-denis produit, sur une centaine d'hectares environ, un rouge et une minorité de vin blanc, à partir de pinot noir et chardonnay, allié parfois à du pinot blanc.

La vingtaine de premiers crus de l'appellation donne les bouteilles les plus aptes à vieillir en se bonifiant encore…

Le **rouge**, étoffé et d'une belle couleur soutenue, voit son bouquet de parfums se développer avec les années, pour devenir presque violent dans les plus grands crus (avec des notes de truffe, de mousse, de sous-bois). Ce vin, plein de corps et de finesse, vieillit avec distinction.

À boire jusqu'à dix ans, quinze ans les grandes années, avec :

🍽 Viandes rouges (côte de bœuf). Abats. Petit gibier. Livarot, époisses.
Servir autour de 16 °C.

Blanc à boire jeune ou jusqu'à quatre ou cinq ans, avec :

🍽 Homard, langouste. Poissons. Volailles.
Servir entre 8 et 10 °C.

Prix : 25 à 35 euros et plus
Millésimes (rouge) : 2005, 2009, 2010, 2011, 2012, 2013…

Morgon

> Membre du club envié des dix grands beaujolais, l'AOC morgon représente elle aussi, à sa façon généreuse, l'une des facettes de l'excellence en beaujolais.

Au sud-ouest de Mâcon, sur un vignoble de plus de 1 100 hectares, c'est un grand cru de beaujolais, donc rouge à base de gamay. Le morgon se distingue de ses neuf compères par son caractère marqué, charnu, généreux, robuste, sous une robe légère, et un arôme délicat. Les crus de la côte de Py sont particulièrement aptes à la garde et vieillissent avec élégance – mais pas trop longtemps.

À boire jusqu'à trois à cinq ans (dix ans pour certaines cuvées), avec :

🍽 Petit gibier. Terrines. Volailles. Canard aux fruits. Oie. Viandes blanches. Lapin. Agneau. Charcuterie. Pot-au-feu. Viandes rouges.
Servir autour de 13-14 °C.

Prix : 6 à 20 euros

Moselle

> Ces petits vins agréables se tirent honorablement du difficile exercice qui consiste à… exister, tout près de leurs confrères alsaciens. Ils le font sans chichis, en affirmant leur personnalité de bons petits vins francs et loyaux.

Cette petite (par la surface : 40 hectares environ) AOP moselle produit aux abords de Metz, du rouge, du blanc, du gris et du rosé, à base de muller-thurgau, pinot noir, auxerrois, gewurztraminer, pinot blanc, pinot gris, gamay, meunier… Les divers assemblages donnent des vins vifs et fruités, qui se marient très bien avec la solide cuisine régionale. Le vignoble est beaucoup plus développé sur les versants allemands et luxembourgeois de la Moselle.

Rouge à boire jeune, avec :
Viandes rouges grillées. Charcuteries chaudes. Plats mijotés.
Servir autour de 14 °C.

Blanc, **gris** et **rosé** à boire jeunes, avec :
Grillades. Barbecue. Fritures. Poisson. Pizzas. Charcuterie fine. Salades.
Servir entre 8 et 10 °C.

Prix : 5 à 12 euros

Moulin-à-vent

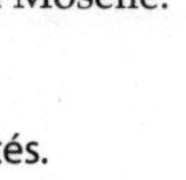

> Bien que ce ne soit pas, loin s'en faut, la règle en beaujolais, le moulin-à-vent est capable, dans ses meilleures années, de se bonifier pendant quatre ou cinq ans, parfois plus.

L'AOP moulin-à-vent, parfois suivie d'un nom de lieu, est, comme le morgon précédent, l'un des dix crus historiques du Beaujolais. Donc un rouge de gamay capiteux, vigoureux, fin et parfumé, à robe brillante plutôt foncée. Il n'est pas sans rappeler, parfois, les vins bourguignons par sa finesse et sa persistance. Il est élaboré sur un vignoble de près de 700 hectares.

À boire au bout d'un an ou deux de bouteille, avec :
Viandes rouges grillées. Viandes rouges en sauce. Bœuf bourguignon. Pot-au-feu. Abats. Foie de veau. Charcuterie. Volailles. Pintade. Poule au pot. Viandes blanches. Porc cuisiné. Rôtis. Agneau. Petit gibier. Civets. Champignons. Légumes farcis. Munster. Époisses. Fromages à pâte cuite.
Servir autour de 14 °C.

Prix : 10 à 20 euros

Moulis
Moulis-en-médoc

Sur la rive gauche de la Gironde, entre Bordeaux et l'aval de l'estuaire, l'AOP moulis couvre une superficie moyenne de 550 hectares où elle produit un rouge à base de cabernet-franc, cabernet-sauvignon, côt, carménère, petit-verdot, merlot… Les crus bourgeois (classement né en 1932) y sont nombreux. Les vins, charpentés et consistants, se distinguent par leur ampleur en bouche, alliée à leur délicatesse.

> Comme d'autres bordeaux, les moulis exigent un délai de quelques années après leur mise en bouteilles pour s'ouvrir et délivrer l'intégralité de leurs riches arômes…

À boire jusqu'à huit à quinze ans, selon les années, avec :
Viandes rouges. Côte de bœuf. Pot-au-feu. Fondue bourguignonne. Rôtis. Veau. Agneau. Grillades. Barbecue. Petit gibier. Volailles en sauce. Champignons. Sucré-salé.
Servir autour de 16 °C.

Prix : 7 à 20 euros
Millésimes : 2003, 2005, 2006, 2009, 2010…

Mourvèdre (cépage)

Le mourvèdre, d'origine espagnole (il s'appelle monastrell de l'autre côté des Pyrénées), entre dans la composition des meilleurs vins rouges méridionaux (bandol, provence, faugères), longs en bouche, chaleureux, très solides et d'excellente garde. Tannique et riche en alcool, donc un peu rugueux dans sa jeunesse, il est utile, parfois irremplaçable pour enrichir d'autres cépages.

Muscadet (cépage)

Bien qu'importé dans la région au début du XVIIIe siècle, le muscadet, ou melon-de-bourgogne, est devenu typique du Pays nantais où il donne des blancs secs, frais et parfumés.

(Voir Melon-de-bourgogne)

Muscadet
Muscadet-sur-lie
Muscadet-coteaux-de-la-loi

Muscadet-côtes-de-grand-lieu
Muscadet-sèvre-et-maine
Muscadet-clisson
Muscadet-gorges
Muscadet-le-pallet

> Au tout début du XVIIIe siècle, au cœur de cette époque que l'on a appelée par la suite la Petite Glaciation, les vignes de folle-blanche gelèrent à mort dans tout le Pays nantais. C'est alors qu'on y implanta le melon de Bourgogne, qui prit le nom de muscadet et y réussit si bien qu'il est devenu le cépage typique du Pays nantais.

Les différentes AOP muscadet donnent toutes un blanc sec, rafraîchissant et parfumé, que l'on vendange tôt et qui évolue en un vin de couleur jaune pâle caractéristique tirant plus ou moins sur le vert, au subtil fruité et avec une pointe d'acidité. Le cépage unique est le melon de bourgogne, parfois appelé muscadet.

Il y a muscadet et muscadet…

L'AOP muscadet donne, sur environ 2000 hectares, des muscadets à consommer simplement, pour un repas sans façon aux saveurs marines.

La mention sur-lie, toujours assortie d'un millésime, garantit l'élevage du vin sur lie, ce qui exprime mieux ses arômes, lui donne du gras et souvent un côté perlant. Élevé ou non sur lie, il vaut mieux le boire dans les deux ans.

Le muscadet-coteaux-de-la-loire correspond à une AOP récente de 200 hectares environ et occupe une aire plus réduite sur les deux rives du fleuve, en amont de Nantes. Il est uniquement produit sur lie. Lui aussi rafraîchissant et désaltérant, sec et riche, vineux en bouche, avec un côté tonique et minéral plus marqué. Ce muscadet est parfois capable de vieillir pendant trois ans, ou un peu plus – exceptionnellement.

L'AOP muscadet-côtes-de-grand-lieu correspond à une surface d'environ 300 hectares, au sud-ouest de Nantes, et à une production exclusive sur lie. Il développe un bouquet de notes florales et fruitées très épanoui.

La vaste AOP muscadet-sèvre-et-maine (ou muscadet-de-sèvre-et-maine), au cœur du vignoble, au sud-est de Nantes, sur la rive gauche, est produite sur plus de 6000 hectares de petites exploitations qui donnent des vins souples et fins, très parfumés dans leur jeunesse. Clisson, Gorges, Le-Pallet ont été identifiés récemment comme des crus. Ils livrent des muscadets qui savent très bien vieillir et offrent un autre visage de l'appellation. Ces vins plus complexes s'apprécient sur des mets raffinés et cuisinés (viandes blanches, volailles, poissons fins, ris de veau...).

Tous les muscadets sont des vins à boire plutôt jeunes (sauf exceptions remarquables), avec :

Volailles. Abats. Tripes. Charcuterie chaude. Poisson. Poissons pochés. Fritures. Pâtés et rillettes de poisson. Crustacés. Coquillages crus. Huîtres. Coquillages cuits. Mouclade. Huîtres chaudes. Fruits de mer. Pâtes italiennes. Quenelles. Asperges. Cuisine vietnamienne. Cuisine chinoise. Cuisine thaïlandaise (pas trop pimentée). Fromages de chèvre.
Servir entre 8 et 10 °C.

Prix : 4 à 20 euros

Muscat

(Voir alsace-muscat)

Muscats (cépages)

Le muscat blanc, présent aussi bien dans les vignobles alsaciens que méridionaux, produit des vins vifs et aromatiques, secs ou moelleux. Il diffère du muscat-ottonel qui a une saveur plus musquée ; le muscat-blanc-à-petits-grains est plus alcoolique et plus parfumé ; le muscat d'Alexandrie, moins parfumé mais plus productif, est obligatoire dans l'AOP muscat-de-rivesaltes. En Alsace, le muscat ottonel, parfois associé au muscat blanc, donne un vin blanc sec, fruité, à saveur caractéristique de raisin frais, doté d'une fine amertume rafraîchissante. En Italie, le muscat donne des vins mousseux, comme le muscat d'Asti. Le muscat entre aussi dans la composition de l'effervescent de la Drôme, clairette-de-die.

Muscat-de-beaumes-de-venise

Encore un vin qui mériterait d'être beaucoup plus connu ! Un ami des fruits (entre autres), qui se mettra plus en valeur sur un dessert doux que très sucré.

Au nord de Carpentras, dans le Vaucluse, l'AOP muscat-de-beaumes-de-venise produit un vin blanc doux naturel à base de cépage muscat-à-petits-grains. Ce vin présente une étonnante et suave couleur dorée qui tire sur le rose pâle et une saveur exquise, assortie à un pénétrant bouquet de parfums.

À boire jeune, avec :
Apéritif. Canapés. Desserts. Crèmes brûlées. Melon de Cavaillon. Tartes aux fruits. Salades de fruits. Pâtisseries au miel. Gâteaux au citron.
Servir entre 8 et 10 °C

Prix : 10 à 30 euros

Muscat-de-frontignan

Non loin de Sète, l'AOP muscat-de-frontignan produit, sur environ 800 hectares, un vin blanc doux naturel et un vin de liqueur (très confidentiel) à base de cépage muscat-à-petits-grains, de belle couleur or ambré, au parfum accentué. Le vin doux naturel, corsé, fruité, moelleux, sait vieillir avec élégance, mais c'est dans sa jeunesse qu'on apprécie l'éclat de ses arômes.

> Le vin de liqueur enveloppe le sucré et sait le mettre en valeur, notamment au dessert. Quant au vin doux, il se plaît tout autant avec les mélanges de saveurs salées et sucrées de l'apéritif.

À boire jeune (parfois vieux ou très vieux), avec :
Apéritif. Canapés. Desserts. Charlottes. Pâtisseries confites. Fromages bleus. Desserts aux abricots.
Servir entre 8 et 10 °C (10 à 12 °C, pour les vieux liquoreux).

Prix : 5 à 20 euros

Muscat-de-lunel

De l'autre côté de Montpellier, l'AOP muscat-de-lunel (environ 300 hectares), produit elle aussi un vin blanc doux naturel à base de muscat-à-petits-grains, qui se distingue par un agréable goût de terroir, avec des arômes plus légers que le précédent même s'il est généreusement liquoreux. Mêmes caractéristiques et mêmes usages que le précédent.

> Autre petite différence, le muscat-de-lunel gagne à être servi un peu plus frais, autour de 7 °C, que le muscat-de-frontignan.

Prix : 5 à 10 euros

Muscat-de-mireval

Dans la région de Montpellier, le muscat-de-mireval, classé assez récemment en AOP, produit un vin doux naturel à base de muscat-à-petits-grains en tout point comparable aux précédents sur un vignoble de plus de 250 hectares en plein renouveau.

> Ce vignoble connaît une renaissance depuis quelques lustres, ce qui donne un intérêt particulier au vin qu'il produit, en recherche de finesse aromatique.

Prix : 5 à 20 euros

Muscat-de-rivesaltes

Sur une vaste superficie de plus de 4500 hectares, à cheval sur les Pyrénées-Orientales et l'Aude, cette AOP produit un vin blanc doux particulier, sur les mêmes terres que le rivesaltes. Le muscat-de-rivesaltes est issu d'un assemblage de muscat-à-petits-grains et de muscat-d'alexandrie (muscat-romain). Un vin doux, parfumé, liquoreux sans être sirupeux. Il développe tout en finesse le bouquet musqué de parfums qui le caractérise : agrumes, melon confit, abricot sec, miel, notes mentholées…

> Le muscat-de-rivesaltes est le plus connu des vins doux de la région, mais il reste enfermé dans une fausse image de « vin sucré », qui limite son usage. Goûtez-le et nous en reparlerons ! Son prix met l'expérience à la portée de tous.

À boire jeune, et jusqu'à trois ans, avec :

Seul. Foie gras. Apéritif. Canapés. Desserts. Tartes aux fruits. Salades de fruits. Fromages bleus. Desserts aux agrumes.

Servir entre 8 et 10 °C (7 °C à l'apéritif).

Prix : 5 à 10 euros

Muscat-de-saint-jean-de-minervois

Entre Béziers et Narbonne, l'AOP muscat-de-saint-jean-de-minervois est élaborée à base de muscat-à-petits-grains, sur un petit vignoble d'un peu plus de 150 hectares, à l'intérieur de la seule commune de Saint-Jean-de-Minervois. Il se distingue par un parfum intense et une délicieuse saveur particulièrement fruitée et délicate, sous sa belle robe d'or pâle. Mêmes usages et températures de service que les précédents.

> Les (nombreux) amateurs de ce vin se régalent de son délicieux croquant du muscat qui se marie avec une vigueur et un nerf inimitables.

Prix : 10 à 20 euros

Muscat-du-cap-corse

L'AOP muscat-du-cap-corse, bien que géographiquement assez éloignée des précédentes, est elle aussi à base du muscat-à-petits-grains cultivé dans la partie nord de l'île, sur une superficie réduite et morcelée en petites propriétés. Est-ce un effet du soleil corse et des vignes en terrasses ? Ces muscats insulaires se révèlent particulièrement exquis et délicatement parfumés de notes de fruits confits et d'agrumes. Ils donnent l'impression de croquer dans des raisins bien mûrs. Selon les vignerons, la teneur en sucre résiduel, donc le style plus ou moins liquoreux, varie.

Mêmes usages et températures de service que les précédents.

> Sous la dénomination « vins naturellement doux », la Corse possède aussi quelques originalités : le rappu et le muscatellu (ou impassito), par exemple, sont aussi bienvenus en apéritif accompagnés de tapenade, qu'en dessert sur des fruits frais ou cuits.

Prix : 10 à 20 euros

Muscat-sec (cépage)

Ce « bon petit vin » possède sa propre personnalité, qui le démarque de l'alsace-muscat. Il est produit dans le Languedoc-Roussillon.

Prix : moins de 5 euros

Musigny

(Voir chambolle-musigny)

Naturé

(Voir savagnin)

Négrette (cépage)

Cépage noir de référence des appellations fronton (haute-garonne) et lavilledieu (tarn-et-garonne) dans le Sud-Ouest. Il est aussi appelé « folle noire » dans certaines régions. Il donne des vins foncés, corsés, aux arômes puissants d'épices, de cassis, de violette et de réglisse.

Nielluccio (cépage)

Le nielluccio corse (ou niellucciu), charpenté, est à l'origine des chaleureux vins rouges de l'Île, qui sont colorés, parfumés et de bonne garde. Il correspond au célèbre sangiovese italien, le cépage du chianti ou du brunello di montalcino.

Nièvre (IGP val-de-loire nièvre)

(Voir val-de-loire)

Nuits-saint-georges

Cette appellation vinifie 41 premiers crus, dont Aux champs-perdrix, Clos Arlot, Aux Murgers, Les Vaucrains, Les Cailles. L'appellation nuits-saint-georges est d'ailleurs l'une de celles qui possède le plus grand nombre de crus. Enfin, il existe quelques rares et excellents nuits-saint-georges blancs, à déguster pas trop frais : entre 11 et 13-14 °C.

L'AOP nuits-saint-georges, parfois suivie d'un nom de lieu, produit essentiellement du rouge, et aussi un petit peu de blanc, sur 300 hectares, à partir de cépages classiques bourguignons : pinot noir et chardonnay…

Le rouge paraît de prime abord moins ferme et moins rude qu'un gevrey, mais avec plus de corps et de couleur qu'un chambolle-musigny. C'est un vin puissant, corsé et pourtant fin, qui se conserve assez bien mais qui s'ouvre rapidement.

À boire jusqu'à vingt ans pour les meilleurs (cinq à sept ans en moyenne), avec :

Viandes rouges grillées. Côte de bœuf. Daubes. Viandes blanches en sauce. Coq au vin. Petit gibier. Rôtis. Volailles. Salades. Magret de canard. Agneau.
Servir autour de 16 °C.

Prix : à partir de 20 euros
Millésimes : 2005, 2009, 2010, 2011, 2012, 2013…

Oc

(Voir Pays d'oc)

Orléans (ex vins-de-l'orléanais)

L'AOP orléans produit un rouge issu de pinot meunier et pinot-noir, un rosé et un gris à partir de gris-meunier, et un blanc de chardonnay (appelé ici auvernat-blanc)… Tous ces vins fruités, désaltérants pourraient se résumer en un mot : sympas.

Rouge à boire sur sa fraîcheur, avec :

Viandes blanches. Viandes rouges. Fromages de brebis. Fromages de chèvre. Fromages frais. Salades.
Servir autour de 14 °C.

Le blanc, d'un naturel assez fin, peut créer la surprise les bonnes années, de même que le rosé et le gris, très parfumés, bien typés et très plaisants.

Blanc, **rosé** et **gris** à boire jeunes, avec :

Apéritif. Canapés. Viandes blanches. Petit gibier. Charcuterie. Grillades. Barbecue.
Servir autour de 8 à 10 °C.

Prix : 5 à 10 euros

Orléans-cléry

Classé lui aussi en AOP, l'orléans-cléry, qui couvre quarante hectares tout près de la ville, ne constitue pas une élite du précédent, mais une appellation originale à base de cabernet-franc. Cela donne un rouge acidulé, léger, vif, épicé, un peu tannique, caractérisque du cabernet-franc en bord de Loire.

> Les orléans, aussi agréables à l'apéritif que pour accompagner tout un repas, ont un talent caché : leurs réelles vertus digestives, notamment pour les gibiers.

Prix : moins de 5 euros à 10 euros

Pacherenc-du-vic-bilh

L'AOP pacherenc-du-vic-bilh est produite sur 300 hectares, dans la même zone que le madiran : entre le Gers, les Pyrénées-Atlantiques et les Hautes-Pyrénées. Différents assemblages de petit-courbu, petit-manseng, gros-manseng, arrufiac, sémillon, sauvignon… donnent un blanc sec ou moelleux. Tous deux sont chaleureux, fruités, parfumés et ne manquent ni de corps ni de puissance ni de fraîcheur. Des blancs de caractère qui se tiennent bien à table !

> Heureuse région, qui voit cohabiter madiran et pacherenc-du-vic-bilh ! Quasiment une offre complète de vins typés sans avoir à se déplacer…

Blanc sec à boire jeune (jusqu'à deux-trois ans), avec :

Poisson grillé, au four, à la plancha ou cru. Poissons d'eau douce. Saumon. Fruits de mer et crustacés. Viandes blanches. Salades composées. Wok de légumes. Cuisine thaï.

Servir entre 10 ° et 12°C.

Blanc moelleux à boire entre deux et huit ans, avec :

🍽 Charcuterie fine. Foie gras. Desserts aux fruits (agrumes, fruits exotiques, abricots...). Desserts aux fruits secs. Fruits confits.
Servir entre 8 et 10 °C.

Prix : 8 à 20 euros
Millésimes : 2002, 2003, 2005, 2006, 2007, 2009…

Palette

Le petit vignoble de l'AOP palette (46 hectares) produit du blanc, du rosé et du rouge, sur une colline calcaire proche d'Aix-en-Provence. Sur une petite surface, il a la particularité de détenir un incroyable nombre de cépages : plus de 35 ! D'anciens cépages provençaux côtoient les bien connus mourvèdre, grenache, clairette, cinsault.

> Les rosés sont d'une aussi belle qualité que les blancs et les rouges. Tous ont du corps, de la fermeté et vieillissent bien.

L'excellent vin **blanc** est fin et distingué.

À boire jusqu'à cinq ans, avec :
🍽 Coquillages. Poisson. Viandes blanches. Cuisine méditerranéenne. Fromages frais. Légumes.
Servir entre 8 et 10 °C.

Le **rouge**, ample, tannique et racé, ne lui cède en rien sur le plan de la qualité et se révèle d'encore meilleure garde : il peut évoluer pendant une dizaine d'années.

À boire à partir de deux ans, avec :
🍽 Viandes rouges grillées. Viandes blanches. Couscous. Petit gibier.
Servir autour de 16 °C.

Le **rosé**, corsé et bouqueté, est d'assez bonne conservation pour un rosé.

À boire relativement jeune, avec :

Grillades. Barbecue. Agneau. Crudités. Veau. Poisson. Fruits de mer. Salades.
Servir entre 8 et 10 °C.

Prix : 20 à 50 euros

Patrimonio

> Aussi intéressant en rosé qu'en blanc ou en rouge, le patrimonio offre aussi l'occasion de découvrir les arômes originaux de cépages typiquement corses qui ne le sont pas moins.

Non loin de Bastia, sur des coteaux bien exposés entre le Cap Corse et le golfe de Saint-Florent, l'AOP patrimonio produit du rouge, du rosé et du blanc, sur environ 900 hectares.

Le **rouge** est un vin de caractère issu de nielluccio, assez tannique, plein en bouche, puissant, généreux et qui vieillit bien.

À boire jusqu'à cinq ans, avec :

Viandes rouges. Agneau. Gigot. Couscous. Chili con carne. Porc. Gibier.
Servir autour de 16 °C.

Le **blanc** est issu du cépage unique vermentino (vermentinu), aussi appelé malvoisie-de-corse, méridional et précoce, qui donne un vin sec et parfumé.

Le **rosé** se distingue par son élégance : un compagnon parfait pour les dîners improvisés ou fêtes estivales.

Blanc et **rosé** à boire avant deux ou trois ans, avec :

Poisson. Fritures. Rougets grillés. Filets de rascasse. Crustacés. Charcuterie corse. Pâtes italiennes. Pizzas. Risotto aux légumes ou fruits de mer. Fromages de chèvre.
Servir entre 8 et 10 °C.

Prix : 12 à 25 euros

Pauillac

> En bon bordeaux, le pauillac ne libère vraiment ses arômes qu'après quelques années en bouteille, et si la bouteille est ouverte deux heures avant le service. En prenant garde de ne pas trop le réchauffer, surtout en été, pendant l'opération !

Au nord de Bordeaux, sur la rive gauche de la Gironde, dans le Médoc, l'AOP pauillac produit un fameux vin rouge sur 1 200 hectares, à partir de cabernet-sauvignon complété par du merlot, et parfois du petit verdot ou du malbec. Ce vin par nature corsé, robuste, puissant, sait aussi se montrer d'une grande finesse et dégage un bouquet de parfums typiquement bordelais.

À boire jusqu'à quinze ans, vingt ans les meilleures années, avec :

Viandes rouges. Côte de bœuf à l'os. Chateaubriand. Agneau. Foie gras poêlé. Grand gibier. Petit gibier.
Servir de 16 °C (jeune) à 18 °C.

Prix : 15 à 30 euros et plus
Millésimes : 2000, 2001, 2002, 2003, 2005, 2006, 2009, 2010…

Pays d'hérault

L'IGP pays-d'hérault regroupe de nombreux ex vins de pays qui sont devenus des mentions complémentaires précisées sur l'étiquette : La Bénovie, Bérange, Bessan, Cassan, Caux, Cessenon, Collines de la Moure, Coteaux de Bessilles, Coteaux de Foncaude, Coteaux de Laurens, Coteaux de Murviel, Coteaux du Salagou, Côtes du Brian, Ceressou, Mont Baudile, Monts de la Grage. Si toutes les vignes profitent d'un climat méditerranéen, les types de sols sont variés, ce qui donne une variété de vins. Les assemblages voisinent avec les vins de cépage, en rouge (merlot, carignan, syrah, cabernet-sauvignon)…

ou en blanc (chardonnay) qu'ils soient rouges, rosés ou blancs, ce sont des vins faits pour être bus jeunes, sur des plats sans prétention.

Pays d'oc (IGP)

Les IGP pays d'oc fleurent bon le Languedoc-Roussillon, sur les quatre départements des Pyrénées Orientales, de l'Aude, de l'Hérault et du Gard. Six communes de Lozère peuvent aussi les produire.

Ils produisent surtout des vins de cépages rouges, rosés et blancs à prix très raisonnable qui connaissent un grand succès commercial. Voici les principaux :

Merlot : ce n'est pas le vin de cépage le plus connu, mais c'est l'un de ceux qui déçoivent le moins. Le merlot de l'Hérault n'est pas plat comme ça arrive parfois avec ce cépage vinifié seul. Le soleil l'a même rendu un peu rugueux. Et il donne un vin qui a de la personnalité. Un vin à viandes. Rouges ! Et tant pis pour les végétariens !

Cabernet-sauvignon : ce cépage bordelais a du succès en Languedoc. L'IGP pays d'oc cabernet-sauvignon est l'un des vins IGP rouges les plus vendus en grande surface. Le soleil du sud lui donne une couleur foncée, des arômes de cassis et de réglisse qui séduisent. Un vin qui s'adapte à toutes les viandes rouges grillées, rôties, aux volailles rôties ou aux plats mijotés.

Sauvignon : fruité, assez ample en bouche même s'il lui manque son petit piquant caractéristique, sans doute écrasé par le soleil. Le sauvignon parvient néanmoins ici à rester assez équilibré et réussi dans l'ensemble ; un petit vin bien sympathique, en pique-nique ou autre casse-croûte.

Chardonnay : sous le soleil du sud, ce vin attrape de la rondeur et de l'opulence, ce qui peut déranger les fans des blancs de Bourgogne mais plaire aux amateurs de blancs aromatiques.

Viognier : c'est un blanc très aromatique, puissant, rond mais avec toujours une touche de vivacité.

Cinsault rosé : il fait des rosés acidulés aux notes de groseille, grenadine et pêche. Sur les carpaccios de poisson, les entrées au chèvre frais, la cuisine de l'été, les pique-niques.

Grenache rosé : il donne des rosés généreux, veloutés, chaleureux qui accompagnent très bien la cuisine méditerranéenne.

Pécharmant

> Un excellent rapport qualité/prix pour ce joli vin rouge méconnu qui gagne à passer trois à quatre ans en bouteille avant d'être bu.

Non loin de Bergerac, sur 400 hectares de la rive droite de la Dordogne, l'AOP pécharmant produit uniquement du rouge, à base de cépages bordelais : cabernet-franc, cabernet-sauvignon, côt, merlot… Le vin tire sa singularité de son sous-sol d'argile ferrugineuse. Cela donne un beau vin rouge sombre, corsé, rond, charnu, généreux et bien charpenté. Un vin de garde.

À boire jusqu'à dix ans, avec :

Chapon, poularde. Rôtis. Abats. Magrets de canard. Volailles. Confit de volailles. Petit gibier. Cassoulet. Viandes rouges.

Servir de 14 à 16 °C.

Prix : 8 à 15 euros

Millésimes : 2005, 2008, 2009, 2010…

Périgord (IGP)

L'appellation regroupe les vins de pays produits dans le département de la Dordogne et sur le territoire de la commune de Salviac dans le Lot. Elle s'enrichit de la mention « vin-de-domme » pour ceux qui sont issus de Campagnac-lès-Quercy et des communes du canton de Domme. Certains vins de Domme sont élevés en fûts. Dordogne est une autre mention possible pour les vins produits dans le département du même nom. L'appellation peut aussi être suivie d'un nom de cépage (vin de cépage). Seuls ou en assemblages, les principaux cépages (merlot, cabernet sauvignon, malbec, cabernet franc) sont vinifiés en rouge volontiers charpenté et en rosé fruité et vif. Le blanc peut être issu de nombreux cépages typiques du Sud-Ouest – arrufiac, camaralet, petit courbu, ugni blanc, mauzac blanc… – mais aussi de sauvignon blanc au gris. Ce sont des vins à prix doux, parfaits pour la cuisine régionale ou les repas de copains autour d'une viande rouge grillée.

Pernand-vergelesses

Au nord de Beaune, l'AOP pernand-vergelesses, parfois suivie d'un nom de lieu, occupe un territoire de 160 hectares plantés tout autant de pinot noir que de chardonnay… Il a huit premiers crus.

> Contrairement à la règle non écrite qui veut qu'un vin se mette en valeur avec les spécialités locales, le pernand-vergelesses blanc fait merveille en compagnie de poissons de mer… pourtant plutôt éloignés de sa Bourgogne natale.

Le microclimat particulier qui baigne cette commune donne un rouge somptueux, tout en finesse et en distinction. C'est un vin de garde moyenne, plutôt ferme et vigoureux ; comparable au corton, mais avec une évolution plus rapide.

Rouge à boire jusqu'à dix ans, exceptionnellement quinze, avec :
Volailles. Petit gibier. Rôtis. Rôti de veau. Viandes rouges grillées.
Servir autour de 14 °C.

Millésimes : 2005, 2008, 2009, 2010, 2011, 2012, 2013, 2014…

Blanc à boire jusqu'à dix ans, avec :
Poissons de mer. Sole meunière. Poissons crus. Abats. Cervelles. Ris de veau. Quiches. Risotto aux fruits de mer.

Servir de 10 à 12 °C.

Prix : 15 à 25 euros
Millésimes : 2003, 2005, 2006, 2009, 2010, 2011, 2012, 2013, 2014…

Pessac-léognan

Tout près de Bordeaux, sur environ 1400 hectares, l'AOP pessac-léognan produit un vin rouge à partir de cabernet-sauvignon et merlot.

> Aujourd'hui, cette AOP est quasiment urbaine car enclavée en partie dans la banlieue de Bordeaux. Ca ne l'empêche pas d'abriter l'un des crus français le plus célèbres : le château Haut-Brion.

C'est un vin élégant qui a du corps et des tanins solides dans sa jeunesse. Il vieillit jusqu'à une dizaine d'années. Le blanc, concentré et racé, est à base de sauvignon, sémillon et muscadelle. Ces vins constituent une sorte d'élite des vins de graves (voir graves). Certains pensent que c'est ici que se sont plantées les premières vignes du Bordelais.

Le Château Haut-Brion, créé au XVIIe siècle, est le plus célèbre. Il a été le premier vin de Bordeaux à séduire les Anglais au XVIIe siècle. C'est le seul cru des graves classé dans le célèbre classement de 1855. Seize crus sont classés dans un classement spécifique aux vins de graves.

Rouge à boire pas trop jeune, jusqu'à dix ou quinze ans, avec :
Volailles. Viandes rouges. Petit gibier. Champignons.
Servir autour de 16-17 °C.

Millésimes : 2005, 2009, 2010…

Blanc à boire jusqu'à dix ans, avec :
Fruits de mer. Coquillages cuits. Crustacés. Poisson. Viandes blanches. Fromages de brebis. Fromages à pâte cuite. Volailles.
Servir autour de 10-11 °C.

Millésimes : 2005, 2006, 2009, 2010, 2011, 2013…
Prix : 12 à 25 euros

Petit-bouchet

(Voir cabernet-sauvignon)

Petit-chablis

(Voir chablis)

Petite Crau

En 2000, ce vin de pays est devenu un vin de pays des Alpilles, puis en 2009 une IGP alpilles.

(Voir Alpilles)

Pic-saint-loup (AOP languedoc-pic-saint-loup)

À une vingtaine de kilomètres au nord de Montpellier, cette appellation bénéficie d'un microclimat plus frais que les autres terroirs du Languedoc. Elle produit un rouge et un rosé particulièrement savoureux et parfumés, à boire jeunes de préférence – jusqu'à trois ou quatre ans pour le rouge.

Le **rouge** accompagne les volailles goûteuses, civets et plats en sauce, viandes rouges, agneau…
Servir entre 15 (jeune) et 17 °C.

Le **rosé** se boit frais, sur des charcuteries ou des repas improvisés
Servir autour de 8 °C.

Picpoul-de-pinet

Entre Sète et Pézenas, au bord de l'étang de Thau, l'appellation produit uniquement un excellent vin blanc, issu de cépage piquepoul. Autrefois mention de l'AOP languedoc, il a pris son autonomie. Une reconnaissance pour ce vin blanc qui est la plus grosse production de blanc en Languedoc-Roussillon.

Un **blanc** aux parfums d'agrumes et de fleurs, à boire jeune, servi un peu plus frais que le coteaux-du-languedoc blanc, avec des crustacés, des coquillages (huîtres de Bouzigues par exemple, qui sont toutes proches) et, bien entendu, tous les poissons – y compris les recettes les plus parfumées et relevées.

Servir autour de 8 °C.

Pierrevert

Initialement reconnue sous le nom « coteaux-de-pierrevert », cette AOP est devenue tout simplement pierrevert en 2009. Elle produit du rouge, du blanc et du rosé, aux alentours de Manosque sur les Alpes-de-Haute-Provence, le Var, le Vaucluse. À l'exception de certains rouges, ces vins sont à boire jeunes et frais.

> Comme dans d'autres appellations provençales, les rosés sont les plus connus… et les rouges les plus intéressants.

Le blanc, très minoritaire, est obtenu à partir de cépages vermentino, clairette, roussanne et ugni, entrant également dans la composition du rosé qui représente un tiers environ de la production totale. Le rouge quant à lui, est issu de grenache et syrah, éventuellement enrichis de cinsault et de carignan.

Rosé et **blanc** à boire jeunes, avec :

Apéritif. Canapés. Charcuterie. Petits crustacés. Fritures. Choucroute. Légumes. Légumes farcis. Pique-nique. Pizzas.

Servir entre 8 et 10 °C.

Rouge à boire jusqu'à quatre ou cinq ans, avec :

🍽 Viandes rouges. Viandes blanches. Viandes confites. Cassoulet. Volailles. Charcuterie chaude. Chili con carne.
Servir entre 16 et 18 °C.

Prix : 5 à 10 euros

Pineau-d'aunis (cépage)

Aussi appelé chenin-noir, il réussit fort bien tout seul en coteaux-du-loir ou en coteaux-du-vendomois dans des rouges ou des rosés légers aux arômes poivrés. Les vinifications voulant forcer sa couleur et sa concentration par de l'élevage en fûts lui réussissent assez peu.

Pineau-de-la-loire

(Voir chenin-blanc)

Pineau-des-charentes

L'AOP pineau-des-charentes est un vin de liqueur bien connu, élaboré dans la même zone d'appellation que le cognac. Il est obtenu en additionnant du moût de raisin (jus) et du cognac issus d'une même propriété. Il affiche entre 16 % et 22 % de degré alcoolique. Selon les cépages utilisés

> En bon vin de liqueur, le pineau-des-charentes se conserve très longtemps sans se bonifier une fois qu'il est mis en bouteille. Pour goûter un pineau aux tempes grisonnantes, mieux vaut acheter un vieux (au moins 5 ans de vieillissement en fûts) ou un très vieux pineau (au moins 10 ans).

(cabernet-franc, cabernet-sauvignon, folle blanche, ugni blanc, colombard, merlot, malbec...), il est blanc, rosé ou rouge. Il vieillit obligatoirement en fûts de chêne mais plus ou moins longtemps (8 mois au moins pour le pineau rouge et rosé, 12 mois pour le pineau blanc).

À boire jeune ou vieux, avec :
Pour le blanc : apéritif, foie gras, fromages de chèvre ou pâtes persillées, desserts à l'ananas.
Pour le rouge ou le rosé : fromage de brebis, desserts aux fruits rouges, tartes aux fruits ou desserts au chocolat.
Servir entre 8 et 10 °C.

Prix : 20 à 30 euros

Pinot-auxerrois

(Voir auxerrois)

Pinot-blanc

(Voir alsace-pinot-blanc)

Pinot-blanc (cépage)

Il est surtout connu pour le vin sec, très fin, souple et nerveux qu'il produit en Alsace, avec une aimable acidité et à boire jeune. L'assemblage avec l'auxerrois peut améliorer les deux. On trouve quelques très rares pinot blanc en monocépages, en Bourgogne. Il entre dans la composition de certains champagnes, dans l'Aube.

Pinot-gris

(Voir alsace-pinot-gris)

Pinot-gris (cépage)

Anciennement tokay-d'alsace, c'est un grand cépage méconnu car peu productif, qui donne un vin jaune d'or, bien typé, puissant avec un rien de moelleux : subtil et racé. Il est aussi appelé malvoisie en Suisse et dans la vallée de la Loire. Il supporte aussi la surmaturation de raisins de vendanges tardives. Son proche cousin le pinot-beurot regagne actuellement du terrain en Bourgogne et dans la vallée de la Loire.

Pinot-meunier (cépage)

Aussi appelé gris-meunier, blanc-meunier, auvernat gris ou meunier, il est souple et parfumé. Il entre dans la composition des champagnes de la vallée de la Marne. Il est aussi présent dans la vallée de la Loire.

Pinot-noir

(Voir alsace-pinot-noir)

Pinot-noir (cépage)

C'est le cépage unique des grands bourgognes, ce qui lui donne un prestige certain. Dans les champagnes, ce cépage rouge est vinifié en blanc (en assemblage ou dans les blancs de noirs) ou entre dans la composition des champagnes rosés. C'est aussi le seul rouge d'Alsace, où il fait des rouges assez légers et croquants, et de plus en plus, des rouges plus concentrés, élevés en fûts comme en Bourgogne. On le retrouve un peu partout en France. Il est assez présent dans le Jura, en Savoie, dans la Loire (cépage unique des AOP sancerre et menetou-salon rouges), en Auvergne, en Lorraine. En Languedoc-Roussillon, dans le Var et en Ardèche, il fait des vins de cépage. Il est planté dans le monde entier, notamment en Californie.

Pissote

(Voir fiefs vendéens)

Plan-de-dieu (côtes-du-rhône-villages-plan-de-dieu)

Sur un peu plus de 900 hectares, le rouge, unique produit de l'appellation, est à base de grenache enrichi de syrah ou mourvèdre…

Le plan-de-dieu est dense, concentré, avec des notes d'herbes sauvages qui rappellent la garrigue environnante. Il se boit plutôt mature, âgé de cinq à dix ans. C'est un vin qui gagne à « avoir de la bouteille ». Il accompagne et relève très bien les viandes grillées, les petits gibiers, les plats cuisinés et les volailles.

Servir autour de 15 °C, 16 ou 17 °C maximum les grandes années.

Prix : moins de 6 euros à 10 euros

Plant-d'espagne

(Voir carignan)

Pomerol

Ce grand rouge AOP est issu principalement de merlot, complété par du cabernet-franc (dit bouchet ou bouschet), cabernet-sauvignon et malbec (côt). Il est produit sur un peu moins de 800 hectares de la région de Libourne, sur la rive droite de la Dordogne.

> Contrairement aux autres bordeaux, le pomerol n'est pas soumis au contrôle par dégustation et ne fait l'objet d'aucun classement. Les propriétaires de Pomerol, très bien organisés, se chargent eux-mêmes – et fort bien ! – de la défense, de la qualité et du renom de leur vin.

Le pomerol a la particularité de pouvoir être bu dans sa jeunesse tout en sachant très bien viellir. Son mélange de puissance et de souplesse est unique. Ce vignoble abrite l'un des vins les plus célèbres du monde : le Pétrus.

Grands crus de Pomerol :

Le Pétrus est unanimement considéré comme un cru exceptionnel. Puis viennent les Château L'Évangile, Château La Conseillante, Château Trotanoy, Vieux Château-Certan, Château Beauregard, Château Hosanna, Château Certan-de-May, Château La-Croix-de-Gay, Château L'Eglise-Clinet, Château La Fleur-Pétrus, Château-Gazin, Château Lafleur, Château Latour-Pomerol, Château Nénin, clos René, Château des Salles, Château Petit-Village, Château Rouget.

On peut y ajouter les Château Le Pin, Château La Fleur-de-Gay, Château Clinet, Clos de L'Eglise, Château Gombaud-Guillot, Château La Violette, Château Le Bon Pasteur, Château La Cabanne,

Château Moulinet, Château Taillefer, Château la Croix, Château La Croix-Taillefer.

D'une manière générale, le pomerol se caractérise par sa belle robe pourpre, des parfums profonds, de la souplesse, de la nuance, de la longueur… il faut le dire : les grands vins de Pomerol sont des vins d'exception, bouquetés, charnus et moelleux, qui allient la finesse du graves à la vigueur du saint-émilion, avec une générosité qui rappelle la Bourgogne.

À boire jusqu'à vingt ans, beaucoup plus dans les grands millésimes, avec :

Viandes rouges. Daubes. Bœuf bourguignon. Pot-au-feu. Grand gibier. Petit gibier. Viandes blanches. Viandes confites. Abats. Foie de veau. Entrecôte à la moelle. Tajines. Volailles.
Servir autour de 16 °C, jusqu'à 18 °C pour les bouteilles vénérables.

Prix : 20 euros et plus
Millésimes : 2000, 2001, 2005, 2009, 2010, 2011…

Pommard

Dans le vignoble de la Côte de Beaune, cette AOP, parfois suivie d'un nom de lieu, produit un grand vin rouge à partir de pinot noir sur un peu plus de 300 hectares… D'une belle robe rubis, ce vin ferme, parfumé et bien charpenté est aussi un vin charnu, plein de sève et de bonne garde. En vieillissant, il s'enrichit d'arômes puissants mais subtils. Le tiers de l'aire des pommards est occupé par les premiers crus.

Le pommard possède vingt-huit premiers crus. Certains sont particulièrement réputés : Rugiens, Les Épenots.

À boire au bout de cinq ans, jusqu'à quinze ans et plus, avec :

Viandes rouges grillées. Viandes rouges en sauce. Agneau. Ragoûts. Civets. Petit gibier. Fromages à pâte cuite.
Servir autour de 14 °C (jusqu'à 17 °C pour les grandes bouteilles).

Prix : 30 euros et plus
Millésimes : 2002, 2003, 2005, 2009, 2010, 2012…

Portes-de-la-méditerranée

Ce vin de pays a été créé en 1999. Il est devenu vin de pays de méditerrannée en 2007 puis IGP méditerranée en 2009.

(Voir Méditerrannée)

Pouilly-fuissé

L'AOP pouilly-fuissé couvre un peu plus de 750 hectares non loin de Mâcon, où elle produit exclusivement un blanc de chardonnay pur, jaune d'or clair à reflets verts ; souple, fin, très parfumé et de très bonne garde.

Il est conseillé de passer un pouilly-fuissé jeune en carafe, au même titre qu'un grand rouge âgé. C'est en effet dans sa jeunesse qu'il faut l'aider à libérer toute la richesse de ses arômes. Un pouilly-fuissé vénérable le fait de lui-même, à l'ouverture de la bouteille.

À boire pas trop frais, jeune ou jusqu'à plus de dix ans, avec :
Volailles. Volaille de Bresse ou des Dombes. Quenelles de brochet. Cuisses de grenouille. Crustacés. Langouste. Homard. Poisson. Soupe de poissons. Bouillabaisse. Escargots. Coquillages crus. Huîtres. Coquillages cuits. Huîtres chaudes. Fruits de mer. Souflé au fromage ou à la bisque de homard. Fromages de chèvre.
Servir entre 11 et 13 °C, selon son âge.

Prix : 15 à 30 euros
Millésimes : 2005, 2009, 2010…

Pouilly-fumé (blanc-fumé)

Sur la rive droite de la Loire, dans le département de la Nièvre, juste en face des vignobles du sancerre, l'AOP pouilly-fumé, ou blanc-fumé, issue de sauvignon (aussi appelé blanc-fumé), occupe un millier d'hectares. Ce vin blanc très clair, en fait jaune à reflets verts, se révèle charnu et savoureux en bouche, avec un bouquet de parfums bien particulier qui s'améliore en quelques années. Selon le type de sols, le vin offre des nuances importantes allant de notes minérales appuyées à des notes parfumées plus dominantes. À ne pas confondre avec le pouilly-fuissé bourguignon.

À boire au bout d'un an et demi ou deux ans, et jusqu'à dix ans (pour les meilleurs d'entre eux), avec :

🍽 Volailles. Terrines. Chapon, poularde. Coquillages crus. Huîtres. Coquillages cuits. Crustacés. Poisson. Poissons à la vapeur. Poissons fumés. Légumes.

Servir autour de 10 °C.

Prix : 10 à 30 euros
Millésimes : 2005, 2008, 2012, 2013…

Pouilly-loché Pouilly-vinzelles

Les AOP pouilly-loché et pouilly-vinzelles (30 et 50 hectares) sont issues, sur de plus petits terroirs, de la même région et du même

> Certaines années, les pouilly-vinzelles développent une délicate odeur iodée qui s'allie alors à merveille aux belles huîtres vertes et plates de Marennes.

cépage que le pouilly-fuissé. Ces vins blancs développent les mêmes qualités que le pouilly-fuissé.
À boire après deux ans de bouteille, jusqu'à cinq ou dix ans, avec les mêmes mets que le pouilly-fuissé.

Prix : 10 à 20 euros et plus

Pouilly-sur-loire

Le pouilly-sur-loire est également un excellent vin de primeur, à découvrir à la saison.

Dans la même région que le pouilly-fumé, l'AOP pouilly-sur-loire produit sur une trentaine d'hectares un vin blanc issu de chasselas, qui est surtout connu comme « vin de soif » – ce qui n'a rien de désobligeant mais souligne le fait qu'il est léger, délicatement parfumé, et rafraîchissant…

À boire jeune et jusqu'à cinq ans, comme le pouilly-fumé ainsi qu'avec :

🍽 Charcuteries. Poissons au four ou en court-bouillon. Quenelles de brochet. Gratins de blettes. Entrées au chèvre frais. Salades. Asperges.
Servir autour de 10-12 °C.

Prix : 10 à 20 euros

Premières-côtes-de-blaye

(Voir blaye)

Premières-côtes-de-bordeaux

Les vignes des premières-côtes-de-bordeaux sont perchées sur les coteaux abrupts dominant la Garonne, sur la rive droite de la Garonne. Elles produisent des vins **blancs** moelleux issus de sémillon et d'un peu de sauvignon et muscadelle. Ils ne manquent ni de race ni de fumet, et sont particulièrement appréciés au début et à la fin des repas.

À boire jusqu'à cinq ou six ans, avec :
Apéritif. Sucré-salé. Canapés. Desserts aux fruits. Desserts aux amandes.
Servir entre 8 et 10 °C.

Prix : 6 à 20 euros

Principauté-d'orange (IGP vaucluse principauté-d'orange)

L'ancien vin de pays de la principauté-d'orange est devenu une mention géographique de l'IGP vaucluse. Il peut-être blanc, rosé ou rouge.

(Voir vaucluse)

Puisseguin-saint-émilion

L'AOP puissegrun-saint-émilion est implantée sur 750 hectares de la région de Libourne, sur la rive droite de la Dordogne, et ne produit que du rouge à base de merlot surtout et de cabernet-franc. Un vin coloré, assez corsé, charnu, au parfum prononcé, mais capable de se montrer très fin dans les bons crus.

Le puisseguin-saint-émilion s'apprécie chambré, ce qui correspond à 16 ou 17 °C. Rappelons que le mot « chambré » correspond à la température d'une chambre… au XVIIIe siècle ; bien avant l'invention du chauffage central !

À boire jusqu'à cinq à dix ans, avec :

Volailles. Sucré-salé. Viandes rouges. Canard.

Servir autour de 17 °C.

Prix : 15 à 30 euros

Puligny-montrachet

Au sud de Beaune, en Côte-d'Or, cette AOP de 200 hectares (parfois suivie d'un nom de lieu) donne un blanc fameux, qui partage avec son voisin le chassagne-montrachet, l'honneur de compter des grands crus illustres sur son territoire. Les premiers crus, remarquables, sont les dignes frères cadets de leurs grands voisins. Les cépages chardonnay, pinot noir sont les vedettes, comme presque toujours en Bourgogne.

Une petite partie des rouges est commercialisée sous l'appellation côtes-de-beaune-villages.

Le vin **blanc** sec, fruité, distingué, joliment parfumé, prouve si besoin était que sa réputation n'est pas usurpée.

À boire jusqu'à dix ans, avec :

Homard. Langouste. Crustacés. Poisson. Quenelles de poisson. Poularde, chapon. Veau aux champignons. Foie gras. Reblochon. Brie de Meaux. Seul.
Servir entre 10 et 12 °C.

Millésimes : 2005, 2008, 2009, 2010, 2011, 2012, 2013…

Une petite production de vin **rouge**, qui ne le cède en rien sur le plan de la qualité, complète l'appellation.

À boire jusqu'à dix ans, parfois quinze, avec :
Petit gibier. Viandes blanches en sauce. Viandes rouges. Volailles.
Servir autour de 14 °C.

Millésimes : 2005, 2009, 2010, 2012…
Prix : 50 euros et plus

Puy-de-dôme (IGP)

Cette appellation départementale permet aux vignerons de faire des cuvées un peu différentes des AOP côtes-d'auvergne en utilisant d'autres cépages (syrah, par exemple) en assemblage ou monocépages. Les vins sont rouges, rosés, gris ou blancs.

Puyméras (côtes-du-rhône-villages-puyméras)

Sur 127 hectares, le rouge, unique produit de l'appellation, est à base de grenache majoritaire (au moins 50 %), enrichi de syrah ou mourvèdre…

Le puyméras se boit idéalement à cinq ans, parfois plus pour les meilleurs millésimes. C'est un vin qui gagne à « avoir de la bouteille ». Il accompagne les viandes grillées, les petits gibiers et les volailles.

Servir autour de 15 °C, 16 ou 17 °C maximum les grandes années.

Prix : moins de 6 euros à 12 euros

Pyrénées-atlantiques (IGP comté-tolosan pyrénées-atlantiques)

Les IGP comté-tolosan peuvent préciser la mention géographique « pyrénées-atlantiques » lorsqu'ils sont produits dans ce département.

Pyrénées-orientales (IGP côtes-catalanes pyrénées-orientales)

(Voir Côtes-catalanes)

Quarts-de-chaume

(Voir coteaux-du-layon)

L'AOP quarts-de-chaume offre beaucoup d'analogies avec les coteaux-du-layon ou des coteaux-du-layon-chaume, mais elle possède sa propre personnalité. Elle est considerée comme un grand cru liquoreux.

> Le quarts-de-chaume, puissant et délicat comme ses voisins, possède une incomparable richesse de parfum qui n'appartient qu'à lui.

Peut-être grâce à la situation très abritée de son vignoble de 40 hectares, dans un méandre du Layon. Un liquoreux d'exception pour de grandes occasions, à tenter sur un foie gras poêlé, un magret de canard aux mangues ou un dessert aux poires.

Prix : 20 à 30 euros et plus

Quatourze (AOP languedoc-quatourze)

Situé près de Narbonne, ce vignoble est l'un des plus anciens du Languedoc. D'où sa légitimité à être revendiqué comme une mention géographique synonyme d'une typicité particulière. Le terroir très ensoleillé profite de l'air marin. Unique couleur produite, le rouge peut attendre jusqu'à cinq ou six ans avant d'être ouvert sur des volailles ou des viandes rouges.

Quincy

À l'ouest de Bourges, non loin de Vierzon, 170 hectares environ de sables et graviers déposés par le Cher exaltent la finesse et le fruité du sauvignon (cépage unique) pour donner (entre autres) ce blanc sec, de faible acidité et modéré en alcool.

> L'appellation quincy, même si elle est moins connue que le célèbre sancerre voisin, représente avec lui l'une des plus remarquables réussites du cépage sauvignon dans la région.

À boire jeune, avec :

Fruits de mer. Coquillages crus. Huîtres. Fritures. Poisson. Crustacés. Charcuterie chaude. Boudin. Terrines. Quiches. Abats. Volailles. Veau. Fromages à pâte cuite. Fondue savoyarde. Fromages fermentés. Fromages de chèvre. Cuisine chinoise. Cuisine japonaise. Cuisine vietnamienne.

Servir frais, sans excès, entre 10 et 12 °C.

Prix : 5 à 12 euros

Rasteau

Dans le Vaucluse, l'AOP rasteau produit un vin doux naturel et un vin rouge sec dont le grenache est le héros. Le vin doux naturel rasteau est vinifié en blanc, rouge (doré) ou rosé. Certaines cuvées faisant l'objet d'un vieillissement spécial s'appellent rancio. Il n'est produit que sur 25 hectares.

> Le vin doux naturel rasteau forme un accord presque parfait avec les desserts aux fruits rouges ou noirs.

Blanc ou rosé à boire jeunes, **rouge** jusqu'à huit ou dix ans, avec :
Apéritif. Desserts aux fruits rouges. Chocolat. Fromages bleus.
Servir le blanc autour de 10 °C.
Servir le rouge à 17-18 °C.

Les rouges secs sont produits sur une surface beaucoup plus importante (plus de 900 hectares). Ils sont à base de grenache majoritaire (au moins 50 %), enrichi de syrah ou mourvèdre. Ils sont d'un style intense, capiteux avec des notes épicées.

Le rasteau **rouge** se boit jusqu'à cinq ou six ans, parfois plus. Il accompagne les viandes rouges et les plats pimentés, les charcuteries cuites, le canard.
Servir autour de 15 °C, 16 ou 17 °C maximum les grandes années.

Prix : moins de 6 euros à 20 euros

Régnié

L'appellation régnié peut être ou non suivie d'un nom de lieu.

Le « petit dernier » des grands crus de beaujolais a obtenu son appellation d'origine en 1988 et donne bien entendu un rouge à base de cépage gamay, sur près de 400 hectares. Il se distingue par une belle couleur rubis, et dégage d'agréables arômes de petits fruits rouges… Un vin parfait pour dîner entre amis (déjeuner s'il y a possibilité de sieste) ou encore en préambule d'un grand bourgogne sur un repas de viande.

À boire jeune et jusqu'à cinq ans, avec :

Rôtis. Charcuteries fines. Terrines. Petit gibier. Viandes blanches. Charcuterie chaude. Poisson. Fritures. Cuisses de grenouille. Volailles. Coq au vin. Poularde, chapon. Cuisine à la crème. Champignons. Fromages à pâte cuite.

Servir autour de 13 °C.

Prix : 6 à 12 euros

Certaines bouteilles bénéficient actuellement d'une méthode de vinification « comme un bourgogne », qui leur permettent en principe de vieillir plus longtemps qu'un beaujolais, tout en se bonifiant.

Reuilly

Les reuillys gagnent à être connus, surtout le blanc, toujours susceptible de susciter d'agréables surprises… à prix tout doux.

Entre Vierzon et Issoudun, à cheval sur l'Indre et le Cher, l'AOP reuilly occupe 150 hectares et donne un blanc, un rosé et un rouge, à partir de sauvignon, pinot-noir, pinot-gris…

L'excellent vin **blanc** se rapproche du quincy dans ses meilleures cuvées.

À boire, ainsi que le **rosé**, jusqu'à deux-trois ans, avec :
Poisson. Fruits de mer. Crustacés. Charcuterie. Brochettes. Grillades. Barbecue. Pizzas. Fondue savoyarde. Fromages à pâte cuite.
Servir le rosé entre 8 et 10 °C.
Servir le blanc vers 11-12 °C.

Le **rouge** est agréable, sans prétention, désaltérant, souple et fruité.

À boire jusqu'à cinq ans, avec :
Volailles. Rôtis. Viandes blanches. Charcuterie. Cuisine asiatique. Grillades.
Servir vers 16-17 °C.

Prix : 5 à 10 euros

Richebourg

Le prix (justifié, sauf sur les grandes bouteilles de collection au prix purement spéculatif) suffit à lui seul à nous rappeler qu'il s'agit là d'un vin d'exception, pour circonstances non moins exceptionnelles.

Non loin de Nuits-Saint-Georges, l'AOP grand cru richebourg fait elle aussi partie des très grands bourgognes – et des tout petits vignobles ! (À peine plus de 7 hectares.) Elle produit uniquement du rouge, à base de pinot noir apte à se conserver pendant dix à vingt ans, parfois plus.

Même usage et mêmes accompagnements que la-grande-rue, la-romanée, romanée-conti, romanée-saint-vivant, échezeaux, grands-échezeaux…

Prix : plus de 500 euros

Riesling

(Voir alsace-riesling)

Riesling (cépage)

Tardif et productif, c'est l'un des cépages les plus septentrionaux, qui est d'ailleurs présent jusqu'en Europe centrale. Il réussit excellemment en Alsace, où il donne un vin sec, fier et fin, aux parfums francs, intenses et distingués.

Rivesaltes

Les rivesaltes ont su préserver leur qualité en soumettant leur vignoble à un faible rendement et en commercialisant les vins au bout d'un délai minimum de deux à quatre ans. Les rivesaltes de cinq ans ou plus ont droit à la mention « hors d'âge ».

L'AOP rivesaltes, issue du vignoble le plus méridional de France continentale, couvre plus de 2 700 hectares et baigne dans un microclimat exceptionnel pour produire des vins doux naturels bien connus, blanc et rouge à partir de cépages grenache, blanc, gris ou noir, macabeu, muscat-à-petits-grains, muscat-d'alexandrie, malvoisie…

Après leur élevage, certains vins blancs deviennent ambrés, certains rouges deviennent grenat ou tuilés. Les rancios font l'objet d'une vinification particulière qui les met au contact de l'air et leur confère des notes typiques de noix, tabac, raisin sec… Tous se montrent aussi tendres que racés. Les plus équilibrés se marient parfois de façon insolite avec des plats d'ordinaire réservés à des vins plus « classiques ».

À boire jusqu'à quinze ans et plus, avec :

Apéritif. Canapés. Grand gibier. Foie gras. Volailles aux fruits. Chocolat. Desserts. Tartes aux fruits. Fromages bleus.

Prix : 8 à 15 euros et plus

Roaix (côtes-du-rhône-villages-roaix)

Sur 450 hectares dans le Vaucluse, cette appellation produit des vins corsés, structurés mais qui savent aussi dévoiler de la fraîcheur. Les vins cultivés en coteaux, sur la même colline que la célèbre appellation rasteau sont plus intéressants que ceux issus des vignes de plaine. Les rouges et les rosés sont tous à base de grenache majoritaire au moins 50 %), enrichi de syrah ou mourvèdre. Les blancs sont à base de clairette, marsanne, roussane, bourboulenc, viognier…

Le roaix **rouge** se boit jusqu'à quatre ans, parfois plus. Il accompagne très bien les viandes rouges et les gibiers.

Servir autour de 15 °C, 16 ou 17 °C maximum les grandes années.

Le roaix **blanc**, à boire jeune, apprécie aussi les poissons grillés, les calamars à la plancha, les volailles ou viandes blanches légèrement épicées, les tapas.

Servir frais sans excès, autour de 10 °C.

Le roaix **rosé** se boit jeune, à deux ans maximum, avec des grillades, des charcuteries, des pizzas, des pâtes, des légumes grillés et des salades.

Servir frais, autour de 8 à 10 °C.

Prix : moins de 5 euros à 12 euros

Rochegude (côtes-du-rhône-villages-rochegude)

Sur environ 180 hectares, cette appellation produit surtout des rouges souples, friands et fruités à base de grenache majoritaire (au moins 50 %), enrichi de syrah ou mourvèdre. Les rosés, ronds et rafraîchissants, sont en plein essor. Les rares blancs sont issus de clairette, marsanne, roussane, bourboulenc, viognier.

Ils se boivent de la même façon et sur les mêmes plats que les côtes-du-rhône-villages-roaix (voir Roaix).

Prix : moins de 5 euros à 12 euros

Rolle (cépage)

(Voir Vermentino)

Romanée-conti

(Voir ci-dessus richebourg – et autres grands crus de vosne-romanée)

Romanée-saint-vivant

(Comparable au richebourg et autres grands crus de vosne-romanée)

Roquebrun

(Voir saint-chinian)

Rosé-d'anjou

L'AOP rosé-d'anjou produit un rosé légèrement doux à partir de cabernet-franc, cabernet-sauvignon, grolleau, pineau-d'aunis, gamay… L'assemblage grolleau-cabernet le rend particulièrement gourmand et désaltérant, vif et fruité.

La mode des vins rosés et des vins sucrés mais pas trop a remis le rosé d'anjou au goût du jour.

Rosé-d'anjou demi-sec, à boire jeune, avec :
Apéritif. Canapés. Cuisine épicée. Desserts. Pâtisseries. Desserts aux fruits rouges. Seul.
Servir entre 8 et 10 °C.

Prix : moins de 5 euros à 10 euros

Rosé-de-loire

Cette AOP est produite sur 1 100 hectares, principalement en Anjou. Elle vinifie uniquement un rosé sec et un gris, sec aussi,

Un petit rosé pimpant, plein de vie et de fraîcheur, qui accompagne avec légèreté un repas d'été entre copains au bord de l'eau… ou l'été, en terrasse.

à partir de cabernet-franc, cabernet-sauvignon, grolleau, pineau-d'aunis, pinot, gamay et côt (malbec)…

Un rosé léger et rafraîchissant, à boire jeune avec :

🍽 Apéritif. Pizzas. Pique-nique. Salades. Taboulé. Grillades. Poisson à la plancha. Charcuteries. Tapas.

Servir à 8 °C.

Prix : moins de 5 euros à 10 euros

Rosé-des-riceys

> Si vous voulez étonner un connaisseur, ce vin, atypique entre tous, est désormais un vin rare… Ce qui se comprend aisément, en pleine région champenoise !

L'AOP rosé-des-riceys occupe une surface d'une centaine d'hectares dans l'Aube, au sud de Bar-sur-Seine. La vinification en rosé du pinot noir donne ce vin très parfumé, fin et complexe… quand (succès oblige !) il n'entre pas dans la composition des cuvées champenoises. Selon les millésimes, il est plus ou moins dense et ample mais toujours plus dans l'esprit d'un rouge léger que d'un rosé classique. Lorsqu'il est élevé en fûts, il se garde plus longtemps et se sert à 10-12 °C.

À boire jusqu'à quatre ou cinq ans, avec :

🍽 Apéritif. Canapés. Volailles. Lapin. Viandes blanches. Charcuterie fine. Fromages frais. Fromages à pâte molle.

Servir entre 9 et 12 °C.

Prix : 15 à 25 euros

Rosette

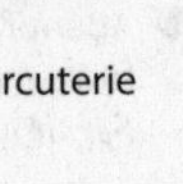

> Un grand vin blanc, élégant, qui montre beaucoup d'affinités pour la cuisine riche et distinguée, du Périgord ou d'ailleurs.

L'AOP rosette n'occupe que 30 hectares, près de Bergerac sur la rive droite de la

Dordogne, où elle produit un blanc moelleux (entre 25 et 51 g de sucre résiduel par litre), à robe jaune paille révélatrice de ses trois excellents cépages : sémillon, sauvignon et muscadelle. Ce vin fin, fruité, parfumé, possède des notes minérales qui équilibrent sa douceur en apportant un côté tonique.

À boire dans les un à quatre ans, avec :
Apéritif. Foie gras (sur pain frais). Volailles (de grande classe). Canard à l'orange. Sucré-salé. Desserts aux agrumes. Crème brûlée. Desserts aux fruits exotiques (mangue, litchi…)
Servir entre 8 et 10 °C.

Prix : 7 à 10 euros

Rouge-d'ottrott

(Voir alsace-pinot-noir)

Roussanne (cépage)

Elle donne du parfum (abricoté, miel, fleurs blanches…), de la rondeur, mais aussi une très grande élégance aux côtes-du-rhône blancs, qui vieillissent élégamment grâce à elle. Elle dégage une finesse aromatique remarquable, mais se révèle un peu prompte à s'oxyder. Si historiquement la vallée du Rhône est son fief, elle est aussi présente en Provence et en Languedoc-Roussillon. Elle est appelée bergeron dans le vignoble de Savoie où elle est le cépage unique du cru chignin-bergeron, un blanc souvent remarquable.

Rousset-les-vignes (côtes-du-rhône-villages-rousset-les-vignes)

Ce petit vignoble d'une soixantaine d'hectares est l'un des villages viticoles les plus au nord de la partie Sud du vignoble rhodanien. Les rouges sont à base de grenache, syrah, mourvèdre. Les rosés bien acidulés utilisent les mêmes cépages. Les blancs sont issus de clairette, marsanne, roussane, bourboulenc, viognier…

Le **rouge** se boit jusqu'à cinq ans, parfois plus. Il accompagne et relève très bien les viandes rouges, les charcuteries cuites et surtout les volailles.

Servir autour de 15 °C, 16 ou 17 °C maximum les grandes années.

Le **blanc**, à boire jeune (deux ans maximum), apprécie les poissons et les coquillages mais aussi les viandes blanches, volailles et la cuisine exotique.

Servir frais sans excès, autour de 10 °C.

Le **rosé** se boit jeune avec des grillades, des charcuteries…

Servir frais, autour de 8 à 10 °C.

Prix : moins de 6 euros à 12 euros

Roussette

(Voir altesse)

Roussette-d'ayze

(Voir vin-de-Savoie)

Roussette-de-savoie

Cette AOP, suivie ou non d'un nom de cru, produit, sur 210 hectares environ un vin blanc original, issu du cépage altesse (aussi appelé roussette) qui lui donne son joli caractère de vin sec, parfumé, fruité, mais assez corsé aussi.

À boire de deux à quatre ou cinq ans, avec :

Poissons d'eau douce. Écrevisses. Viandes blanches. Escalope de veau panée. Blanc de poulet. Beaufort. Comté. Reblochon. Fondue savoyarde.

Servir entre 8 et 10 °C.

Prix : 6 à 15 euros

Roussette-de-savoie-frangy
Roussette-de-savoie-marestel
Roussette-de-savoie-montherminod
Roussette-de-savoie-monthoux

Ces vins sont issus du même cépage, et représentent une sorte d'élite (d'une quarantaine d'hectares) parmi les précédents, encore qu'il soit possible de trouver aussi d'excellentes bouteilles dans l'appellation roussette-de-savoie sans nom de cru ajouté.

Le cépage altesse, ou roussette, considéré comme quasiment indigène en Savoie (sans oublier tout de même que les toutes premières vignes ont été implantées en Gaule par les Romains) aurait été rapporté de Chypre par les Croisés.

Prix : autour de 10 euros

Roussette-du-bugey

Près du lac du Bourget, l'AOP roussette-du-bugey (moins de 15 hectares) donne un vin blanc issu lui aussi, comme son homonyme de Savoie, du cépage altesse, parfois enrichi de chardonnay.
Ce vin blanc peut vieillir pendant deux ou trois ans, et se prête aux mêmes usages que le précédent. Deux zones géographiques sont reconnues comme donnant une roussette-du-bugey ayant une typicité particulière : montagnieu et virieu-le-grand. Ces petits vignobles ne vinifient que de l'altesse et offrent des vins dotés de notes minérales.

Prix : moins de 6 euros à 10 euros

Ruchottes-chambertin

L'AOP grand cru ruchottes-chambertin vinifie uniquement un rouge dans la grande tradition, à partir de pinot noir et appartient au cercle fermé des très grands crus – et petits vignobles, avec ses trois hectares !

À boire jusqu'à dix ou vingt ans, selon les millésimes, avec :
Petit gibier. Viandes rouges. Rôtis. Volailles. Cuisine légèrement pimentée. Viandes blanches en sauce.
Servir de 16 à 18 °C.

Prix : plus de 100 euros
Millésimes : 2005, 2008, 2009, 2010, 2012, 2014…

À très grand bourgogne, très grand repas !

Rully

L'AOP rully vinifie du rouge et du blanc sur plus de 300 hectares de la Côte chalonnaise, à partir de cépages chardonnay et pinot noir.

Quelques premiers crus remarquables parmi les 23 répertoriés : Grésigny, Margotey, Meix-Caillet, La Renarde, Les Cloux…

Le **blanc** sec, à robe d'or teintée de vert, est corsé et se révèle de bonne garde. Il développe un joli bouquet de parfums et une finesse remarquable.

À boire de deux à cinq ou huit ans, avec :

Écrevisses. Crustacés. Poisson. Soupe de poissons. Viandes blanches. Poulet aux écrevisses. Volailles. Fromages à pâte cuite.
Servir entre 8 et 10 °C.

Le **rouge** est suffisamment généreux et goûteux pour se plaire en compagnie de rôtis qui ne le seront pas moins.

À boire jusqu'à quatre ou cinq ans, avec :

Pot-au-feu. Rôtis. Volailles. Tajines. Coq au vin. Abats. Raviolis à la viande.
Servir autour de 15-16 °C.

Prix : 10 à 25 euros

Sables-du-golfe-du-lion

(Voir sable-de-camargue)

Sables-de-camargue

Cette IGP a remplacé le vin de pays des sables-du-golfe-du-lion. Dans les départements des Bouches-du Rhône, du Gard et de l'Hérault, les vignes de ce bon petit vin pas comme les autres doivent pousser sur des terrains sableux issus d'alluvions jadis charriés par le Rhône, ou portés par le vent (sables éoliens), voire par la mer… Autre particularité, ces vins, élaborés à partir de cépages classiques du sud, existent en blanc, en rouge et en rosé, mais aussi en gris et même en gris de gris : à découvrir ! Les vins gris et gris de gris (à base uniquement de grenache gris) représentent 80 % de la production.

Tous ces vins sont à boire jeunes, aussi bien sur des grillades qu'autour d'un barbecue, d'un poisson grillé ou (s'il en reste !) avec des fromages forts de la lointaine Normandie.

Prix : à partir de 2,50 euros

Sablet pour côtes-du-rhône-villages-sablet

Sur 130 hectares, les rouges de l'appellation sont tous à base de grenache majoritaire tout comme les rosés ; grenache blanc, clairette, marsanne, roussane, bourboulenc, viognier se dédient aux blancs…

Le **rouge**, bien charnu, se boit jusqu'à cinq ans, parfois plus. Il accompagne les viandes rouges grillées ou en sauce, les charcuteries cuites et les petits gibiers.

Servir autour de 15 °C, 16 ou 17 °C maximum les grandes années.

Le **blanc**, à boire jeune (deux ans maximum), est relativement puissant, avec des notes souvent vanillées. Il apprécie les poissons et les coquillages, de même que les viandes blanches ou les volailles.
Servir frais sans excès, autour de 10 °C.

Le **rosé** se boit jeune. Il est aussi d'un style charnu et généreux qui le destine plus à la table qu'à l'apéritif. Il s'ouvre sur des grillades, des charcuteries… et même des pizzas !
Servir frais, autour de 8 à 10 °C.

Prix : moins de 5 euros à 10 euros

Saint-amour

Le saint-amour est le beaujolais des impatients, très agréable dès sa commercialisation ; c'est aussi l'un des plus parfumés… Alors, pourquoi le faire attendre ?

L'AOP saint-amour appartient aux dix crus de beaujolais et produit donc un rouge de gamay (sur un peu plus de 300 hectares). Il est vinifié pour obtenir des vins tendres et fruités à découvrir dans les deux ans. C'est le plus nordique des crus du Beaujolais. Étoffé, parfumé et savoureux il développe une agréable finesse dès son plus jeune âge. Mais il existe aussi des cuvées plus denses, destinées à être bues après deux ou trois ans.

À boire jeune, ou jusqu'à deux-trois ans (parfois plus), avec :
Petit gibier. Bœuf en daube. Rôtis. Volailles. Cuisine bourguignonne. Fromages frais. Fromages à pâte molle.
Servir à 13-14 °C.

Prix : 7 à 15 euros
Millésimes : 2003, 2005, 2006, 2009, 2010, 2011…

Saint-aubin

Le vignoble de l'AOP saint-aubin est proche de Puligny-Montrachet dans la Côte de Beaune. Il produit du blanc et du rouge aussi savoureux l'un que l'autre, bien constitués, souples et dégageant un alléchant parfum de fruits, à partir de chardonnay et pinot noir sur près de 160 hectares.

Les premiers crus produisent un blanc qui rehausse encore la note de l'appellation, notamment en Remilly, Les Murgers, Le Charmois, Les Frionnes…

Blanc à boire jusqu'à dix ans, voire quinze, avec :
Foie gras. Poisson. Poissons à la crème. Quenelles. Volailles. Viandes blanches. Bouchées à la reine.
Servir autour de 13 °C.

Millésimes : 2005, 2006, 2009, 2010…

Rouge à boire jusqu'à cinq ans, parfois plus, avec :
Viandes rouges grillées. Agneau. Volailles. Rôtis.
Servir à 15-16 °C.

Millésimes : 2005, 2008, 2009, 2010…
Prix : 15 à 30 euros

Saint-bris

L'AOP communale de saint-bris vinifie, sur une centaine d'hectares non loin d'Auxerre, un blanc appelé naguère (parfois encore) sauvignon-de-saint-bris. Exception à la règle, ce vin blanc au caractère aromatique très particulier est vinifié à partir du cépage sauvignon (non

Ce vin est une curiosité dans le paysage bourguignon. Une curiosité bien agréable et à la portée de tous, ce qui ne gâte rien. Surtout ici.

admis pour les autres bourgognes). Vif, sec, le saint-bris n'est pas dénué d'élégance.

À boire jeune et jusqu'à trois ans, avec :

Apéritif. Canapés. Coquilles Saint-Jacques. Coquillages cuits. Charcuterie chaude. Andouillette. Poissons en papillotes.

Servir entre 8 et 10 °C.

Prix : de 5 à 15 euros

Saint-chinian

L'AOP languedocienne saint-chinian s'étale sur plus de 3 000 hectares au sud de l'Hérault, où elle produit surtout du rouge à base de cépages grenache, syrah, mourvèdre, carignan, cinsault et lledoner-pelut... Le rosé est fait avec les mêmes cépages. Le rare blanc est à base de grenache blanc, marsanne, roussanne, vermentino, viognier, clairette... Le vaste vignoble jouit d'une chaleur qui assure le mûrissement optimal du carignan et du grenache. Les vins diffèrent selon le type de sol (calcaire ou schiste) et selon l'objectif du vigneron. L'appellation donne naissance aussi bien à des vins rouges « de soif » qu'à de très belles bouteilles capables d'épater les meilleurs palais. Les terroirs de Berlou et de Roquebrun sont reconnus comme des crus.

Blanc et **rosé** à boire jusqu'à deux-trois ans, avec :

Brochettes. Grillades. Barbecue. Crustacés. Poisson. Poissons d'eau douce. Charcuterie. Salades. Légumes farcis. Cassoulet. Pizzas. Chili con carne. Fromages frais.

Servir entre 8 et 10 °C.

Rouge à boire jusqu'à cinq ans, parfois plus, avec :

Viandes rouges. Viandes grillées. Viandes blanches. Rôtis. Volailles. Magret de canard. Tajines. Petit gibier. Pizzas. Couscous.

Servir entre 15 et 16 °C.

L'AOP saint-chinian-berlou provient d'un vignoble de 250 hectares environ, entre 150 et 400 mètres d'altitude. Solide, apte à bien vieillir, le berlou revendique à juste titre sa personnalité propre, marquée d'authenticité, pleine de force mais non dépourvue de finesse.

L'AOP saint-chinian-roquebrun (400 hectares environ), à boire jusqu'à cinq à huit ans, revendique elle aussi à juste titre sa personnalité propre de vin qui a su conserver la force du saint-chinian en l'enveloppant de finesse.

Prix : moins de 5 euros à 20 euros

Saint-christol (AOP languedoc-saint-christol)

Entre Montpellier et Nîmes, l'appellation produit uniquement du rouge. Charpenté, il se boit jusqu'à cinq ou six ans, voire plus.

Il est dédié aux volailles goûteuses, aux plats en sauce…
Servir entre 15 (jeune) et 17 °C.

Saint-drézéry (AOP languedoc-saint-drézéry)

Sur de petites parcelles, sur la commune du même nom, l'appellation produit du rouge à partir du trio grenache, mourvèdre, syrah. Il affiche des notes intenses de réglisse et d'épices. Un vin d'hiver.

Il est dédié aux volailles goûteuses, civets et plats en sauce…
Servir entre 15 (jeune) et 17 °C.

Saint-émilion

> Bien que certains saint-émilions développent tout un bouquet de parfums rustiques dès leur jeunesse, mieux vaut les laisser vieillir quelques années avant de les boire.

L'AOP saint-émilion occupe un espace important de plus de 5 000 hectares à l'est de Bordeaux, sur la rive droite de la Dordogne. Le merlot est son cépage vedette, complété par du cabernet-franc et cabernet-sauvignon. Les saint-émilions sont issus de types de terroirs assez variés mais ils ont en commun une belle couleur riche, d'abord foncée, puis brillante et veloutée, allant jusqu'au rouge rubis ou vermillon. Le merlot dominant confère aux vins de la sève et du moelleux. Dans l'ensemble, ce sont des vins généreux et fins, pleins et délicats à la fois.

À boire de préférence après deux-trois ans, jusqu'à huit ans et plus, avec :
Viandes rouges. Bœuf bourguignon. Viandes blanches. Volailles. Chapon, poularde. Petit gibier. Rôtis. Agneau. Gigot d'agneau. Veau. Abats. Charcuterie fine. Poissons d'eau douce.
Servir entre 15 et 16 °C pour les plus vieux.

Prix : 12 à 20 euros et plus
Millésimes : 2005, 2006, 2009, 2010…

Saint-émilion-grand-cru

Issu de la même aire que l'appellation précédente, des vins s'astreignant à des conditions plus strictes ont droit à l'AOP saint-émilion-grand-cru. Ils développent les mêmes qualités « en mieux », et s'accordent avec des mets analogues, de préférence les plus goûteux.

Ils demandent à attendre quelques années avant d'être bus, le délai (trois à cinq ans) étant d'autant plus important que le millésime est grand. Les meilleurs peuvent se bonifier pendant plus de vingt ans.

Un classement établi en 1954 et révisé régulièrement (tous les dix ans en principe) élit des vins « saint-émilion-grand-cru-classé ». Certains vins sont donc « premier grand cru classé », cet échelon suprême comprenant une catégorie A et une catégorie B. D'autres sont « grand cru classé ». Ces vins denses, charnus, généreux en arômes sont à la fois charpentés et d'une texture souple très séduisante. Le Château Cheval-Blanc et le Château Ausone sont classés « premier grand cru classé A ». Ce sont les plus connus et les plus chers.

Comme l'appellation saint-émilion et saint-émilion-grand-cru sont relativement étendues, on y trouve des vins excellents mais aussi d'autres, pas forcément meilleurs que ceux d'appellations voisines moins connues, mais toujours beaucoup plus chers.

Saint-estèphe

Un cru qui possède un excellent potentiel de vieillissement s'il est conservé dans de bonnes conditions.

En plein Médoc, sur la rive gauche de la Garonne, l'AOP saint-estèphe produit un très beau vin rouge à base de cabernet-sauvignon associé à du merlot et du cabernet-franc, sur environ 1200 hectares… Un grand bordeaux tout en finesse, moelleux, plutôt rond en bouche, riche, structuré, mais qui montre aussi de la souplesse.

À boire au bout de quelques années, jusqu'à dix, vingt ans et plus, avec :

Viandes confites. Petit gibier. Civets. Volailles. Aiguillettes de canard. Pigeon. Champignons. Rôtis.

Servir chambré, de 16 à 18 °C pour les plus vieux.

Prix : à partir de 16 euros

Millésimes : 2005, 2006, 2008, 2009, 2010…

Saint-gervais pour côtes-du-rhône-villages-saint-gervais

Dans le Gard, sur 70 hectares, les rouges, les blancs et les rosés de l'appellation sont à base de grenache majoritaire (au moins 50 %), enrichi de syrah ou mourvèdre pour les rouges et les rosés ; de clairette, marsanne, roussane, bourboulenc, viognier pour les blancs…

Le **rouge**, charnu et tannique, se boit jusqu'à cinq ans, parfois plus. Il accompagne très bien les viandes rouges grillées, les charcuteries cuites et les petits gibiers.

Servir autour de 15 °C, 16 ou 17 °C maximum les grandes années.

Le **blanc**, non dénué de fraîcheur, à boire jeune (deux ans maximum), apprécie les poissons et les crustacés, de même que les viandes blanches.

Servir frais sans excès, autour de 10 °C.

Le **rosé** se boit jeune, voire très jeune, avec des grillades, des charcuteries… et même des pizzas – si vous y tenez !

Servir frais, autour de 8 à 10 °C.

Prix : moins de 6 euros à 15 euros

Saint-georges-d'orques (AOP languedoc-saint-georges-d'orques)

À l'ouest de Montpellier, l'appellation produit un rouge concentré et structuré.

Il se boit sur trois à cinq ans. Il est dédié aux volailles goûteuses, civets et plats en sauce…

Servir entre 15 (jeune) et 17 °C.

Saint-georges-saint-émilion

Un cru à découvrir pour lui-même, notamment parce qu'il mérite mieux que la simple comparaison (même flatteuse) avec son célèbre voisin.

L'AOP implantée dans la région de Libourne, près de Saint-Émilion, ne produit que du vin rouge à base de merlot, complété par du cabernet-franc, sur environ 200 hectares… Puissants, corsés, pleins de sève, les saint-georges-saint-émilion perdent leur austérité après quelques années de garde (5 ou 6 ans). Certains sont comparables à de bons crus de saint-émilion.

À boire jusqu'à dix ans, avec :
Volailles. Petit gibier. Viandes blanches. Viandes rouges. Rôtis.
Servir autour de 15-16 °C.

Prix : à partir de 25 euros
Millésimes : 2005, 2008, 2009, 2010, 2012…

Saint-guilhem-le-désert (IGP saint-guilhem-le-désert)

Dans le département de l'Hérault, les vignes de l'appellation doivent être exclusivement plantées sur les communes d'Aniane, Saint-Jean-de-Fos, Gignac, Lagamas, Puéchabon, La Boissière et

Saint-Guilhem-le-Désert. Elles produisent des vins d'assemblage blancs, rouges ou rosés, ainsi que des vins de cépage. L'appellation peut-être suivie des mentions géographiques Cité d'Aniane ou Val de Montferrand.

Le rosé est très apprécié.

Prix : 5 à 8 euros

Saint-joseph

Dans la partie nord des côtes-du-rhône, l'AOP saint-joseph, entre l'AOP condrieu et l'AOP cornas, couvre un millier d'hectares. Elle produit du rouge et du blanc, à base de roussanne, marsanne et syrah.

> Le rouge est le plus connu, et c'est justifié, mais le blanc mérite tout autant de l'être, surtout en compagnie de porteurs d'écailles aquatiques.

Le **rouge** frappe d'abord par sa forte coloration et son goût corsé. Un peu tannique quand il est jeune, il devient tendre et velouté par la suite, et dégage un remarquable bouquet de parfums de fruits.

À boire de trois à dix ans et plus dans les grands millésimes, avec :

Viandes rouges. Viandes rouges en sauce. Viandes blanches en sauce. Rôtis. Petit gibier. Volailles. Charcuterie chaude. Veau. Porc cuisiné. Civets. Champignons. Plats épicés. Foie gras.

Servir autour de 17 °C.

Millésimes : 2005, 2007, 2009, 2010, 2012…

Le **blanc**, qui représente une toute petite proportion de la production, rappelle l'Hermitage tout proche : fruité, nerveux, il sait se montrer racé tout en conservant une souplesse bien agréable. Un vin de classe, mais pas intimidant pour autant.

À boire de deux à huit-dix ans, avec :

Poisson. Poisson mariné. Crustacés. Langoustines. Coquillages cuits. Viandes blanches. Volailles. Abats. Légumes farcis. Champignons. Cuisine un peu épicée.
Servir à 12-13 °C.

Millésimes : 2005, 2007, 2009, 2010, 2012…
Prix : 10 à 20 euros

Saint-julien

Un vin parfait, entre autres, pour les très belles pièces de viande rouge.

Au nord de Bordeaux, sur la rive gauche de la Gironde, dans le Médoc, l'AOP saint-julien produit exclusivement un grand vin rouge, à base de cabernet-sauvignon complété par du merlot et du cabernet-franc, sur environ 900 hectares… Le saint-julien est un vin rond, puissant, tannique mais d'une texture soyeuse après quelques années. Il est de bonne garde – exactement, excusez du peu, comme le margaux son voisin. Un vin rouge équilibré, parfumé, délicat mais plein de sève et de vigueur.

À boire pas trop jeune, et jusqu'à vingt ans et plus, avec :
Pot-au-feu. Viandes rouges grillées. Agneau. Rôtis. Grand gibier. Volailles grillées.
Servir entre 15 et 16 °C.

Prix : 20 à 40 euros et plus
Millésimes : 2003, 2005, 2006, 2008, 2009, 2010…

Saint-maurice (côtes-du-rhône-villages-saint-maurice)

Dans la Drôme, sur 150 hectares, les rouges, les blancs et les rosés de l'appellation sont à base de grenache majoritaire (au moins 50 %), enrichi de syrah ou mourvèdre pour les rouges et les rosés ; de clairette, marsanne, roussane, bourboulenc, viognier pour les blancs…

Le **rouge** se boit jeune ou jusqu'à cinq ans, parfois plus. Il accompagne les viandes en sauce, les viandes rouges et les terrines.

Servir autour de 15 °C, 16 ou 17 °C maximum les grandes années.

Le **blanc**, à boire jeune (deux ans maximum), est un excellent vin d'apéritif, qui peut ensuite accompagner un repas de poisson ou de viandes blanches, ainsi que des fromages de chèvre.

Servir frais sans excès, autour de 10 °C.

Le **rosé**, d'une bonne fraîcheur, se boit jeune, voire très jeune, avec des grillades, des charcuteries… ou des crudités.

Servir frais, autour de 8 à 10 °C.

Prix : moins de 5 euros à 10 euros

Saint-mont

> De bons vins typiquement gascons, parfois un peu forts en alcool mais parfaitement adaptés à la cuisine régionale (ou exotique) un peu relevée – sans excès.

Au bord de l'Adour, non loin des vignes du madiran, l'AOP saint-mont mêle avec bonheur, sur environ 800 hectares, deux, trois cépages ou plus parmi les petit-courbu, petit-manseng, gros-manseng, arrufiac, cabernet-franc, cabernet-sauvignon, fer, tannat… Cela donne un rouge, un rosé et un blanc plutôt francs, solides et aromatiques, le rouge se distinguant par une bonne aptitude à vieillir.

Blanc et **rosé** à boire jeunes, avec :
Cuisine pimentée. Cuisine chinoise. Cuisine vietnamienne. Poisson. Coquillages crus. Crustacés. Charcuterie. Crudités. Pizzas.
Servir entre 8 et 10 °C.

Rouge à boire jusqu'à trois à six ans, avec :
Rôtis. Viandes rouges. Grand gibier. Viandes confites. Volailles. Pâtés chauds. Tajines.
Servir autour de 16 °C.

Millésimes : 2005, 2009, 2010…
Prix : moins de 5 euros à 12 euros

Saint-nicolas-de-bourgueil

(Voir bourgueil)

Saint-pantaléon-les-vignes (côtes-du-rhône-villages-saint-pantaléon-les-vignes)

Dans la Drôme, sur 25 hectares, les rouges et les rosés de l'appellation sont à base de grenache majoritaire (au moins 50 %), enrichi de syrah ou mourvèdre.

Le **rouge**, assez tannique, se boit jusqu'à dix ans, parfois plus. Il accompagne très bien les viandes rouges grillées ou en sauce, les terrines et les petits gibiers… avec une préférence pour les volailles.
Servir autour de 15 °C, 16 ou 17 °C maximum les grandes années.

Le **rosé** se boit jeune, voire très jeune, avec des grillades, des charcuteries…

Servir frais, autour de 8 à 10 °C.

Prix : moins de 5 euros à 10 euros

Saint-péray

Dans la partie nord des côtes-du-rhône, l'AOP saint-péray donne un blanc tranquille ou effervescent sur 70 hectares. Les cépages roussanne et marsanne lui apportent tous les éléments nécessaires à l'élaboration de ces excellents vins fins, capiteux, secs, vifs et nerveux, qui dégagent un parfum de fleur caractéristique. Les vins mousseux, élaborés par la-méthode-qu'il-est-désormais-interdit-d'appeler-champenoise, sont originaux dans l'univers des effervescents car assez puissants et moyennement vifs.

> L'une des plus jolies couleurs de vins effervescents… Servi dans une flûte, sa finesse aromatique est à la hauteur de celle du verre.

Effervescent à boire jeune, avec :

Apéritif. Canapés. Desserts. Seul.

Blanc tranquille à boire jeune, sur deux à huit ans (selon le millésime), avec :

Terrines. Entrées fines. Poisson. Crustacés. Coquillages crus.

Servir entre 8 et 10 °C.

Prix : 10 à 20 euros

Saint-pourçain

> Le vignoble de Saint-Pourçain-sur-Sioule est l'un des plus anciens de France. Et s'il reste enchanté par le souvenir de René Fallet, il est devenu enchanteur à son tour : c'est l'un des vins qui a le plus progressé en qualité au cours du dernier demi-siècle.

L'AOP saint-pourçain, cultivée sur plus de 600 hectares, est vinifié dans les trois couleurs. Le blanc est à base de chardonnay, tressallier (cépage local aussi appelé sacy), sauvignon. Le rouge est issu de gamay et de pinot noir. Le rosé est éléboré uniquemement à base de gamay. Le profil des vins fruités plutôt légers pourrait bien en faire des vins d'avenir.

Le **blanc** sec est agréable, frais, léger et fruité. Ceux qui sont issus de tressalier, un cépage devenu trop rare, sont très recherchés des amateurs.

À boire jeune, avec :
Poisson. Coquillages crus. Huîtres. Charcuterie.
Servir entre 8 et 10 °C.

Le **rosé**, d'une jolie couleur rubis, est également léger et fruité.

À boire jeune, avec :
Charcuterie de la région. Brochettes. Pizzas. Grillades. Barbecue.
Servir entre 8 et 10 °C.

Le **rouge**, pas très éloigné du rosé par la couleur, est assez fruité lui aussi et légèrement acidulé.

À boire jeune, avec :
Volailles. Viandes blanches. Grillades. Salades. Charcuterie.
Servir autour de 15-16 °C.

Prix : 5 à 10 euros

Saint-romain

L'AOP saint-romain produit du blanc et du rouge sur un peu moins de 80 hectares à l'ouest de Beaune et à partir des cépages bourguignons classiques : chardonnay, pinot noir.

Un bon bourgogne, assez abordable dans la plupart des cas, et qui ne déçoit pas.

Le **blanc** sec, fruité, dégage une pointe minérale caractéristique. À la fois vivace, ferme, vigoureux et charnu, il rappelle le beaune et le meursault proches.

À boire de trois à dix ans, avec :

Coquillages crus. Huîtres. Poissons. Viandes blanches. Chapon, poularde. Ragoûts de poissons. Pauchouse bourguignonne. Cassolettes. Légumes. Oeufs pochés.
Servir entre 8 et 10 °C.

Millésimes : 2005, 2006, 2009, 2010, 2011, 2012, 2013…

Le **rouge**, fruité, d'une bonne intensité, élégant, développe en vieillissant des notes fumées.

À boire de deux à dix ans, parfois plus, avec :

Abats. Volailles. Petit gibier. Viandes blanches. Brillat-savarin.
Servir à 16 ou 17 °C.

Millésimes : 2005, 2008, 2009, 2010, 2012…
Prix : 12 à 25 euros

Saint-sardos

L'AOP saint-sardos renaît. Le vignoble date du XIVe siècle, mais il avait beaucoup périclité après avoir été frappé par le phylloxéra, vers la fin du XIXe

Le saint-sardos rouge, aujourd'hui prometteur, pourrait bien constituer l'une des très bonnes surprises des années qui viennent.

siècle. Il s'épanouit aujourd'hui sur 120 hectares de petites parcelles entre Toulouse et Moissac. Son originalité vient de l'importance de la syrah dans l'encépagement. Le rouge en contient au moins 40%. C'est atypique dans la région. Tannat, cabernet franc et merlot complètent les assemblages pour des rouges aux arômes généreux entre épices, réglisse, fruits rouges et des rosés aromatiques. En un mot : des vins sympathiques.

Rosé à boire jeune, avec :
Charcuterie. Crudités. Brochettes. Pizzas. Grillades. Barbecue.
Servir entre 8 et 10 °C.

Le **rouge** est capable de vieillir élégamment pendant quelques années et sait accompagner en douceur une cuisine subtile.

À boire jusqu'à quatre ou cinq ans, avec :
Viandes blanches. Légumes farcis. Tartes salées. Terrines. Pâtes italiennes. Pizzas.
Servir entre 15 et 16 °C.

Prix : moins de 4 euros à 15 euros

Saint-saturnin (Languedoc-saint-saturnin)

Dans le département de l'Hérault, au pied des contrefonts du Larzac, non loin du lac de Salagou, l'appellation produit du rosé, ainsi que du rouge. Ces vins ont développé une curieuse dominante qui rappelle une fragrance d'herbes. Le rouge, surtout, se révèle ample en bouche et bien charpenté.

Le **rouge** est dédié aux volailles goûteuses, civets et plats en sauce, viandes rouges, plats épicés…
Servir entre 15 (jeune) et 17 °C.

Le **rosé** se boit frais, sur des charcuteries ou des repas improvisés

Servir autour de 8 °C.

Saint-véran

Dans le Mâconnais, sept communes, à l'écart de Pouilly, vinifient sur 700 hectares ce très beau blanc sec issu de chardonnay pur. Il est notamment produit sur la commune de Saint-Vérand, qui prend un « d », alors que l'appellation n'en a pas ! L'appellation AOP saint-véran est parfois suivie d'un nom de lieu. C'est un joli vin fin, tendre, fruité et rieur, à robe jaune teintée d'émeraude, dont la saveur délicate s'enrichit en bouteille.

L'une des plus belles réussites du chardonnay en Bourgogne (ce qui n'est pas peu dire !). Les grands millésimes touchent parfois au sublime, à un prix qui reste toujours raisonnable.

À boire jusqu'à cinq ou six ans, parfois dix ans et plus, avec :
Apéritif. Canapés. Charcuterie chaude. Charcuterie fine. Salaisons. Viandes blanches. Ballottines. Veau. Cuisses de grenouille. Escargots. Poisson. Fruits de mer. Coquillages cuits. Crustacés. Écrevisses. Soupe de poissons. Bouillabaisse. Quenelles. Risotto aux champignons. Cuisine à la crème. Salades. Fromages de chèvre. Fromages à pâte pressée cuite.
Servir à 12-13 °C.

Prix : 10 à 25 euros
Millésimes : 2005, 2006, 2009, 2010…

Sainte Baume (IGP var sainte baume)

Le vin de pays de la sainte-beaume a été integré à l'IGP var mais la mention géographique peut être revendiquée pour les vins provenant de cette zone viticole.

Sainte-croix-du-mont

Face à Langon, sur la rive droite de la Garonne, le vignoble de l'AOP sainte-croix-du-mont (près de 400 hectares) pousse sur… un banc d'huîtres fossiles, qui ne sont sans doute pas pour rien dans la saveur inimitable de ce grand blanc liquoreux. Il dispose de trois autres atouts maîtres nommés muscadelle, sauvignon et sémillon : les cépages du sauternais.

> Une mention particulière pour les Château La Rame, Château Lousteau-Vieil et Château Loubens, qui honorent l'appellation et portent le sainte-croix-du-mont à l'excellence.

À boire à tout âge, jusqu'à vingt ans, avec :

Apéritif. Canapés. Foie gras. Desserts. Tartes aux fruits. Ris de veau. Seul.

Servir à 10-12 °C ; jusqu'à 13 ou 14 °C pour les plus vénérables.

Prix : 12 à 25 euros
Millésimes : 2005, 2007, 2009, 2010, 2011, 2013…

Sainte-foy-bordeaux

Cette AOP assez ancienne, couvre plus de 300 hectares dans

> L'AOC sainte-foy-bordeaux était bien connue naguère pour ses seuls blancs secs ou demi-secs… auxquels elle a ajouté depuis peu un vin rouge dont l'évolution est très intéressante à suivre.

la région de Sainte-Foy-la-Grande, presque à la limite de la Dordogne et du Lot-et-Garonne. Le rouge met le merlot en vedette, secondé par du cabernet sauvignon et un peu de cabernet franc. Le blanc associe le sauvignon blanc avec du sémillon et éventuellement de la muscadelle et du sauvignon gris.

Le **blanc sec**, jaune pâle, se montre souvent souple et pulpeux. À boire sur deux ou trois ans, avec :
Poisson. Fritures. Charcuterie.
Servir entre 7 et 10 °C.

Le **blanc moelleux**, d'une couleur à peine plus soutenue, est onctueux.

À boire jusqu'à cinq ans et plus, avec :
Apéritif. Canapés. Desserts.
Servir autour de 10-12 °C.

Le **rouge**, bien charpenté, peut vieillir quelques années sans crainte.

À boire jusqu'à quatre à six ans et plus, avec :
Viandes rouges grillées. Volailles.
Servir autour de 16 °C.

Prix : 5 à 15 euros

Sainte-marie-la-blanche (IGP sainte-marie-la-blanche)

Dans le prestigieux département de la Côte-d'Or, et celui de la Saône-et-Loire qui n'a pas grand-chose à lui envier, ces vins de pays sont élaborés à partir de cépages du Beaujolais et de Bourgogne et sont presque toujours des mono-cépages comme il est de tradition en Bourgogne. Pinot noir et gris, gamay pour les rouges ou les rosés; chardonnay, aligoté, melon, auxerrois, pinot blanc et gris pour les blancs. Ils portent le nom d'un village situé à 10 kilomètres de Beaune. Tous ces vins, qui présentent un excellent rapport qualité prix, sont à boire jeunes, jusqu'à deux ans pour les rouges.

Prix : 5 euros et plus

Sainte-victoire

(Voir côtes-de-provence-sainte-victoire)

Sancerre

L'AOP sancerre produit, sur plus de 2770 hectares, dans le Cher, un vin blanc sec bien connu, mais aussi un rouge et un rosé, sur la rive gauche de la Loire. Le blanc est élaboré à partir de sauvignon, le rouge est la rosé à base de pinot-noir. Le blanc sec, agréable et désaltérant, bouqueté, à odeur d'épice a une originalité marquée. Avec un rien de moelleux et d'acidité à la fois, le rosé, de couleur pâle, gagne à être apprécié dans sa jeunesse. Le rouge, plus ferme, demande à s'épanouir un peu plus longtemps en bouteille.

> Les sancerre peuvent présenter des nuances importantes selon leur sol d'origine (il y a trois types de sols dans le sancerrois) allant du vin assez corsé au vin exprimant des notes minérales marquées.

Blanc à boire jusqu'à quatre-cinq ans, et **rosé** à boire jeune, avec :

Viandes blanches. Veau. Porc cuisiné. Volailles. Chapon, poularde. Poisson.Entrées chaudes. Fritures. Coquillages crus. Coquillages cuits. Cuisses de grenouille. Terrines de poisson. Salades. Cuisine à

la crème. Cuisine chinoise. Cuisine japonaise. Cuisine vietnamienne. Cuisine indienne. Pâtes italiennes. Légumes. Fromages fermentés. Fromages de chèvre. Crottin de Chavignol.
Servir le rosé entre 8 et 10 °C et le blanc entre 10 et 12 °C.

Quant aux **rouges**, assez colorés, très bouquetés, corsés et longs en bouche, on a l'habitude de les boire dans leur jeunesse, mais ils peuvent s'apprécier au bout de quelques années.

À boire jusqu'à quatre ou cinq ans, avec :
Volailles. Lapin. Chapon, poularde. Viandes blanches. Veau. Viandes rouges grillées. Fromages frais.
Servir à 15-16 °C.

Prix : 10 à 25 euros

Santenay

Dans la Côte de Beaune, l'AOP santenay, parfois suivie d'un nom de lieu, produit essentiellement un vin rouge, mais aussi un blanc, à partir de pinot noir et chardonnay, sur plus de 300 hectares…

En santenay rouge, quelques premiers crus sont particulièrement intéressants, comme Santenay-La-Comme, Gravières, Beauregard, Beaurepaire…

Le **rouge** est bien équilibré, puissant, ferme avec souplesse et d'assez longue garde (très longue pour les meilleurs millésimes) et prend en vieillissant un bouquet fin et délicat.

À boire jusqu'à dix ans, parfois vingt ans et plus, avec :
Viandes rouges en sauce. Fondue bourguignonne. Viandes blanches. Veau. Rôtis. Rôti de marcassin. Petit gibier. Agneau. Coq au vin. Volailles. Abats. Pâtes italiennes. Tajines. Brie. Chaource. Reblochon.
Servir autour de 16 °C.

Millésimes : 2005, 2009, 2010, 2011, 2012, 2013…

Le vin **blanc** a de la vigueur, des arômes expressifs et une fine fraîcheur quand on a la chance d'en trouver une bouteille, car il se fait surtout rare.

À boire jusqu'à huit-dix ans, parfois plus, avec :
Crustacés. Coquillages cuits. Poisson. Cuisine à la crème. Cuisine thaï. Souflé au fromage. Risotto aux champignons.
Servir autour de 12-13 °C.

Millésimes : 2005, 2008, 2009, 2010, 2011, 2012, 2013…
Prix : 15 à 25 euros et plus

Saône-et-loire (IGP saône-et-loire)

Cette appellation départementale est produite en rouge, rosé et blanc. Les blancs peuvent être secs ou issus de raisins sur-mûris (donc être demi-secs). Ils peuvent être d'assemblage ou de cépage. Les cépages sont issus de Bourgogne ou de Loire : césar, gamay, pinot noir, meunier, pinot gris, sauvignon blanc, pinot blanc, aligoté, chardonnay, chasselas, auxerrois, chenin, sauvignon gris, melon de bourgogne...

Les vins, d'un style fruité, souple et vif, sont à consommer plutôt jeunes.

Prix : autour de 7 euros

Sarthe (IGP val-de-loire sarthe)

(Voir val-de-loire)

Saumur-champigny

> Attention ! le saumur-champigny est un vin de moyenne garde, qui gagne certes à ne pas être bu trop jeune, mais qui risque de décliner assez vite si on le conserve trop longtemps.

L'AOP saumur-champigny produit, sur 1 500 hectares, un rouge issu de cabernet-franc, parfois accompagné de pineau-d'aunis (aussi appelé chenin-noir) et de cabernet-sauvignon, qui séduit d'abord par sa belle couleur rubis soutenu, sa fraîcheur en bouche et sa franchise de goût. Il s'épanouit pleinement en quatre à cinq ans et montre alors toutes ses qualités d'intensité et de tanins souples, mais en conservant la légèreté qui fait tout son charme…

À boire de trois ou quatre ans à huit-dix ans, avec :

Viandes rouges grillées. Veau. Agneau. Pot-au-feu. Volailles. Cailles, pigeons. Légumes farcis. Tajines.

Servir à 13-14 °C.

Prix : 7 à 20 euros
Millésimes : 2005, 2008, 2009…

Saumur

> Le saumur, aussi bien blanc que rouge, a la réputation de « laisser la tête libre après boire ». À chacun d'en juger.

L'AOP saumur couvre environ 390 hectares à cheval sur les Deux-Sèvres, le Maine-et-Loire et la Vienne, où elle produit un blanc sec, un blanc demi-sec, un blanc pétillant et un rouge, à partir d'assemblages de chenin-blanc, chardonnay, sauvignon, pineau-d'aunis, cabernet-franc, cabernet-sauvignon, côt, grolleau…

Le **blanc** sec jouit d'une réputation de vin « d'une finesse de dentelle », frais et désaltérant au palais. Parfois un peu dur dans sa jeunesse, il gagne en évoluant un bouquet de parfums suave et ample, doublé d'une étonnante vivacité.

À boire jusqu'à six ans et plus, avec :

🍽 Apéritif. Canapés. Seul. Poisson crus, grillés, à la plancha, au four. Coquillages cuits. Crustacés. Viandes blanches. Légumes farcis. Fromages de chèvre. Fromages à pâte pressée.
Servir entre 8 et 10 °C.

Le saumur **rouge**, souvent remarquable d'élégance et de finesse, léger, sans acidité, développe un agréable arôme de fruit sous une belle robe rubis.

À boire de deux-trois à six ans, avec :
🍽 Grillades. Barbecue. Terrines. Viandes blanches. Abats. Volailles. Cantal, salers.
Servir entre 13 et 15 °C.

Prix : 5 à 15 euros

Saumur-mousseux

L'AOP saumur-mousseux produit, sur 1 500 hectares, du blanc brut, demi-sec et du rosé, à partir de chardonnay-sauvignon, chenin-blanc, cabernet-franc, cabernet-sauvignon, pinot noir, pineau-d'aunis, gamay, grolleau…

Ce vin mousseux souffre d'un handicap – si l'on peut dire : son appellation de « mousseux », aujourd'hui un peu dévalorisée, ne correspond pas à la qualité réelle de ce vin effervescent très agréable.

À boire jeune, avec :
🍽 Seul. Apéritif. Crustacés. Canapés. Desserts. Tout un repas.
Servir autour de 10 °C.

Prix : 6 à 15 euros

Saumur-puy-notre-dame

Cette AOP est un cru de l'appellation saumur produisant des rouges destinés à la garde grâce aux spécificités que leur donne le terroir. Ils sont plus concentrés, plus complexes, plus charpentés, plus persistants. Ils se révèlent à partir de 5 ans de garde et jusqu'à 10 ans les bonnes années.

Saussignac

Un vin fin et tendre, d'une grande élégance, particulièrement bien équilibré entre le sucre et l'acidité.

Non loin de Bergerac, cette petite AOP produit uniquement du blanc moelleux, à partir d'un assemblage de cépages plutôt bordelais : muscadelle, sémillon, sauvignon, auxquels peuvent s'ajouter de l'ondenc et du chenin, sur une petite vingtaine d'hectares. Elle s'est astreinte à des conditions de production exigeantes (qui interdisent par exemple la chaptalisation, c'est-à-dire l'ajout de sucre au cours de la vinification). Près d'un tiers de sa surface est cultivé en agriculture biologique.

À boire entre deux et dix ans, avec :

Foie gras. Seul. Desserts aux fruits secs. Desserts aux fruits exotiques ou agrumes. Pâtisseries au miel.
Servir entre 7 et 10 °C, selon l'âge et le millésime.

Prix : 7 à 20 euros
Millésimes : 2005, 2007, 2009, 2010, 2011…

Sauternes

Le cru le plus renommé, Château d'Yquem, ne produit qu'un verre par pied de vigne et s'offre en outre le luxe de déclasser tout un millésime si la récolte est jugée indigne de porter ce grand nom. Une attitude partagée par d'autres grands producteurs de la région. À noter aussi (et comment!) le château de Fargues, encore plus rare et apprécié. Mais nous frôlons là des sommets rarement sinon jamais accessibles.

Appréciée dans le monde entier pour ses grands vins liquoreux, l'AOP grand cru sauternes s'étend sur environ 1700 hectares dans les communes de Barsac, Bommes, Fargues, Preignac et Sauternes. Le microclimat de la région, avec les matinées brumeuses suivies par les après-midi ensoleillés de l'automne, détermine le type particulier de ces vins.

Dans ce contexte, la « pourriture noble » (botrytis cinerea) s'attaque aux raisins à surmaturation, en concentre le sucre et génère des saveurs d'une qualité extrême. La vendange de ces raisins, qu'on appelle alors « rôtis », peut s'étaler sur deux mois. Le sémillon, ainsi que le sauvignon, qui assurent fraîcheur et vivacité, et (plus rarement) la muscadelle, sont habilités à recevoir ce traitement de faveur. Le vin patiente parfois deux à trois ans en barriques neuves de bois de chêne avant la mise en bouteilles.

Le soin et l'art apportés à toutes les étapes de son élaboration font du vin de cette région une merveille inimitable… et parfois inaccessible. Le sauternes, séveux et moelleux, délicat, se présente sous une robe limpide, jaune paille à reflets dorés. Racé, parfumé, distingué, il s'épanouit langoureusement en bouche.

À boire jusqu'à vingt ans, parfois cinquante ans pour les plus grands millésimes, avec :

Foie gras. Melon. Fruits. Volailles. Poulet de ferme. Viandes blanches. Desserts. Pâtisseries. Tartes aux fruits. Fromages bleus.
Servir entre 8 et 10 °C ; jusqu'à 12 ou 13 °C pour les plus grands.

Prix : 15 à 20 euros (et beaucoup, beaucoup plus)
Millésimes : 2001, 2005, 2006, 2007, 2009, 2010, 2011, 2013…

Sauvignon (cépage)

Ce cépage français est cultivé dans le monde entier. En France, c'est un cépage traditionnel de la Loire et de la Gironde. Il donne des arômes typiques de buis et de bourgeons de cassis mais qui peuvent évoluer sur l'agrume, les fruits exotiques ou sur des notes très minérales selon les terroirs et la vinification. Il réussit surtout, et très bien, dans la vallée de la Loire où il produit des vins blancs clairs, très aromatiques, à la fois secs et tendres, bien équilibrés et à boire jeunes. Dans le Bordelais, il donne de grands liquoreux, aptes à vieillir. Il est appelé blanc fumé dans la Nièvre où il donne un vin très typé, avec des notes minérales prononcées dans l'AOP pouilly-fumé. Il est développé en vin de cépage dans le Languedoc mais avec un caractère souvent un peu lourd. Il est assez présent dans le Sud-Ouest.

Sauvignon-de-saint-bris

(Voir saint-bris)

Sauvignon-sur-lie

Élevé à la manière du muscadet-sur-lie, ce vin de cépage offre de très bons résultats, surtout en Loire, mais aussi en pays d'Oc. Il constitue une élite du sauvignon précédent, le plus souvent à des prix qui, sans être excessifs, sont un peu supérieurs à ceux de la plupart des autres vins de cépage.

Prix : 5 à 10 euros (et parfois plus)

Savagnin (cépage)

Ce cépage typiquement jurassien est obligatoire pour l'AOP vin jaune (voir Vin-jaune). Il peut aussi être vinifié de façon classique pour donner un blanc charnu, sec, fin et assez puissant, capable d'accompagner des plats relevés (par exemple à base de haddock ou finement épicés) ou des fromages régionaux.

Savennières Savennières-coulée-de-serrant Savennières-(la)-roche-aux-moines

Ces AOP sont implantées sur plus de 100 hectares près d'Angers, sur la rive droite de la Loire, et encépagée de chenin-blanc qui produit surtout un vin sec, racé, nerveux, aux arômes de miel et à la persistance remarquable. Certains millésimes vinifient aussi un demi-sec ou un moelleux. Tous sont d'excellents vins de garde à n'ouvrir qu'au bout de cinq ans au minimum. Les vignes de l'AOP savennières-coulée-de-serrant (7 hectares) sont le monopole d'un seul domaine. Comme l'AOP savennières-roche-aux-moines, elle a un supplément de complexité et de finesse par rapport à l'AOP savennières générique.

> Un très beau vin, qui gagne encore à être rafraîchi doucement jusqu'à la température souhaitée et mis en carafe (fraîche !) deux heures avant le service.

À boire de cinq à quinze ans et plus, avec :

Viandes blanches. Charcuterie chaude. Poissons d'eau douce. Poissons de Loire. Crustacés. Homard. Langouste. Coquillages crus. Coquillages cuits. Volailles. Cuisine à la crème. Cuisine

thaï. Blanquette de veau. Coquilles Saint-Jacques. Boudin blanc aux truffes. Ceviche. Fromages de chèvre. Fromages à pâte cuite.
Servir autour de 10 °C.

Prix : 15 à 50 euros et plus
Millésimes : 2003, 2005, 2009, 2010…

Savigny Savigny-lès-beaune

Dans le vignoble de la Côte-de-Beaune, l'AOP savigny, ou savigny-lès-beaune, produit du rouge et un peu de blanc sur environ 350 hectares près de la ville homonyme, à partir de pinot noir et de chardonnay. Le rouge est parfumé, riche et moelleux, tout comme le blanc. Il s'apprécie plutôt jeune, entre quatre et cinq ans. Les premiers crus (il y en a 22) sont plus aptes au vieillissement.

> Pour l'anecdote, une inscription gravée en tête de cellier du château de Savigny affirme : « Les vins de Savigny sont nourrissants, théologiques et morbifuges. »

Rouge à boire jusqu'à cinq ans, dix ou douze ans pour les premiers crus, avec :
Rôtis. Ragoûts. Terrines. Petit gibier. Travers de porc. Volailles. Coq au vin. Agneau. Veau.
Servir à 14-15 °C.

Blanc à boire jusqu'à trois ou quatre ans, et jusqu'à huit ans pour les premiers crus, avec :
Quiches. Poisson. Crustacés. Coquillages cuits
Servir entre 8 et 10 °C.

Prix : 15 à 20 euros
Millésimes (rouge) : 2005, 2009, 2010, 2012…

Sciaccarello (cépage)

Ce cépage rouge aussi orthographié sciaccarellu est typique du vignoble Ouest de la Corse. Il donne des vins colorés et distingués, d'une puissance qui les prédispose à une bonne garde. Il est aussi vinifié en rosés fins et fruités.

Séguret pour côtes-du-rhône-villages-séguret

Sur 460 hectares, les rouges (90 % de la production) et les rosés de l'appellation sont à base de grenache majoritaire (au moins 50 %), enrichi de syrah ou mourvèdre ; les blancs sont surtout issus de marsanne et roussane.

Le **rouge**, concentré et puissant, se boit jusqu'à cinq ans, parfois plus. Il accompagne les volailles, la cuisine provençale, les charcuteries cuites et les petits gibiers – sans oublier les fromages à pâte cuite.

Servir autour de 15 °C, 16 ou 17 °C maximum les grandes années.

Le **blanc**, à boire jeune (deux ans maximum), apprécie les poissons et les coquillages, de même que les fromages de chèvre ou de brebis.

Servir frais sans excès, autour de 10 °C.

Le **rosé** se boit jeune, voire très jeune, avec des grillades ou des charcuteries…

Servir frais, autour de 8 à 10 °C.

Prix : moins de 5 euros à 10 euros

Seyssel

L'AOP seyssel produit un blanc tranquille et un blanc mousseux, sur environ 80 hectares dans l'Ain et en Haute-Savoie.

Les crus du clos de la Péclette sont particulièrement remarquables.

Le **blanc tranquille** est traditionnellement issu du cépage altesse (ou roussette-de-savoie) qui l'enveloppe d'une robe d'or pâle. C'est un vin sec, souple, vif, délicat, qui développe un surprenant bouquet de parfums.

À boire jusqu'à quatre ou cinq ans, avec :

Poisson. Charcuterie fine. Porc cuisiné. Boudin blanc. Choucroute. Écrevisses. Volailles. Suprêmes de volailles. Légumes farcis.

Servir entre 8 et 10 °C.

La production non moins traditionnelle de seyssel **mousseux**, à partir d'altesse, de molette (molette-blanche ou molette-de-seyssel) et de chasselas, représente une minorité, plus ou moins en recul.

À boire jeune, avec :

Apéritif. Canapés. Desserts. Tartes aux fruits.

Servir autour de 8 °C.

Prix : 5 à 10 euros

Signargues pour côtes-du-rhône-villages-signargues

Sur un peu plus de 480 hectares, les rouges sont en monopole. Ils sont à base de grenache majoritaire (au moins 50 %), enrichi de syrah ou mourvèdre…

Le **rouge**, intense et élégant, se boit jeune mais il gagne à patienter deux à cinq ans. Il accompagne très bien les viandes rouges grillées ou en sauce, les charcuteries cuites et les volailles goûteuses.
Servir autour de 15 °C, 16 ou 17 °C maximum les grandes années.

Prix : moins de 7 euros à 10 euros

Sylvaner

(Voir alsace-sylvaner)

Sylvaner (cépage)

Surtout implanté en Alsace, où il donne un vin sec et désaltérant, légèrement acide, le sylvaner possède un semblant de pétillant dans sa jeunesse qui le rend très agréable à boire. Sur certains terroirs, il peut se révéler de grande classe comme dans l'AOP alsace-grand-cru-zotzenberg.

Syrah
(cépage)

Originaire de l'Orient pour certains, issue d'une hybridation avec la mondeuse pour d'autres, elle donne des vins corsés, racés, notamment dans les côte-rôtie, cornas, hermitage, etc. Dans ses plus belles réussites, ce vin rouge exige un délai de cinq à dix ans pour s'ouvrir complètement. La syrah est devenue un cépage vedette, adopté dans le monde entier. En France, il a largement dépassé les frontières de la vallée du Rhône pour s'implanter au sud de la Provence, en Corse, dans le Languedoc-Roussillon et le Sud-Ouest.

Tannat
(cépage)

Vigoureux cépage béarnais que l'on tempère souvent par du cabernet ou du côt (malbec) pour produire d'excellents rouges colorés, généreux, qui « collent aux gencives » dans leur jeunesse et vieillissent avec panache. Il est dominant dans les appellations madiran et irouléguy.

Tarn-et-garonne
(IGP comté-tolosan
tarn-et-garonne)

(Voir comté-tolosan)

Tautavel

Dans les Corbières, pas loin de Perpignan, Tautavel est connu pour sa grotte préhistorique ayant abrité le plus vieil européen connu, il y a quelque 450 000 ans. Il n'a pu connaître les vignes, lui ! L'appellation tautavel a été patiemment reconstituée au cours du XXe siècle par des vignerons opiniâtres, attachés à l'idée d'en faire un rouge de qualité. Elle fait aujourd'hui partie de l'AOP côtes-du-roussillon-villages, sous le nom de côtes-du-roussillon-villages-tautavel. Les tautavels ont la particularité de produire un vin rouge de très bonne garde, à partir des cépages classiques du Roussillon : carignan, grenache, lladoner-pelut, cinsault, mourvèdre, syrah, …

Ce **rouge**, très coloré, assez corsé, généreux en alcool, fait partie de ces vins qui tapissent agréablement le palais. Il est élevé 12 mois minimum avant d'être commercialisé. Il vieillit encore mieux que le côtes-du-roussillon et peut se garder une bonne dizaine d'années – sans compter que le fait de perdre un peu d'alcool ne lui fait pas de mal, bien au contraire !

À boire avec :
Viandes rouges. Côte de bœuf. Agneau. Charcuterie. Chorizo. Escargots. Cuisine catalane. Grands et petits gibiers. Civets. Viandes blanches en sauce. Cassoulet. Chili con carne. Cuisine indienne. Fromages à pâte cuite.
Servir autour de 17 °C.

Prix : de 5 à 20 euros

Tavel

Chose rare, cette appellation de la vallée du Rhône ne produit que du rosé. Elle s'étend sur 900 hectares, dans le Gard, sur un sol aride balayé par le mistral et

À la différence de la plupart des rosés, le tavel supporte quelques années de vieillissement.

plombé par le soleil du Midi. Le grenade est le cépage de base mais il est toujours assemblé avec d'autres cépages : bourboulenc, picpoul, mourvèdre, calitor, syrah, carignan, cinsault, clairette… Ce vin ose afficher une couleur soutenue (pour un rosé). Il est puissant, capiteux et développe une saveur poivrée qui le rend unique. Il peut vieillir quelques années, le temps que sa belle robe rose vire au topaze doré.

À boire jusqu'à trois à six ans, selon les millésimes, avec :
Viandes blanches. Volailles. Petit gibier. Légumes farcis. Charcuterie. Charcuterie chaude. Tajines. Pâtes italiennes. Cuisine à l'ail. Cuisine provençale. Cuisine indienne. Couscous. Pizzas. Salades de fruits.
Servir entre 10 et 12 °C.

Prix : 6 à 10 euros

Terrasses-du-larzac

Au nord-ouest de Montpellier, dans le département de l'Hérault, cette appellation ne produit que du rouge. Elle bénéficie de la fraîcheur apportée par le plateau du Larzac. Grâce aux fortes amplitudes thermiques, le vin affiche un équilibre particulièrement agréable. Il est complexe, puissant mais sans lourdeur. En 2014, Terrasses-du-larzac est devenu une AOP à part entière au lieu d'être l'une des mentions géographiques possibles de l'AOP languedoc. Les vins assemblent au moins deux cépages parmi le grenache, la syrah, le mourvèdre, le cinsault et le carignan. Ils sont élevés au moins 12 mois.

Il est dédié aux volailles goûteuses, viandes rouges, plats épicés, viandes marinées, civets et plats en sauce…
Servir entre 15 (jeune) et 17 °C.

Thézac-perricard (IGP)

Dans le département du Lot-et-Garonne, ce vin de pays est issu d'une zone de causse de 45 hectares. Malbec et merlot sont les cépages dominants. Les vins sont des rouges souples (sauf quelques uns plus structurés élevés en fûts) ou des rosés expressifs, secs ou moelleux. Le Tsar de Russie Nicolas II fut amateur des thézac-perricards rouges.

Prix : autour de 6 euros

Torgan (IGP vallée-du-torgan)

En plein cœur des Corbières, au pied de la montagne du Tauch, ce vin de pays n'est récolté que sur deux communes du département de l'Aude : Paziols et Tuchan. Ce vin de pays est rouge, blanc, rosé ou gris, et il est aussi produit en vins de cépage (ou de deux cépages, par exemple merlot-carignan). Il est issu des cépages carignan, cinsault, grenache, syrah, mourvèdre, cabernet sauvignon, merlot, lledoner pelut, alicante, macabeu, marsanne, marselan, muscat à petits grains, muscat d'alexandrie, roussanne et vermentino.

Le **rouge** est puissant, épicé et peut vieillir pendant trois à cinq ans : pas mal, pour un vin de pays !

Prix : autour de 5 euros

Touraine

À cheval sur la Loire et sur les départements de l'Indre-et-Loire, du Loir-et-Cher et même sur un petit morceau de l'Indre, l'AOP touraine (environ 4400 hectares) est issue de gamay et de sauvignon. Mais des cépages peuvent être ajoutés en complément : cabernet-franc, cabernet-sauvignon, pinot noir, pineau-d'aunis, côt pour les rouges ; chenin-blanc et accessoirement chardonnay pour les blancs. Les divers assemblages donnent des blancs et des rosés tranquilles ou pétillants, ainsi qu'un rouge. Tous les touraines sont plutôt des vins légers, désaltérants et agréables à boire dans leur jeunesse, dont la personnalité varie selon leur cépage principal.

Ainsi, le rouge de gamay est souple et fruité, alors que le rouge de côt sera bien charpenté avant tout.

Rouge à boire jusqu'à trois ou quatre ans, avec :
Viandes rouges. Viandes blanches. Charcuterie. Volailles. Terrines.
Servir autour de 14 °C. Le gamay se sert encore plus frais, à 13 °C.

Prix : 5 à 12 euros

Le **blanc** sec, à base de sauvignon principalement, est très typé.
Le **rosé**, à base de pineau-d'aunis, est fruité et poivré.

À boire jusqu'à deux ou trois ans, avec :
Charcuterie. Grillades. Barbecue. Crudités. Coquillages crus. Poissons. Légumes. Tartes salées.
Servir entre 8 et 10 °C.

Le touraine **mousseux**, à base surtout de chenin, est à boire jeune, avec :
Apéritif. Canapés. Desserts. Tout un repas.
Servir autour de 8 °C.

Prix : 5 à 15 euros

Touraine-amboise

Sur une aire de 180 hectares, l'AOP touraine-amboise donne du blanc, mais surtout du rosé et du rouge.

Le blanc est issu de chenin pur vinifié en sec ou demi-sec, tous deux fruités, agréables et rafraîchissants.

Le rosé est souple et frais avec des notes de petits fruits rouges. Le rouge, souvent issu d'un assemblage de côt, cabernet-franc et gamay, est relativement corsé.

Mêmes applications que les précédents, mais le blanc et le rouge peuvent vieillir en se bonifiant jusqu'à huit ou dix ans.

Touraine-azay-le-rideau

L'AOP vinifie un rosé et un rouge sur seulement 60 hectares pas très loin du confluent de l'Indre et de la Loire.

Le vin **blanc** de chenin est étonnant : sec et plus rarement moelleux mais toujours fin et fruité…

À boire jusqu'à dix ans, avec :

Poissons. Fruits de mer. Crustacés. Poissons fumés. Entrées légères.
Servir entre 8 et 10 °C.

Le rosé, qui représente 60 % de la production, est à base de grolleau associé à un peu de cabernet-franc, côt ou gamay. Il allie à un remarquable fruité une pointe acidulée parfaite pour les beaux jours d'été.

À boire jeunes, avec :

Charcuterie fine. Charcuterie. Rillettes. Crudités. Fritures. Pizzas. Salades. Tartes salées.
Servir entre 8 et 10 °C.

Prix : 5 à 10 euros

Touraine-chenonceaux

Associer l'appellation à un prestigieux lieu est le but de cette appellation récente. Le vin y est blanc à base de sauvignon, ou rouge à base de côt et de cabernet-franc.

Le rouge est assez charpenté et intense. Il se sert entre 12 et 14 °C avec des viandes rouges, des terrines, du veau et des tourtes à la viande.

Le blanc est bien typé (notes florales, végétales et d'agrumes). Il se sert autour de 8°C avec les salades, les poissons crus ou cuits, les tartes salées, les entrées au chèvre frais.

Prix : de 6 à 10 euros

Touraine-mesland

Non loin de Blois, l'AOP touraine-mesland vinifie sur moins de 100 hectares du rouge (70 %), du rosé et du blanc. Des vins qui ont beaucoup de charme et sont très plaisants à boire jeunes. Leurs cépages sont le gamay, le cabernet-franc et le côt pour le rouge et le rosé, le chenin parfois associé à du chardonnay pour le blanc.

L'excellent rosé fait ressortir son fruité sur des mets rafraîchissants.

Le rouge, fruité aussi mais plus racé, préfère la bonne chère (viande en sauce, gibier).

Les blancs, plus rares, sont vinifiés en sec et font preuve d'une rondeur avenante.

Mêmes applications que ci-avant.

Touraine-noble-joué

Cette petite AOP originale vinifie un vin gris issu de trois variétés de pinot : le pinot-meunier, le pinot-gris et le pinot-noir.

Le vin est rafraîchissant à souhait. Il se boit jeune dès l'apéritif et avec les pizzas, salades, tartes salées, grillades de porc, poissons à la plancha…

Servir à 8 °C.

Prix : 5 à 10 euros

> Les appellations touraine regroupent des vins qui possèdent en commun une certaine légèreté, un agréable fruité et une disposition à savoir s'exprimer dès leur jeunesse, et qui se différencient tout de même, selon les cépages et les domaines.

Touraine-oisly

Ce village est considéré comme le berceau historique du cépage sauvignon. D'où cette AOP déclinée uniquement en vin blanc. Son mélange d'élégance, de rondeur et de complexité en fait un vin d'une finesse exemplaire.

A boire jeune, avec :

Asperges. Poissons au beurre blanc. Poissons crus. Tajines au citron confit. Sushis. Fromages de chèvre. Rouleaux de printemps. Courgettes farcies au chèvre.

Servir à 8 °C

Prix : autour de 7 ou 8 euros.

Trousseau (cépage)

Il s'allie traditionnellement au pinot-noir ou au poulsard dans les bons vins rouges et rosés du Jura mais est aussi vinifié seul. Il donne des vins colorés, tanniques, chaleureux et de bonne garde, des appellations côtes-du-jura ou arbois.

Troyen-blanc

(Voir aligoté)

Tursan

L'AOP tursan, sur 300 hectares dans le département des Landes, entre Dax et Mont-de-Marsan, vinifie surtout du rouge (la moitié de la production) et du rosé (40%). Mais le blanc vaut aussi la peine d'être découvert pour sa richesse aromatique et sa fraîcheur.

> Le tursan est un vin historique, qu'Aliénor d'Aquitaine fit connaître et apprécier à la cour d'Angleterre au XIIe siècle.

Le **blanc** sec, nerveux, fruité, intense est bien typé grâce à son cépage local, le baroque, allié à du gros manseng et du sauvignon.

Le **rosé** est également fruité et plein de fraîcheur.

À boire jusqu'à deux ou trois ans, avec :

Poissons grillés. Fruits de mer. Grillades. Barbecue. Charcuterie.

Servir entre 8 et 10 °C.

Le **rouge**, rond, corsé, structuré, est capable de vieillir. Il est issu de tannat, cabernet franc, cabernet sauvignon et fer-servadou.

À boire jusqu'à huit ou dix ans, avec :
Viandes rouges en sauce. Viandes rouges grillées. Charcuterie. Volailles. Grand gibier.
Servir autour de 16 °C.

Prix : 5 à 12 euros
Millésimes : 2005, 2006, 2007, 2009…

Urfé (IGP)

Les vignes de l'appellation sont situées sur plusieurs dizaines de communes du département de la Loire, où elles produisent du rouge, du blanc, du rosé et du mousseux. À noter, une production de moelleux (raisins cueillis à surmaturation) dédié au foie gras, aux desserts… ou tout simplement à l'apéritif. L'originalité des vins d'Urfé vient aussi des cépages : gamay, syrah, pinot noir pour les rouges et rosés ; chardonnay, viognier, roussanne, pinot gris, aligoté et gewurztraminer pour les blancs. D'où des vins variés.

Vacqueyras

> Le grand vin rouge de vacqueyras fait partie de ceux qui honorent les côtes-du-rhône. Comme beaucoup d'AOP récentes, il justifie excellemment sa distinction parmi les côtes-du-rhône-villages dont il faisait naguère partie.

L'AOP vacqueyras produit surtout du rouge, ainsi qu'un peu de rosé et de blanc, sur 1 400 hectares au sud des côtes-du-rhône, à partir de grenache, syrah, mourvèdre, grenache blanc, clairette, bourboulenc, marsanne, roussanne, viognier.

Rouge à boire jusqu'à huit ou dix ans, quinze ans pour les meilleurs, avec :

Grand gibier. Civets. Agneau. Cassoulet. Chili con carne. Truffes. Canard.

Servir entre 16 et 18 °C, selon l'âge.

Prix : 12 à 20 euros
Millésimes : 2003, 2004, 2005, 2006, 2007, 2010…

Val-de-cesse (IGP aude val-de-cesse)

(Voir Aude)

Val-de-dagne (IGP aude val-de-dagne)

(Voir Aude)

Val-de-loire (IGP val-de-loire)

Ce vin de pays peut être produit dans 14 départements du bassin viticole du Val de Loire : Allier, Cher, Indre, Indre-et-Loire, Loir-et-Cher,

Loire-Atlantique, Loiret, Maine-et-Loire, Nièvre, Puy-de-Dôme, Sarthe, Deux-Sèvres, Vendée, Vienne. Une mention précisant la zone de production peut être indiquée à la suite de val-de-loire comme allier, cher, indre, marches de bretagne, pays de retz, sarthe, vendée, vienne...

Les cépages sont les mêmes que ceux utilisés dans les AOP de Loire. Les vins sont blancs, rouges, gris ou rosés.

Sauvignon-blanc et gris, chardonnay, chenin, pinot-blanc et gris donnent des blancs puissants mais aussi fruités. Les rouges, minoritaires, sont issus de cabernets (franc et sauvignon), gamay, grolleau, merlot, pinot noir, pineau d'aunis. Ils sont souples et plus ou moins structurés selon les cépages et les terroirs. Les rosés sont légers et rafraîchissants. Puisqu'ils peuvent être produits quasiment de Nantes à Clermont-Ferrand, ces vins ont un caractère particulier pour chaque terroir. À noter : en Loire, 95 % des producteurs de vins de pays sont aussi des producteurs d'AOP.

Prix : 4 à 6 euros

Val de Montferrand (IGP saint-guilhem-le-désert val de montferrand)

(Voir Saint-Guilhem-Le-Désert)

Vallée-du-paradis (IGP vallée-du-paradis)

Dans l'Aude, sur les communes d'Albas, Cascastel-des-Corbières, Coustouge, Durban-Corbières, Embres-et-Castelmaure, Fontjoncouse, Fraisse-des-Corbières, Quintillan, Saint-Jean-de-Barrou, Villeneuve-les-Corbières et Villesèque-des-Corbières, l'appellation produit du rouge, du rosé, du gris et du blanc, en assemblages de cépages classiques de la région, ou en vins de cépage. Carignan, grenache noir, gris, blanc, cirsault, macabeu et muscats sont notamment utilisés.

Le vignoble est constitué de petites parcelles implantées en coteaux et entourées de garrigues.

Notons les vins gris frais et finement fruités à base de grenache gris, des rouges fruités et des blancs d'une fraîcheur d'autant plus remarquable que le climat ne manque pas de soleil.

Prix : moins de 5 euros

Valençay

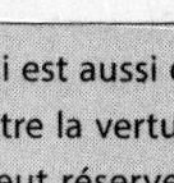

Ce vignoble, presque à cheval entre Touraine et Berry, remonte à l'an mil. Valençay produit surtout un rouge, ainsi qu'une minorité de blanc et de rosé, à partir de sauvignon, chardonnay, arbois blanc, gamay, pinot noir, cabernet-franc, cabernet-sauvignon, côt, pineau-d'aunis, sauvignon rose, sur environ 150 hectares...

> L'AOP valençay (qui est aussi celle d'un fromage) illustre la vertu des AOP récentes et peut réserver de bien agréables surprises...

C'est le **rouge** qui domine. Un rouge léger, aux notes de fruits rouges avec une touche épicée, légèrement tannique, sans prétention mais en un mot : agréable.

Le **rosé**, et surtout le **blanc** possèdent une vertu inattendue : une parfaite harmonie avec la cuisine asiatique.

Le **rouge** est à boire jeune, avec :

Grillades. Barbecue. Charcuterie. Pizzas. Crudités. Saumon grillé. Côtes de porc. Quinoa.

Servir autour de 14 °C.

Le **blanc** et le **rosé** sont tout aussi sympathiques et rafraîchissants.

À boire jeunes, avec :

Viandes blanches. Volailles. Légumes. Légumes farcis. Pizzas. Tajines. Cuisine asiatique.

Servir entre 8 et 10 °C.

Prix : 5 à 12 euros

Valréas (côtes-du-rhône-villages-valréas)

Sur un territoire de près de 500 hectares, les rouges, les blancs et les rosés de l'appellation sont tous à base de grenache majoritaire (au moins 50 %), enrichi de syrah ou mourvèdre pour les rouges et les rosés ; de clairette, marsanne, roussane, bourboulenc, viognier pour les blancs… Le terroir est mieux armé que d'autres terroirs de la vallée du Rhône pour résister à la sécheresse. D'où des rouges ayant de la finesse et de la fraîcheur et des blancs bien équilibrés.

Le **rouge** se boit jusqu'à cinq ans, parfois plus. Il accompagne et relève très bien les viandes rouges grillées ou en sauce et les petits gibiers.

Servir autour de 15 °C, 16 ou 17 °C maximum les grandes années.

Le **blanc**, à boire jeune (deux ans maximum), apprécie les poissons et les coquillages, de même que la cuisine provençale.

Servir frais sans excès, autour de 10 °C.

Le **rosé** se boit jeune, voire très jeune, en apéritif, et puis éventuellement avec des poissons ou des grillades…

Servir frais, autour de 8 à 10 °C.

Prix : moins de 5 euros à 15 euros

Var (IGP)

Cette appellation départementale peut être suivie des mentions géographiques : Argens, Coteaux du Verdon, Sainte Baume. Elle regroupe des vins typiques de cette (belle) région. Les rosés sont devenus prépondérants (70 %). Les rouges jouent la carte de la puissance ou de la souplesse selon leurs cépages et vinification. Les blancs sont agréablement fruités.

Prix : 4 à 8 euros

Vaucluse (IGP)

Cette appellation départementale peut être suivie des mentions géographiques Aigues ou Principauté d'Orange. Ce sont surtout des vins d'assemblage bien que les vins de cépages soient possibles. Les rouges marient le plus souvent grenache, syrah, merlot et parfois cabernet-sauvignon. Ils ont des notes poivrées et de fruits noirs très typiques. Les rosés, à base de grenache et cirsault, sont très fruités. Les blancs sont souvent issus de chardonnay.

Prix : 3 à 6 euros

Vendée (IGP val-de-loire vendée)

(Voir Val-de-loire)

Ventoux

> Le rouge peut devenir vraiment excellent au bout de quelques années de bouteille, alors que le rosé et le blanc sont des petits vins d'été, parfaits dans leur jeunesse.

Le mont Ventoux, site géographique atypique s'il en est, ne pouvait que générer un vin à forte personnalité, ce qui est le cas de l'AOP Ventoux (ex-côtes-du-ventoux, en rouge (majoritaire), rosé ou blanc. Élaborés à partir de cépages des côtes-du-rhône parfois enrichis de pascal-blanc, les côtes-du-ventoux, cultivés sur 6 000 hectares, sont dans l'ensemble plus souples et plus légers que leurs voisins. Le rouge, d'une teinte rubis peu soutenue, dégage tout un bouquet de parfums confirmé par un goût riche et nuancé. Une petite partie est vinifiée en primeur, agréable à boire sans façons entre copains.

À boire jusqu'à trois ans et plus, avec :
Ragoûts. Viandes rouges. Daubes. Agneau. Viandes blanches. Lapin. Paupiettes. Couscous. Salades. Fromages.
Servir autour de 15 °C.

Le **rosé** et le **blanc** ne manquent ni de finesse ni d'élégance, servis frais.

À boire jeunes, avec :

Cuisine méridionale. Charcuterie. Volailles. Foie gras (frais). Porc cuisiné. Porcelet. Veau. Tendrons de veau à la provençale. Poissons d'eau douce. Cuisine vietnamienne. Cuisine japonaise. Cuisine indienne (rosé). Cuisine chinoise. Cuisine à l'ail. Pizzas. Fromages frais. Salades de fruits.

Servir autour de 8-10 °C.

Prix : de moins de 5 euros à 10 euros

Vermentino (cépage)

Aussi appelé rolle, ce Méridional précoce signe d'agréables vins blancs secs et parfumés comme le patrimonio ou le vin-de-corse-porto-vecchio. Il est aussi présent en Provence, au sud de la vallée du Rhône et en Languedoc-Roussillon.

Vert-blanc

(Voir aligoté)

Vertus

(Voir coteaux-champenois)

Vicomté-d'aumelas (IGP)

Ce vin de pays est produit sur quatorze communes du département de l'Hérault, qui produisent du rouge, du rosé et du blanc… Il peut être suivi de la mention géographique « vallée dorée ». Il est soit d'assemblage soit de cépage (carignan par exemple en rouge) ou de deux cépages (merlot et cinsault en rouge ; ou grenache-blanc et sauvignon en blanc). Le blanc sec de sauvignon est intéressant aussi. Des vins sympathiques à prix doux.

Prix : 4 à 6 euros

Vienne (IGP val-de-loire vienne)

(Voir val-de-loire)

Vin de France

Cette dénomination a remplacé l'ancienne dénomination « vin de table ». Elle correspond à des règles de production souples, visant à favoriser la production de vins à petits prix, souvent issus de négociants ou de coopératives. Mais certains vignerons jugent les AOP ou les IGP trop contraignantes pour faire le vin personnel qu'ils souhaitent, alors ils n'hésitent pas à faire des cuvées en vin de france et les vendent même assez cher.

Vin-de-corse

(Voir Corse)

L'AOP vin-de-corse ou Corse, est issue de 1400 hectares de vignes à l'est de l'île, entre Bastia et Solenzara. Elle produit du rouge, du rosé et du blanc sélectionnés par dégustations, qui répondent à des conditions de production rigoureuses.

> Un vignoble morcelé, mais dont chaque parcelle est bien soignée, ce qui concourt à la progression constante de l'appellation.

Le caractère du **rouge** varie en fonction des cépages utilisés. Les assemblages font appel au nielluccio, sciaccarello, grenachen barbarossa, cinsault, carignan, mourvèdre, syrah, vermentino... Il est le plus souvent très coloré, puissant et chaleureux en bouche, mais fin et velouté en même temps. Il atteint son apogée et fait son plein de parfums sauvages plutôt jeune, mais certains vins peuvent vieillir quelques années.

À boire jeune ou jusqu'à quatre ans, avec :
Cuisine corse. Grand gibier. Petit gibier. Daubes. Viandes rouges grillées. Couscous. Tajines. Chili con carne.
Servir entre 14 et 16 °C.

Le **rosé** se boit tôt, dès sa commercialisation, quand il est encore plein de fraîcheur, de fruit et de vivacité. Il est issu des mêmes cépages que le rouge.

À boire jeune ou très jeune, avec :
Charcuterie. Salaisons. Saucisson d'âne. Tians de légumes. Pizzas.
Servir entre 8 et 10 °C.

Le **blanc** développe très tôt une grande finesse, des arômes subtils et un velouté particulier pour un vin sec. Le vermentino est son cépage principal.

À boire jeune ou très jeune, avec :
Poisson. Crustacés. Fruits de mer. Oursins. Fritures.
Servir entre 8 et 10 °C.

Prix : 6 à 12 euros

Vin-de-corse-calvi (ou Corse-calvi)

Dans le département de la Haute-Corse, sur une aire située au nord-ouest de l'île, l'AOP vin-de-corse-calvi produit blanc, rosé et rouge à partir de cépages nielluccio, sciaccarello, mourvèdre, cinsault, carignan, syrah, ugni (rossola), vermentino, codivarta, sur environ 270 hectares… Le rouge a un caractère affirmé et peut se garder jusqu'à 5 ou 6 ans. Le rosé est pâle et vif. Le blanc exhale l'agrume.

Mêmes caractéristiques et mêmes usages que l'AOP corse.

Vin-de-corse-coteaux-du-cap-corse (ou Corse-coteaux-du-cap-corse)

Le territoire de l'AOP corse-coteaux-du-cap-corse est situé au nord de l'île et vinifie du rouge, du rosé et du blanc sur 30 hectares plantés de vermentino, ugni blanc, bianco gentile, codivarta, nielluccio, sciaccarello, grenache, barbarossa, carignan, mourvèdre, cinsault, syrah…

Le vin blanc sec est dans l'ensemble de moyenne garde (deux à trois ans). Le rouge peut vieillir harmonieusement jusqu'à six ans, parfois plus. Les rosés sont très expressifs.

Mêmes usages que les précédents, servis aux mêmes températures.

Vin-de-corse-figari (ou Corse-figari)

L'AOP corse-figari est la plus au sud de l'île. Le climat y est très doux et les vents intenses. Issu des 130 hectares de l'appellation, le blanc est particulièrement aromatique, avec des notes florales et des touches exotiques. Le rosé est coloré et tonique. Le rouge est sombre et charpenté. Les cépages possibles sont les mêmes que ceux des autres AOP Corse.

Vin-de-corse-porto-vecchio (ou Corse-porto-vecchio)

Produite sur moins de 90 hectares, l'AOP corse-porto-vecchio donne du rouge, du rosé et du blanc, qui ont aussi leur caractère propre. Elle se distingue notamment par des rouges et rosés fins et bouquetés issus de niellucio, sciaccarello et grenache, et par des blancs d'un équilibre réjouissant entre leur côté fruité et leur côté sec.

Vin-de-corse-sartène (ou Corse-sartène)

L'AOP corse-sartène (160 hectares) est remarquable pour son rouge et son rosé fruités, épicés, agréables et pour tout dire plaisants à boire sur la roborative cuisine corse. L'appellation vin-de-corse-sartène produit aussi un vin blanc léger et fruité.

Vin-de-domme

Ce vin est une sous dénomination de l'IGP périgord. Il est produit sur 21 hectares situés dans le Périgord noir, pas très loin de Sarlat. Ce vignoble, qui fut le deuxième en surface du Périgord derrière celui de Bergerac, n'a pas survécu au phylloxéra qui frappa la France entière à partir de 1870. Devenu presque inexistant, il est relancé depuis les années 1990 par une association de vignerons. Dans un très beau site, sur les coteaux d'un affluent de la Dordogne, dix-sept viticulteurs produisent surtout du rouge et du rosé à base de merlot, cabernet-franc, malbec ainsi que du blanc issu de chardonnay et sémillon. Ce sont des vins ambitieux, qui cherchent encore leur style mais non dénués de charme.

Vin des allobroges (IGP)

Du Rhône aux Alpes, ce vin dont le nom perpétue le souvenir d'anciennes tribus gauloises de Savoie et du Dauphiné, existe dans les trois couleurs et une foule de variantes en fonction des nombreux cépages mis en œuvre. Ils accompagnent la raclette, mais pas que !

Prix : autour de 5 euros

Vin-de-savoie
Vin-de-savoie +
nom de cru
Vin-de-savoie-ayze

L'AOP vin-de-savoie couvre près de 2 000 hectares, où elle produit du blanc, du rouge, du rosé ou clairet, du pétillant et du mousseux en assemblages ou en monocépages avec les cépages altesse (roussette), jacquère, chardonnay, mondeuse, gringet, aligoté, chasselas, molette, marsanne, verdesse, gamay, pinot, servanin, persan, velteliner, cabernet-franc, cabernet-sauvignon… les différents crus sont produits dans de nombreuses communes des départements de l'Ain, de l'Isère, de la Savoie et de la Haute-Savoie.

Les vins d'Ayze, blancs tranquilles, pétillants ou en mousseux à base d'altesse, mondeuse, gringet et roussette-d'ayze, méritent une mention particulière pour leur originalité. Ils peuvent se bonifier pendant cinq à six ans et sont parfaits à l'apéritif, avant un repas à base de fromages locaux.

Le **blanc**, sous une robe d'or très pâle, est léger, sec, fruité, légèrement acidulé et discrètement parfumé.

À boire jusqu'à deux ou trois ans, avec :
Poissons d'eau douce. Écrevisses. Fondue savoyarde. Raclette. Gratin. Fromages à pâte cuite.
Servir entre 8 et 10 °C.

Le **rouge** et le **rosé** se présentent tous les deux sous une robe claire et avec une saveur très fruitée, chaleureuse et bien parfumée.

À boire jusqu'à quatre ou cinq ans (deux ans pour le rosé), avec :
Charcuterie. Charcuterie de montagne. Viandes rouges. Petit gibier (rouge). Grand gibier (rouge). Pizzas (rosé).
Servir le rouge à 15-16 °C.
Servir le rosé entre 8 et 10 °C.

Le **pétillant** est sec et parfumé comme le mousseux…

À boire jeune, avec :
Apéritif. Canapés. Desserts. Seul.
Servir autour de 8 °C.

Prix : 5 à 10 euros

Apremont se révèle particulièrement fruité et parfumé, mais irrégulier.

Abymes, qui compte parmi les moins chers, est toujours intéressant.

Vins-de-l'orléanais

(Voir Orléans)

Vins-de-moselle

(Voir moselle)

Vins-du-bugey

(Voir bugey)

Vins-du-haut-poitou

(Voir haut-poitou)

Vins-du-thouarsais

Des vins francs et directs, qui possèdent une agréable saveur rustique et accompagnent à merveille la cuisine locale ou un peu épicée.

Au sud de Saumurois, ce petit vignoble de 20 hectares a quitté son statut d'appellation pour se fondre dans celle plus large de l'AOP anjou. Les vins y sont blancs, rosés ou rouges, à partir de chenin-blanc, chardonnay, gamay, cabernet-franc, cabernet-sauvignon… Le blanc à base de chenin a de la personnalité. Ces vins se consomment de la même façon que ceux de l'AOP anjou.

Vinsobres

Un vin riche pour cuisines goûteuses !

Dans la partie sud des côtes-du-rhône, l'AOP vinsobres produit uniquement du rouge, sur environ 400 hectares, dans le département de la Drôme… à partir des cépages grenache et syrah, et quelques cépages accessoires typiques de l'appellation côtes-du-rhône.

Un vin puissant mais équilibré, ample, généreux, mais jamais lourd.

À boire jusqu'à six ou huit ans, parfois quinze ans, avec :

Agneau. Petit gibier. Volailles. Viandes rouges. Viandes blanches en sauce. Agneau. Ragoûts. Cuisine pimentée. Chili con carne. Tajines.

Servir autour de 14 °C.

Prix : 6 à 20 euros
Millésimes : 2005, 2007, 2008, 2009, 2010…

Viognier (cépage)

Le viognier est cultivé depuis la plus haute Antiquité (on en a trouvé dans des amphores phéniciennes du VIe siècle avant notre ère). C'est le cépage blanc de référence du nord de la vallée du Rhône, notamment de l'appellation condrieu. Il donne des vins secs, très parfumés, avec des notes d'abricots secs et de violette. Devenu un cépage à la mode, il a été replanté non seulement dans la vallée du Rhône mais aussi abondamment en Languedoc-Roussillon où il donne des vins de cépage. Il est également présent en Provence et même un peu dans le Sud-Ouest. Jadis, il produisait des vins secs ou moelleux, selon l'année. Aujourd'hui, ils sont surtout secs, au joli nez, mais manquent souvent d'acidité et s'oxydent rapidement. À consommer sur leur fraîcheur, entre deux et cinq ans.

Viré-clessé

Dans le Mâconnais, l'AOP viré-clessé, suivie ou non par un nom de lieu, produit uniquement un blanc sec issu de chardonnay. Il peut être commercialisé avec la mention Vin de Mâcon (ou Grand Vin de Mâcon). Ce vin franc, vif mais non dénué de rondeur et de finesse ne manque pas de charme.

Un bourgogne méconnu à découvrir – d'autant plus que son prix le permet.

À boire jusqu'à cinq ans, avec :
Cuisine à la crème. Abats. Poisson. Crustacés. Gratins de fruits de mer. Volailles. Légumes.
Servir entre 8 et 10 °C.

Prix : à partir de 10 euros

Visan pour côtes-du-rhône-villages-visan

Sur un terroir de plus de 400 hectares, les rouges (90 % de la production), les blancs et les rosés de l'appellation sont à base de grenache majoritaire (au moins 50 %), de syrah ou mourvèdre pour les rouges. Les rosés sont issus des mêmes cépages mais peuvent aussi intégrer un peu de cépages blancs. Les blancs font surtout appel au grenache blanc, à la clairette, au bourboulenc, au viognier…

Le **rouge**, biend rond et plein de fruit, se boit jusqu'à cinq ans, parfois plus. Il accompagne très bien les viandes blanches, les charcuteries cuites, les viandes rouges et les volailles.
Servir autour de 15 °C, 16 ou 17 °C maximum les grandes années.

Le **blanc**, à boire jeune (deux ans maximum), apprécie les poissons grillés ou cuisinés avec des épices et les coquillages.
Servir frais sans excès, autour de 10 °C.

Le **rosé** se boit jeune, avec des grillades et des charcuteries.
Servir frais, autour de 8 à 10 °C.

Prix : moins de 5 euros à 10 euros

Vistrenque

(Voir Coteaux-du-pont-du-gard)

Dans le cadre de la réforme des appellations en 2009-2010, le vin de pays de la vistrenque a été englobé dans l'IGP coteaux-du-pont-du-gard.

Vix

(Voir fiefs vendéens)

Volnay

Parmi les 29 premiers crus, on peut citer Les Caillerets, Taille Pieds, Fremiets, Clos-des-Chênes, Les Angles…

L'AOP volnay vinifie uniquement un rouge à base de pinot noir, sur 220 hectares… L'élégance et la suavité de ce vin en font l'un des rouges les plus tendres de la Côte de Beaune. Chaleureux, parfumé, délicat, il vieillit sans problème, même s'il n'a pas la longévité des très grands crus de Bourgogne.

À boire jusqu'à cinq à dix ans, avec :

Viandes rouges. Rôtis. Petit gibier. Agneau. Abats. Foie de veau. Blanquettes. Blanquette de veau. Volailles. Volailles laquées. Champignons. Cuisine pimentée. Cuisine indienne. Fromages type époisses.

Servir à 15-16 °C.

Prix : à partir de 25 euros
Millésimes : 2005, 2007, 2009, 2010, 2014…

Volnay-santenots

Santenots est l'un des climats (parcelle identifiée comme produisant un vin ayant sa typicité) de l'appellation volnay. Il est située sur la commune de Meursault. Il produit un premier cru rouge AOP, qui représente le meilleur du grand vin rouge produit dans la partie nord de la commune de Meursault. Les vignes plantées de chardonnay donnent soit un meursault premier cru, soit un meursault-santenots, soit un meursault.

Prix : à partir de 40 euros

Vosne-romanée

Dans la Côte de Nuits, les grands crus de vosne-romanée s'appellent Romanée-conti, La Tâche, La Romanée, Richebourg, Romanée-Saint-Vivant, La Grande Rue. (Voir ces appellations.)

> La commune de Flagley-Echezeaux, associée à Vosne, produit deux excellents grands crus, souvent dignes d'être comparés à des crus prestigieux : Grands-Echezeaux et Echezeaux.

L'AOP vosne-romanée, est aussi produite sur la commune voisine de Flagey-Echezeaux. Elle est parfois suivie d'un nom de lieu, ou de la mention premier cru (il y en a 14). Elle produit aussi un vin rouge de grande classe à base de pinot noir. Ce vin, connu et apprécié dans le monde entier, a aussi l'avantage, non négligeable, d'être commercialisé à des prix plus abordables que les grands crus.

À boire jusqu'à cinq, dix, parfois quinze ans, avec :
Foie gras poêlé. Viandes braisées. Viandes rouges. Grand gibier. Petit gibier. Poulet de Bresse. Volailles. Champignons.
Servir entre 13 et 16 °C, selon son âge.

Prix : à partir de 30 euros
Millésimes : 2005, 2007, 2009, 2010, 2014…

Vougeot

Dans la vignoble de la Côte de Nuits, l'AOP vougeot vinifie sur une quinzaine d'hectares un magnifique vin rouge à base de pinot noir et un peu de blanc, à base de chardonnay.

> Ces vins, produits sur la commune de Vougeot mais en dehors du célèbre clos, sont néanmoins délectables et en tout point extraordinaires.

Le **rouge** est à la fois corsé, souple, tendre, et développe un discret mais entêtant parfum de truffes lorsqu'il a pris de l'âge.

À boire jusqu'à quinze ans pour les grands millésimes, avec :

Petit gibier. Volailles. Pintade rôtie. Viandes rouges grillées. Rôtis. Terrines.

Servir entre 15 et 17 °C, selon son âge.

Millésimes : 2005, 2007, 2009, 2010, 2014…

L'infime mais remarquable production de vougeot **blanc** mérite elle aussi un label d'excellence… Ainsi, hélas ! que de rareté.

À boire jusqu'à dix ou quinze ans, avec :

Crustacés. Langoustines. Coquillages cuits. Noix de Saint-Jacques. Ris de veau. Volailles.

Servir entre 9 et 11 °C.

Millésimes : 1996, 1997, 1998, 2003, 2004, 2005, 2006, 2009…

Prix : 30 euros et plus

Vouvray

> Les célèbres caves, creusées dans le calcaire sous les vignes, assurent un parfait mûrissement des vins.

L'AOP vouvray vinifie un vin blanc tranquille et un effervescent à base de chenin sur plus de 2 000 hectares de la rive droite de la Loire.

Les vins tranquilles, fins et corsés, développent un fruité complexe, une finesse et une fraîcheur caractéristiques, qu'ils soient secs, demi-secs ou moelleux. Les effervescents peuvent être d'une grande finesse.

À boire jusqu'à cinq ou dix ans, voire vingt ans pour les grands moelleux, avec :

Crustacés. Homard. Langouste. Écrevisses. Viandes blanches. Volailles. Cuisine à la crème.
Servir entre 8 et 10 °C.

Le pétillant et le mousseux sont aussi à l'aise à l'apéritif quand ils sont secs, qu'au dessert pour les demi-secs.

Prix : 10 à 25 euros
Millésimes : 2005, 2007, 2008, 2009, 2014…

Yonne (IGP)

L'IGP Yonne (ou vin de pays de l'Yonne) produit, en pleine Bourgogne, des rouges à base de pinot noir, gamay (le cépage des beaujolais), tressot et césar, des blancs à partir de chardonnay, auxerrois, aligoté, sauvignon, pinot blanc, pinot gris… et des rosés à base de pinot noir. De bons petits vins croquants et vifs issus de grands cépages, c'est plus vraisemblable que l'inverse… sans compter qu'un département qui a vu naître Marcel Aymé ne saurait laisser indifférent !

Zotzenberg

> Le nom sylvaner viendrait de Transylvanie : autrement dit, vous buvez le vin de Dracula… Heureusement que c'est un vin blanc !

L'AOP alsace-sylvaner donne un blanc sec moins prestigieux que nombre de ses voisins. Ce cépage est souvent méprisé parce que planté sur les terroirs les plus ingrats.

Le terroir du Zotzenberg classé en grand cru lui a donné sa chance. Il l'autorise alors que les autres grands crus sont réservés aux cépages riesling, pinot gris, muscat et gewurztraminer. Le sylvaner y atteint la classe du riesling. Et, comme toujours en Alsace, il offre un excellent rapport qualité prix.

Prix : de 10 euros à 20 euros
Millésimes : 2005, 2007, 2008, 2009, 2010, 2014…

La mise en valeur du vin

Donnez le meilleur à votre vin : il le mérite et il vous le rendra au centuple !

Voici quelques points clés qui, à tous les niveaux, permettent de faire d'un petit vin un *bon* petit vin, d'un bon vin un *grand* vin, et d'un grand vin un *très* grand vin.

Caves à vins

Chaque bouteille de vin ou presque peut se bonifier ou au moins bien se conserver, en vieillissant dans de bonnes conditions, dans une bonne cave… qui n'est pas forcément médiévale, voûtée, riche en échos et en histoire(s) ! En fait, si beaucoup de caves anciennes sont excellentes, il en est aussi de médiocres, le vin exigeant la réunion de qualités multiples – que l'on peut trouver ailleurs qu'en sous-sol.

La température idéale se situe vers 12 ou 13 °C. La stabilité de cette température est plus importante que sa valeur. Entre 10 et 15 °C, la température d'une cave est acceptable, à condition que les écarts se manifestent lentement. Quand la température, même stable, est trop élevée, le vin évolue (« vieillit ») trop vite et risque de se dégrader. À l'inverse, une température trop basse ralentit cette évolution en « bloquant » le vin. Attention alors à la sortie de cave !

Le taux d'hygrométrie doit être entre 50 et 70 %. Un taux trop élevé d'hygrométrie se traduit par une apparition d'humidité qui décolle les étiquettes à cause de petits champignons qui s'y développent, gagnent les capsules, les bouchons, en leur communiquant une odeur désagréable qui passe progressivement dans le vin. Mais dans une cave trop sèche, les bouchons risquent de se rétracter et de laisser passer de l'air dans les bouteilles, d'où un risque d'oxydation.

La cave ne doit pas sentir le renfermé. Une bonne aération aide le vin à bien vieillir, à condition d'éviter les courants d'air, surtout froids. La cave idéale est orientée nord-sud, avec des soupiraux (aération haute) au nord-est et une ouverture basse (porte par exemple) au sud-ouest.

La cave doit être propre et nette. Le fait qu'une bouteille soit poussiéreuse n'apporte que des désagréments.

Le vin est un solitaire, qui ne se plaît qu'en famille. La cave à vin doit demeurer exclusivement réservée… au vin. Les mauvais voisins sont plus nombreux qu'on ne pourrait le penser, à commencer par tous les fruits et légumes, toujours enclins à fermenter.

Autres odeurs néfastes, celles des peintures, du mazout, des produits d'entretien, cires, lubrifiants, colles, etc. Les fromages, même « discrets », iront vieillir et s'affiner ailleurs, avec le vinaigre, le bois vert, les racines et souches d'arbres, compost, fumiers, foin ou paille… Pas de vieux journaux non plus. Ni de livres.

La chaudière doit trouver place ailleurs, comme les tuyauteries de chauffage, les écoulements d'eaux usées, la lessive, le vide-ordures, etc.

La lumière surtout, nuit aux vins, surtout aux blancs effervescents – qui risquent de brunir et de devenir assez rapidement imbuvables. L'éclairage naturel, dosé parcimonieusement à travers les ouvertures, doit correspondre à la pénombre. Le vin apprécie en revanche les murs enduits de blanc de chaux. Le sol, traditionnellement en terre battue, peut être recouvert d'un mélange de sable et (ou) de graviers, ou encore de mâchefer, selon les caractéristiques de la cave. On peut aller jusqu'à poser un parquet. Non ciré, surtout !

Le béton est à déconseiller à cause de l'acidité néfaste qu'il dégage.

Autre ennemi, le bruit (surtout les basses fréquences) et d'une manière générale, les vibrations : trépidations d'une route, d'une ligne de chemin de fer ou de métro, d'une zone industrielle, ou d'un ascenseur et appareils ménagers, notamment réfrigérateurs ou congélateurs. Une bonne cave est une cave tranquille – dans tous les sens du terme.

Une cave n'est ni un salon de réception ni un fumoir.

Il existe des systèmes astucieux de caves aménageables dans le sol ou le sous-sol d'un pavillon, construits à la demande. Certains sont parallélépipédiques, d'autres ont l'aspect d'un simple trou circulaire fermé par une trappe, dans lequel s'enfonce un escalier dont les marches constituent autant de casiers à bouteilles.

Les caves d'intérieur sont appelées à se développer… pour bien des raisons : urbanisation, risques de vol… Ces « caves » ressemblent à des armoires climatisées, et elles n'ont pratiquement que des avantages – à part leur prix. En effet, elles assurent une température constante de l'ordre de 10-15 °C, une hygrométrie stabilisée à une valeur convenable… Leurs pieds antivibrations préservent aussi leur contenu de toutes les vibrations, y compris celles émises par leur propre moteur, monté sur amortisseurs. Les parois filtrent aussi les vibrations. Leur isolation thermique est complexe, parce que les bouteilles de vin doivent être convenablement aérées. On comprend mieux que ces installations coûtent plus cher qu'un réfrigérateur congélateur très haut de gamme – bien qu'elles n'aient qu'un lointain rapport avec lui, rappelons-le. Elles sont garnies de porte-bouteilles, et présentent un autre avantage : leur température, réglable, peut varier de 5 °C entre le bas et le haut du meuble. Parfois l'hygrométrie se règle aussi.

Un vin peut vieillir dans une cave d'appartement.

Rangement des bouteilles

Il obéit à des règles, lui aussi. En cave classique, les caisses ou les cartons qui contiennent les bouteilles sont de bons emballages. Le plus raisonnable consiste pourtant à ranger les bouteilles une par une, pour une tout autre raison : il est beaucoup plus difficile à un cambrioleur de déménager des bouteilles sans caisse ni sac ni carton.

Pour des raisons de commodité, on ménage un « espace vital » à chaque vin. Chaque casier porte une étiquette bien lisible avec le nom du vin, l'appellation, le millésime, etc. Les bouteilles sont couchées, étiquette dessus, dans leur papier de soie s'il existe, qui les préservera aussi bien de la poussière que d'un petit coup d'humidité ou d'un rayon de lumière trop violent.

Les casiers du dessous seront garnis de vins effervescents et blancs, plus sensibles à la lumière et qui apprécient une température plus basse. Les rouges prendront place au-dessus, les bouteilles les plus précieuses étant placées dans les coins sombres. Ne mélangez pas les millésimes d'un même vin.

Exemple de cave bien rangée, de bas en haut : champagnes, mousseux, pétillants, crémants ; vins blancs secs ; vins blancs liquoreux et moelleux ; vins blancs de garde ; vins rosés, clairets, gris ; vins rouges légers ; vins rouges corsés ; vins rouges de garde ; vins divers ; vins doux naturels et vins de liqueur.

Verres et service

Le verre est le dernier réceptacle du vin avant les papilles. Le choix du verre n'est pas aussi important que celui du vin, mais il le met en valeur : goûtez le même vin dans cinq ou six verres différents. Cela vous convaincra mieux qu'un long discours !

Un verre à vin se compose du **buvant**, partie supérieure amincie où se portent les lèvres ; du **calice**, qui reçoit le liquide ; de la **jambe ou tige**, partie verticale qui soutient le calice et du pied ou patte, sur lequel repose la jambe.

La paroi doit être transparente, et la plus fine possible. En forme de tulipe, ce verre garde les parfums captifs. Sans aller jusqu'au cristal de roche, hors de prix, on recherchera un verre fin, incolore et sans décoration. Pas de timbales, gobelets, verres à whisky... Quant au champagne, il est plus à l'aise dans une flûte que dans... une « coupe à champagne » !

Éliminez aussi les verres sans pied, trop épais, trop évasés, trop grands ou trop petits. Le pied doit être assez long pour prendre le verre sans le réchauffer avec la main.

Un mot encore sur le verre Inao (Institut national des appellations d'origine) qui a été mis au point pour *déguster* un vin, avec une forme qui concentre les arômes et répond parfaitement à tous les autres critères. *Ce verre des professionnels de la dégustation n'a rien à faire sur une table*. C'est un outil de travail, pas un accessoire de loisir ! La « dégustation » n'est d'ailleurs pas une partie de plaisir mais un vrai travail, plus fatigant qu'on ne pense (oui, même en recrachant le vin !) quand il s'agit de découvrir en quelques instants les qualités et défauts d'une série de vins.

Revenons à notre table et à des verres « normaux », qui ne se cognent pas sur le nez et n'obligent pas à se renverser la tête pour boire... Remplissez les verres au tiers pour les vins frais, blancs, rosés ; à moitié pour les vins rouges. Il est préférable de servir peu de vin à la fois, pour l'apprécier.

Réservez un petit verre ordinaire à l'eau claire, et consacrez les grands aux vins qui aiment à s'épanouir.

Quand on sort de cave de très grands vins (ou de très vieux alcools), la température des verres doit s'ajuster aussi précisément que possible à la leur... mais il vaut mieux des verres à température ambiante que glacés pour un vin blanc, ou chauffés pour un grand rouge. Vérifiez toujours que l'intérieur des verres n'a pas d'odeur (cela arrive quand ils ont été stockés dans un placard humide ou s'ils ont été mal lavés). Si besoin est, lavez-les à la main et essuyez-les soigneusement avec un torchon fin et inodore – dédié à ce seul usage.

La carafe

Le rôle de la carafe ne se limite pas à la décantation des vins qui contiennent un dépôt. C'est son effet le plus visible, mais pas celui qui met le plus le vin en valeur. Elle peut aussi servir à aérer les jeunes vins encore un peu muets ou raides.

Plus encore que la verrerie de service, la carafe doit préalablement être mise en température. Le vin, après avoir été présenté à table dans sa bouteille, coule doucement, sans bulles ni glouglous dans la carafe, où il va ouvrir toute la panoplie de ses arômes pour arriver dans les verres au faîte de sa quintessence. Il faut essayer pour s'en persuader : même les petits vins sont bonifiés par l'opération, qui prend toute son ampleur sur les grands vins. (Pour s'exprimer, il vaut mieux avoir quelque chose à exprimer, comme nous le rappelle si souvent et si obligeamment la télévision.)

La carafe gagne à être en verre transparent ; tout simplement. Le col, plus ou moins haut, permet au vin de ne pas s'éventer et de conserver la plénitude de ses arômes pendant toute la durée du service.

Que la carafe doive être propre et inodore tombe sous le sens. Avant une première utilisation, pour éviter une mauvaise surprise – classique – testez sa contenance en la rinçant. Elle doit être légèrement supérieure à celle d'une bouteille, ou éventuellement d'un magnum.

Si l'on n'est pas très sûr de la précision de ses gestes, il est possible de recourir à un accessoire, l'entonnoir à bec incurvé, pour faire couler en douceur le vin le long de la paroi de la carafe… Attention à ne jamais verser le vin de façon brutale. Un vieux vin ne s'en remettrait pas (et un jeune vin en serait tout secoué).

Le thermomètre

Le thermomètre n'est pas un gadget. Il suffit de goûter le même vin à différentes températures pour se rendre compte que le vin peut être transfiguré ou défiguré rien que par la température de service. Mais le thermomètre n'a pas à venir sur la table. Ne gâchez pas un moment de plaisir en assommant vos invités à coups de précisions techniques et de démonstrations plus ou moins hasardeuses.

Hormis les vins effervescents, à ouvrir juste au moment de les servir, une bouteille doit être présentée et ouverte au minimum dix à vingt minutes avant de la boire (au dernier moment, seulement pour les dégustations professionnelles).

Comment rafraîchir un vin

Un seau adapté à la bouteille, ni trop large ni trop évasé, et assez haut pour l'y plonger jusqu'au goulot, est indispensable pour les vins blancs, gris, clairets, rosés, effervescents ou les vins doux…

Le seau à glace. Contrairement à une idée reçue, le vin se rafraîchit plus vite et de façon beaucoup plus homogène dans un seau à glace rempli aux deux tiers d'eau et au quart de glaçons, qu'au frigo. Et ce, sans risque de « casse » du goût, car le froid arrive progressivement jusqu'au cœur du liquide, alors que l'air glacé du réfrigérateur saisit brutalement la couche extérieure du liquide, ce qui crée d'importantes différences de température à l'intérieur de la bouteille, néfastes à la qualité du vin.

Le seau à sec, ou « sans eau », particulièrement robuste, emmagasine le froid et conserve une fraîcheur constante autour de la bouteille, sans brutaliser le vin. Il faut y placer une bouteille déjà fraîche, car il ne fait pas baisser la température de plus de deux degrés. Aussi utile pour les blancs que pour les rouges, il maintient sa température pendant environ deux heures. Il peut être placé préalablement à la cave, au freezer, au congélateur ou dans une chambre froide, selon les besoins.

Le « seau qui sue ». À côté de ces grands classiques, Le seau en terre cuite poreuse fait appel à un principe déjà utilisé par les Romains. Le seau, préalablement plongé dans l'eau, maintient la bouteille au frais par le simple jeu de l'évaporation de l'eau qui a été absorbée dans ses parois. L'étui réfrigéré qui se stocke au congélateur et se glisse autour de la bouteille à refroidir est extrêmement efficace pour rectifier la température d'un vin trop chaud.

En été, ou en toute saison dans une pièce très chauffée, le vin, une fois servi, va se réchauffer dans le verre. Il ne faut pas hésiter à rafraîchir d'un à deux degrés de moins que la température optimale.

Comment chambrer un vin

« Chambrer » vient de chambre et désigne la température d'une chambre… au XVIIe ou au XVIIIe siècle, bien avant l'invention du chauffage central ! À cette époque-là (appelée la *Petite Glaciation*) il ne faisait guère plus de 15 à 17 °C, à l'intérieur des chambres les mieux chauffées. C'est donc à ces températures, et non aux températures ambiantes d'aujourd'hui, que l'on doit servir les vins rouges qui demandent à être chambrés.

Autant dire qu'un de ces vins, s'il a été sorti de cave à l'avance, va tout naturellement se retrouver à la bonne température, entre 14 et 18 °C. Mieux vaut prévoir un peu plus frais, à cause du réchauffement dans le verre. Et, même si cela peut sembler paradoxal, en période de canicule, un vin qui devrait être servi à 11 ou 12 °C supportera facilement deux degrés de plus. Un effet de contraste trop important peut casser l'effet d'un vin aussi sûrement qu'une erreur de température. Le phénomène, parfaitement subjectif, n'en est pas moins infaillible : c'est vous qui buvez le vin, pas le thermomètre !

Dans le cas d'un vin trop froid, qu'il faut réchauffer très vite, la meilleure solution consiste à placer la ou les bouteilles dans un seau d'eau tiède. Attention : ne plongez jamais une bouteille dans l'eau chaude, et surtout, ne la placez pas sur un radiateur. Un vin chambré n'est pas un vin chaud !

Enfin, quels que soient les crus concernés, les millésimes ou les conditions ambiantes, aucun vin, même et surtout parmi les plus grands (souvent devenus fragiles), ne supportera une température de plus de 19 °C… à la grande rigueur 20 °C, si on le boit en période caniculaire.

Températures conseillées
Vins rosés, clairets, gris : 8 à 10 °C.
Vins blancs liquoreux ou moelleux : 8 à 10 °C.
Vins effervescents et champagnes : 8 à 10 °C.
Vins blancs secs, jeunes : 7 à 9 °C.
Vins doux naturels : 9 à 12 °C.

Vins blancs secs, typés ou vieux : 10 à 12 °C.
Grands blancs liquoreux : 12 à 14 °C.
Vins jaunes du Jura : 12 à 14 °C.
Vins rouges jeunes et légers : 11 à 14 °C.
Vins rouges plus corsés : 14 à 16 °C.
Vins de liqueur exceptionnels : 14 à 16 °C.
Vins rouges corsés, à maturité : 15 à 17 °C.
Vins rouges tanniques : 16 à 18 °C.
Grands millésimes rouges : 16 à 19 °C.

La bouteille ouverte…

Une idée reçue tenace veut qu'en posant une petite cuiller dans le goulot d'une bouteille de champagne débouchée, on conserve les bulles ! Essayez si vous voulez : avec et sans. Cela vous prouvera en deux ou trois jours, que la place d'une petite cuiller se situe plutôt près du café ou du dessert. Un bon vin effervescent conserve son effervescence au moins trois jours. C'est certainement à cause de (ou grâce à) cette qualité que la légende est si tenace.

Il existe un matériel spécifique, qui permet de reboucher la bouteille en la mettant sous pression. Les meilleurs vins effervescents, ainsi préservés, seront encore bons le lendemain et convenables le surlendemain. On ne peut guère espérer plus. Au bout d'une semaine, même au réfrigérateur et sous pression, ils auront conservé leur effervescence… et perdu une partie de leur caractère.

Quant aux vins « tranquilles » (sans bulles), les plus alcoolisés se conservent mieux que les « petits degrés », en général. C'est vrai pour tous. Il existe des « bouchons » qui, grâce à une petite pompe manuelle, font le vide dans la bouteille et font gagner quelques jours sur le délai de conservation du vin.

Sinon, une bouteille de vin blanc, rebouchée tant bien que mal, conservera ses qualités 24 heures environ si elle est placée au réfrigérateur. Un grand vin blanc, dans les mêmes conditions, « dure » deux ou trois jours. Les plus résistants sont les grands vins blancs liquoreux.

Pour les rouges, si l'on ne dispose pas d'un local (cellier) à 13-15 °C, le réfrigérateur s'impose aussi, car le vin risque de s'oxyder beaucoup trop vite en se réchauffant. Il faut juste penser à le sortir 1 h à 30 min à l'avance avant de le servir à nouveau.

Le vin se garde mieux, en général, dans la plénitude de son âge. Trop jeune, il est souvent assez solide, mais n'ayant pas encore trouvé son plein équilibre, il peut se révéler vulnérable. Trop vieux, il risque de présenter très vite un fâcheux déséquilibre.

Cela étant, bien que les techniques de rebouchage aient fait d'énormes progrès, la meilleure solution consiste à bien évaluer le nombre de bouteilles à servir sur la table… sans rationner les convives pour autant ! Le cas de conscience suivant n'est pas moins épineux : faut-il pousser à la consommation ?

Enfin et à toutes fins utiles, n'oublions pas que l'alcootest ne fait pas de différence entre les petits vins et les grands millésimes…

Quel vin servir ?

Contrairement à une idée reçue, les vins les plus polyvalents ne sont pas les rouges mais les blancs. Et en particulier les blancs secs tirant sur le moelleux. Ce terme de moelleux, souvent mal interprété lui aussi, veut dire en réalité plus riche, ample et fruité qu'un vin sec.

Moelleux n'est pas synonyme de sucré !

Voici donc quelques généralités plus ou moins admises dans un domaine où l'innovation est à la portée de tous, au seul risque (pas bien méchant) d'obtenir un accord dissonant.

Un seul conseil : testez d'abord vos accords entre vins et plats sur vous-même. Et seulement ensuite sur vos amis !

- **Abats**. Rouges généreux, mais aussi blancs et rosés à la fois solides et aromatiques.
- **Ail** (cuisine à l'). Blancs et rosés méditerranéens… Et tous ceux qui leur ressemblent. La cuisine à l'ail est plutôt tolérante avec les vins, mais elle peut les tuer, à trop forte dose !
- **Agneau**. Rouges tanniques pas trop charpentés, rouges légers, rosés et clairets servis pas trop froids.
- **Apéritif** (ou seul). Vins blancs ou rosés effervescents, mousseux, pétillants ou perlés ; vins doux naturels blancs, rosés, tuilés, etc., vins de liqueur, vins issus de vendanges tardives ou sélection de grains nobles ; quelques gris et rosés servis bien frais.

- **Asperges**. Blancs secs à légèrement moelleux… dotés d'une pointe d'amertume comme les muscats secs ou les vins issus de viognier.
- **Barbecue**. Rouges plutôt jeunes et légers, rosés et gris servis frais.
- **Blanquettes**. Rouges parfumés, blancs secs à moelleux, rosés consistants.
- **Brochettes**. Rosés, clairets, blancs… et rouges légers.
- **Cassoulet**. Rouges solidement charpentés, de préférence servis dans la force de leur jeunesse (mais pas « verts »).

• **Champignons**. Blancs secs richement aromatisés, blancs moelleux, rosés pourvus des mêmes qualités aromatiques, rouges plutôt capiteux.

• **Chapon**, poularde. Grands blancs moelleux ou secs, très aromatiques, servis dans la plénitude de leur âge, mais aussi quelques rouges parfumés… et bien entendu les vins jaunes.

• **Charcuterie**. Rosés, gris et rouges clairets et légers, blancs secs ou légèrement moelleux.

• **Charcuterie chaude**. Blancs plus moelleux, rosés de caractère, rouges parfumés.

• **Charcuterie fine**. Blancs parfumés, rosés fins mais fermes, quelques gris et rosés d'exception, tous servis plutôt vieux.

• **Chili con carne**. Rouges au caractère bien affirmé, rosés et gris plutôt puissants… sans oublier les rouges d'Europe et d'Amérique « qui parlent espagnol ».

• **Choucroute**. Blancs secs parfumés, fruités, français ou européens (sauf du Sud). Contrairement à une idée reçue, la choucroute se marie fort bien à d'autres vins que les seuls alsaces (par exemple avec un aligoté).

• **Civets**. Rouges aromatiques, petits ou grands mais plutôt puissants et servis dans la force de l'âge.

• **Coq au vin**. Comme les civets, vins jaunes en plus.

• **Coquillages crus**. Blancs secs à légèrement moelleux, goûteux et parfumés, blancs pétillants et effervescents.

• **Coquillages cuits**. Mêmes blancs que ci-dessus, avec quelques rouges et rosés légers et aromatiques.

• **Couscous**. Les rouges des appellations connues pour leurs rosés, quelques rosés bien charpentés… Et, bien entendu, les rouges d'Afrique du Nord.

• **Crème** (cuisine à la). Blancs secs à moelleux, grands rouges parfumés… La cuisine à la crème est un écrin de choix pour les grands vins blancs.

• **Chinoise** (cuisine). En grande cuisine, petits et grands blancs secs à moelleux avec une pointe d'acidité, vins jaunes. Rosés pour une cuisine plus courante.

• **Crudités**. Blancs secs, rosés, rouge clairets et rouges très légers.

• **Crustacés**. Blancs secs à moelleux, rosés secs parfumés.

• **Cuisses de grenouilles**. Blancs jeunes, mais fins, délicats et bien équilibrés, quelques rouges et rosés parmi les plus parfumés.

• **Daubes**. Blancs riches, rouges amples et parfumés, de préférence pas trop jeunes.

• **Desserts**. Blancs effervescents ou pétillants (mais pas trop secs), blancs demi-secs à moelleux, blancs liquoreux, vins de paille, une minorité de rosés parfumés.

• **Écrevisses**. Blancs secs, de préférence plus fins que puissants pour mettre cette chair délicate en valeur, sans la masquer.

• **Escargots**. Blancs secs à moelleux, plutôt riches et amples, rouges légers et parfumés, rosés de qualité.

• **Foies gras**. Deux écoles : soit un blanc sec, soit un blanc moelleux à liquoreux, selon la qualité du foie et son origine (canard ou oie).

• **Fritures**. Petits blancs, petits gris, petits rosés. Toujours secs.

• **Fromages à pâte cuite**. Blancs secs à moelleux plutôt amples, vins jaunes, rouges fruités.

• **Fromages bleus**. Rouges typés, souples et fruités, blancs légèrement moelleux. Accord plus audacieux avec les vins doux naturels ou même avec les vins de liqueur.

• **Fromages de chèvre**. Blancs très parfumés, rouges de caractère mais plutôt jeunes, rosés.

• **Fromages fermentés**. Grands blancs amples et généreux pour les meilleurs fromages, rouges puissants et parfumés, de préférence adoucis par quelques années de bouteille.

• **Fromages frais**. Blancs jeunes, quelques petits rouges, jeunes aussi, et aromatiques.

• **Fruits**. Blancs effervescents ou pétillants, blancs secs, vins liquoreux avec les pâtisseries aux fruits.

• **Fruits de mer**. Voir coquillages (crus ou cuits).

• **Gibier** (grand). Rouges de caractère aptes à vieillir, à (ou près de) leur apogée. • **Gibier** (petit). Rouges de caractère affinés par quelques années de bouteille, blancs secs corsés, clairets et rosés fruités – mais solides.

• **Grillades**. Voir barbecue.

• **Homard, langouste**. Grands vins blancs secs tirant sur le moelleux.

• **Huîtres**. Voir coquillages crus.

• **Indienne** (cuisine). Blancs typés, amples et puissants, quelques rouges aromatiques, mais pas trop légers.

• **Japonaise** (cuisine). Blancs et rosés suaves et équilibrés, jeunes ou vieux selon la cuisine elle-même.

• **Légumes**. Rouges et blancs légers et parfumés.

• **Légumes farcis**. Rosés et rouges plutôt légers mais bien équilibrés.

• **Melon**. Vieux blanc moelleux, doux ou liquoreux.

• **Œufs**. Blancs plutôt secs, légers et fruités, quelques rouges légers et peu acides… sachant que les œufs ne sont pas les meilleurs amis du vin.

• **Paella**. Rosés et rouges clairets, quelques blancs jeunes et fruités.

• **Pâtes italiennes**. Rosés, blancs secs, rouges légers et peu acides.

• **Pimentée** (cuisine). Rouges parfumés, blancs secs tranquilles, perlés ou pétillants. Même observation qu'avec l'ail : le piquant, très tolérant de nature, devient un tueur à forte dose.

• **Pizzas**. Petits blancs, petits gris, petits rosés.

• **Poisson**. Petits et grands blancs, secs à moelleux selon la cuisine.

• **Poissons d'eau douce**. Blancs secs à moelleux, mais aussi certains rouges fruités et chaleureux.

• **Porc cuisiné**. Blancs riches, secs à légèrement moelleux, rouges fruités et parfumés.

• **Pot-au-feu**. Petits rouges aromatiques richement parfumés, rosés de caractère.

• **Potée**. Rouges fruités, de préférence à saveur légèrement piquante.

• **Poularde**. Voir chapon.

• **Quenelles**. Grands blancs riches.

• **Quiches**. Des petits rouges fruités aux grands blancs racés, en fonction de la qualité.

• **Ragoûts**. Comme pour les précédents… des petits rouges jeunes et parfumés aux grands vieux rouges.

• **Ris de veau**. Grands blancs affinés, rouges élégants et équilibrés… Vins d'exception en un mot, pour un mets qui l'est aussi.

• **Rôtis**. Petits et grands vins rouges, des génériques aux grandes appellations, selon le rôti.

• **Salades**. Rosés, quelques blancs… quand la salade n'est pas trop vinaigrée.

• **Salades de fruits**. Rosés jeunes et frais, vins de liqueur.

• **Seul**. Voir apéritif.

• **Soupe de poissons**. Blancs secs ou très légèrement moelleux, rosés.

• **Soupe de légumes**. Rosés, blancs secs.

- **Sucré-salé**. Blancs secs ou bruts, effervescents ou pétillants, blancs moelleux, demi-secs ou liquoreux, certains rouges à forte personnalité, charpentés et colorés.
- **Tajines**. Tous les rouges fruités, souples et ensoleillés, plus ou moins puissants en fonction du caractère plus ou moins épicé du plat.
- **Tartes aux fruits**. Voir fruits.
- **Tartes salées**. Blancs secs plutôt corsés, jeunes ou âgés de seulement quelques années.
- **Terrines**. Rosés, blancs secs, rouges fruités.
- **Tout un repas**. Vins blancs secs (ou bruts) effervescents ou pétillants, rouges légers et fruités.
- **Veau**. Blancs secs, rouges légers et aromatiques… mais aussi grands rouges très riches.
- **Viandes blanches**. Rouges bien équilibrés (grands et petits), blancs secs à moelleux, quelques rosés.
- **Viandes blanches en sauce**. Rouges légers très aromatiques servis frais, blancs secs à moelleux.
- **Viandes confites**. Rouges charpentés au caractère affirmé, de préférence après quelques années de bouteille.
- **Viandes marinées**. Accord délicat : selon le budget, soit un blanc sec à moelleux, soit un très grand rouge.
- **Viandes rouges**. Rouges consistants, riches, puissants, jeunes ou vieux… quelques blancs tirant sur le moelleux, dotés des mêmes qualités.
- **Viandes rouges en sauce**. Rouges plus aromatiques, aux vertus rafraîchissantes et « dégraissantes »… Et tous les grands vins rouges.
- **Viandes rouges grillées**. Des petits rouges légers, ronds, peu acides à boire jeunes… aux grands vins tanniques plus âgés, mais tous à forte personnalité.
- **Volailles**. Rouges équilibrés et parfumés, blancs secs ou légèrement moelleux… Vins jaunes avec les grandes volailles.
- **Vietnamienne** (cuisine). Blancs fins, rosés typés, vins jaunes, blancs secs tranquilles ou perlés, quelques rouges très aromatiques.

Index des plats

Cet index, volontairement très schématique (c'était ça, ou un annuaire !), n'est là que pour aider à harmoniser vin et cuisine. Dans chaque appellation, la liste des plats est parfois plus détaillée que celle-ci. Par exemple, « Soupe de poissons » renvoie aussi bien à « Bouillabaisse » (soupe de poissons de Méditerranée) qu'à « Pauchouse » (soupe de poissons d'eau douce)...

Cette liste est téléchargeable avec les noms des vins (voir p. 441).

A

B

C

D

E

F

G

H

J

K

L

M

N

O

P

Q

R

S

T

V

W

Index et table des matières

TÉLÉCHARGEZ LA LISTE COMPLÈTE DES MEILLEURS ACCORDS METS ET VINS !

Rendez-vous vite sur la page :

http://blog.editionsleduc.com/dico-vins-2016.html

ou scannez ce code

Achevé d'imprimer par CPI
Dépôt légal : août 2015
Imprimé en Espagne